Qué dicen las p[...]

"Nadie enseña liderazgo mejo[...]

John Maxwell,
reconocido autor de más de 60 libros

"Tim Elmore es un gran comunicador. Su material es relevante y útil. Disfruté tanto sus enseñanzas sobre liderazgo que le pedí que lo presentara a todo nuestro personal".

Andy Stanley,
fundador y pastor principal, *North Point Community Church*

"En nuestro deseo de ser padres diligentes, a veces les hacemos más mal que bien a nuestros hijos. Queremos colocarlos en una caja de cristal, decirles que no salgan de allí y creer que todo estará bien. El libro de Tim nos inspira a preparar a nuestros hijos para su vida adulta, ¡no para nuestra caja de cristal! Si queremos que les vaya bien, tenemos que prepararlos, y este libro nos enseña cómo".

Jeremy Affeldt,
lanzador de los Gigantes de San Francisco

"Nuestras mejores intenciones como padres a menudo producen una serie de consecuencias no esperadas que podrían sabotear peligrosamente el desarrollo de nuestros hijos. Una vez más, el Dr. Tim Elmore hace una combinación de sabiduría basada en la investigación y aplicación práctica para que logremos obtener resultados en nuestros esfuerzos por criar, amar y guiar bien a nuestros hijos. Adquiere este libro. Está destinado a ser el manual de lectura habitual de todo padre y toda madre".

Tami Heim,
ex presidente de *Borders Books*
director ejecutivo de *Christian Leadership Alliance*

"Como educadora y facultativa sobre asuntos estudiantiles con conocimientos de salud mental (y cinco hijos), avalo firmemente esta importante perspectiva sobre la crianza de los hijos en la cultura de hoy. El mundo en que vivimos es más complejo que nunca. Los padres y los educadores pueden beneficiarse ampliamente de este enfoque coherente de los importantes beneficios de adiestrar, animar y retar a nuestros jóvenes a crecer, luchar, aprender y llegar a ser hombres y mujeres de bien".

Julie Talz Cox,
directora de vida estudiantil en *Purdue University*

"Los retos de la vida no disminuyen a medida que nuestros hijos crecen. En *12 errores graves que los padres pueden evitar*, el Dr. Tim Elmore nos recuerda que guiar bien a nuestros hijos es decisivo para que ellos puedan hacer frente a esos retos en cada etapa de sus vidas. Debemos actuar deliberadamente, ahora más que nunca. Este libro nos muestra que no solo debemos cuidar de nuestros hijos, sino también ayudarlos a que sepan cuidarse solos".

Dayton Moore,
gerente general de los Kansas City Royals

"Cuando fui madre por primera vez, en realidad, no sabía lo que sé ahora. Al igual que la mayoría de los padres, aprendí lecciones valiosas de mis propios errores. Desearía haber contado con los consejos de Tim en aquel entonces. Su investigado y serio enfoque hace de este libro un recurso valioso para padres y otros adultos que forman parte de la vida de los niños. El problema no es que ignoramos a nuestros hijos, sino que no los preparamos para cada nueva etapa de la vida. Una vez más, Tim Elmore da un diagnóstico y una receta para que todo adulto diligente pueda ayudar a sus hijos a madurar".

Jo Kirchner,
presidente y directora ejecutiva de *Primrose Schools*

"Como alguien que enseña, aconseja y examina a estudiantes universitarios, descubrí que *12 errores graves que los padres pueden evitar* brinda un plan de trabajo pertinente y práctico para el reconocimiento de las necesidades de los estudiantes al entender mi rol en su desarrollo y reconocer la manera en que, sin darme cuenta, puedo estorbar su progreso. Recomiendo este libro a cualquier educador, especialmente a aquellos que trabajan con estudiantes en transición. Los 12 errores basados en la investigación son, en realidad, indicadores que nos ofrecen un lente para ver el potencial de quiénes y qué pueden llegar a ser los niños. La voz de Tim es la de un instructor y mentor, que formula preguntas extraordinarias y da consejos prácticos para que podamos sacar lo mejor de nosotros a fin de poder sacar lo mejor de nuestros estudiantes.

Kerry Priest,
profesor asistente, *Kansas State University School of Leadership Studies*

12 ERRORES GRAVES QUE LOS PADRES PUEDEN EVITAR

Ayuda a tus hijos a triunfar en la vida

TIM ELMORE

EDITORIAL
PORTAVOZ

La misión de *Editorial Portavoz* consiste en proporcionar productos de calidad —con integridad y excelencia—, desde una perspectiva bíblica y confiable, que animen a las personas a conocer y servir a Jesucristo.

Título del original: *12 Huge Mistakes Parents Can Avoid*, © 2014 por Tim Elmore y publicado por Harvest House Publishers, Eugene, Oregon 97402. Traducido con permiso.

Edición en castellano: *12 errores graves que los padres pueden evitar*, © 2016 por Editorial Portavoz, filial de Kregel, Inc., Grand Rapids, Michigan 49505. Todos los derechos reservados.

Traducción: Rosa Pugliese

Este libro contiene historias de personas cuyos nombres y ciertos detalles de sus circunstancias se cambiaron para proteger su identidad.

EDITORIAL PORTAVOZ
2450 Oak Industrial Drive NE
Grand Rapids, MI 49505 USA
Visítenos en: www.portavoz.com

ISBN 978-0-8254-5641-1 (rústica)
ISBN 978-0-8254-6453-9 (Kindle)
ISBN 978-0-8254-8604-3 (epub)

1 2 3 4 5 edición / año 25 24 23 22 21 20 19 18 17 16

Impreso en los Estados Unidos de América
Printed in the United States of America

Contenido

Introducción

Primero me presentaré para que no se malinterpreten mis palabras. Este libro surge de mi profunda compasión por los niños y los adultos que cuidan de ellos. Soy director de una organización sin fines de lucro llamada *Growing Leaders*, que cada año está al frente de cincuenta mil estudiantes, profesores y padres. Amo a cada uno de ellos. Además soy padre de dos hijos, Jonathan y Bethany, a quienes amo con todo mi corazón.

Amo a las madres y los padres que conozco cada año. Muchos de ellos son héroes; especialmente los que están solteros y tienen que desempeñar tanto el papel de autoridad bueno como el malo con sus hijos.

Estamos a punto de analizar algunos de los errores más comunes que hoy día cometemos como padres en la crianza de nuestros hijos. Lo que voy a decir podría resultar duro, como si me faltara compasión. Te pido que, por favor, sepas que digo lo que digo porque me preocupo. Los errores de hoy son un poco diferentes a los errores más comunes que las madres y los padres cometían hace 50 años. Se nos presiona a la formación de ciertos hábitos que nuestra cultura define como buenos hábitos en la crianza de los hijos, pero que no son buenos en absoluto. Se podría decir que es la presión social que nos empuja como padres a hacer cosas por nuestros hijos que, en realidad, les impide llegar a ser buenos adultos.

Permíteme dar una ilustración.

El acoso escolar se ha convertido en un gran problema en las escuelas primarias y secundarias. De hecho, algunos padres están obsesionados con este tema. En el otoño de 2013 afloró el tema cuando un equipo de fútbol americano de una escuela secundaria derrotó a otro equipo por 91–0. Fue una derrota aplastante.

La madre de un jugador del equipo perdedor, de la Escuela Secundaria Western Hills, acusó al equipo ganador de la Escuela Secundaria Aledo de acosar a los jugadores contrarios. Presentó una queja de acoso escolar en el sitio web de la escuela con el argumento de que, en cierto momento, los entrenadores de Aledo deberían haber disminuido la presión. Los entrenadores de Aledo dijeron que sí lo hicieron: después de la primera parte sentaron en el banco a los mejores jugadores y dejaron de pasar la pelota para que corriera el tiempo. El resultado podría haber sido fácilmente 150–0.

La historia ha generado opiniones encontradas. Algunos estaban de acuerdo con la madre y decían que los compañeros deberían ser más buenos entre ellos, especialmente cuando un equipo tiene mucho más talento que el otro. Otros sugirieron que esos dos equipos simplemente no deberían competir, ya que la Escuela Secundaria Aledo tiene graduados que se califican para formar parte de equipos de Primera División de la Asociación Atlética Nacional Universitaria. Sin embargo, otros argumentan que tildar de "acoso escolar" a un partido de fútbol americano es inapropiado, dados los problemas reales que nuestro país enfrenta con el acoso en las escuelas.

En mi opinión, este es el reto a enfrentar.

Lo cierto es que debemos encontrar una manera de cultivar empatía entre los estudiantes en un mundo donde los dispositivos portátiles con pantallas han favorecido el incremento del acoso escolar y cibernético, y ha disminuido la inteligencia emocional. A medida que la tecnología aumenta, la empatía disminuye. He hablado en un sinnúmero de escuelas sobre este problema y he sugerido que debemos ayudar a los niños a ver el panorama general, vislumbrar el futuro y actuar como líderes.

Sin embargo, tómate un tiempo y piensa en la queja de esta madre.

Inmiscuirse y acusar a los entrenadores de acoso escolar por el resultado de un partido es como recriminar a un maestro por reprobar a un alumno en un examen o decirle al maestro que no haga ninguna corrección a las tareas de un alumno. Cuando nuestros hijos tienen menos de 12 años, es beneficioso decirles exactamente cómo deben comportarse y quizás incluso qué deben pensar. A medida que crecen, nuestro control debe disminuir y su capacidad de enfrentar las dificultades debe aumentar. Cuando son adolescentes, esta clase de intervención puede ser negativa. A continuación expongo las razones.

Todo adolescente saludable no quiere que los adultos intervengan en la relación con sus compañeros. Es embarazoso. Algunos muchachos incluso lo han comparado a que le corten la melena a un león… se sienten humillados e impotentes. Los padres de adolescentes podrían sentir que le están haciendo un favor, pero, en realidad, están haciendo justamente lo contrario.

Y, como otros han notado, el resultado de un partido de fútbol no se compara en nada a un incidente genuino de acoso escolar. El verdadero acoso escolar daña a otros. Perder un partido de fútbol por mucha diferencia ocurre cada semana de otoño en los Estados Unidos. Es parte de la vida misma. Proteger a los adolescentes de este tipo de cosas, en realidad, estorba el desarrollo de su capacidad de enfrentar las dificultades a medida que maduran.

Perdí muchas competencias deportivas cuando era niño. De hecho, en una temporada de las Ligas Infantiles de Béisbol, nuestro equipo perdió cada uno de los partidos por amplio margen. Me encanta la manera en que nuestro entrenador nunca le restaba importancia a las derrotas, sino que, en cambio, hablaba con nosotros de lo que habíamos aprendido y de cómo podíamos mejorar. Eso me preparó para cuando llegara el momento de enfrentar el mundo de los adultos.

Nadie hubiera pensado en llamar acoso escolar a nuestras derrotas aplastantes. Hubiera sido un insulto a los verdaderos incidentes de acoso escolar que ocurrían en la década de 1970 como ocurren hoy. La diferencia entre antes y ahora es la siguiente: en mi niñez, los adultos (incluidos los padres, maestros, entrenadores y líderes de jóvenes) nos ayudaban a atravesar esas experiencias en vez de eliminarlas de nuestra vida. Ellos sabían que *dolor* no equivale a *daño*. Pienso que hoy día muchos adultos están bastante confundidos con respecto a esto.

En conclusión, creo que, como padres, debemos enfrentar algunos problemas nuevos. Tenemos que definir qué necesitan de nosotros nuestros hijos para madurar de una manera saludable. Tenemos que descubrir qué impide su crecimiento y qué los prepara para ser buenos adultos. Debemos convertirnos en formadores *así como* en instructores, con la certeza de que no estamos formando niños sino futuros adultos. Ofrezco este libro como una guía de referencia a quienes enfrentan su reto más difícil e intentan preparar a sus hijos para que sepan enfrentar la vida cuando se vayan del hogar o terminen los estudios. Mientras tanto, corrijamos nuestros errores… por el bien de ellos.

Dr. Tim Elmore
2014

El cuestionario del padre sobreprotector

Antes de empezar con la lectura del libro, responde las siguientes preguntas para evaluar tu estilo de padre y tus preferencias en la crianza de tus hijos. Marca tus respuestas de la manera más sincera y precisa.

1. Cuando mis hijos están haciendo mal una tarea, yo trato de ayudarles para que no fracasen.

1	2	3	4	5	6	7	8	9	10
Nunca		Rara vez		A veces		A menudo		Siempre	

2. Con respecto al futuro de mis hijos, los empujo en la dirección que yo mismo hubiera querido seguir.

1	2	3	4	5	6	7	8	9	10
Nunca		Rara vez		A veces		A menudo		Siempre	

3. Mi principal objetivo es la felicidad de mis hijos, y espero que ellos busquen lo mismo.

1	2	3	4	5	6	7	8	9	10
Nunca		Rara vez		A veces		A menudo		Siempre	

4. Estoy tan ocupado, que frecuentemente me olvido de hacer cumplir las reglas del hogar.

1	2	3	4	5	6	7	8	9	10
Nunca		Rara vez		A veces		A menudo		Siempre	

5. Cuando mis hijos se meten en problemas, acudo a rescatarlos y solucionarles el problema.

1	2	3	4	5	6	7	8	9	10
Nunca		Rara vez		A veces		A menudo		Siempre	

6. Quiero que mis hijos tengan una autoestima elevada, así que los felicito exageradamente.

1	2	3	4	5	6	7	8	9	10
Nunca		Rara vez		A veces		A menudo		Siempre	

7. Reconozco que soy incapaz de desarrollar un fuerte sentido de ambición en mis hijos.

1	2	3	4	5	6	7	8	9	10
Nunca		Rara vez		A veces		A menudo		Siempre	

8. Cuando a mis hijos les cuesta hacer algo, intervengo y lo hago en lugar de ellos para aliviarles el estrés.

1	2	3	4	5	6	7	8	9	10
Nunca		Rara vez		A veces		A menudo		Siempre	

9. Compro las cosas que mis hijos quieren y por las que parece que no pueden esperar.

1	2	3	4	5	6	7	8	9	10
Nunca		Rara vez		A veces		A menudo		Siempre	

10. Desarrollo confianza en mis hijos al decirles que son inteligentes o guapos o con talento.

1	2	3	4	5	6	7	8	9	10
Nunca		Rara vez		A veces		A menudo		Siempre	

11. Sufro tanto cuando mis hijos experimentan situaciones dolorosas o adversas, que trato de impedirlas.

1	2	3	4	5	6	7	8	9	10
Nunca		Rara vez		A veces		A menudo		Siempre	

12. En la crianza de mis hijos, me concentro principalmente en los asuntos y problemas del momento.

1	2	3	4	5	6	7	8	9	10
Nunca		Rara vez		A veces		A menudo		Siempre	

Evalúa tus respuestas

Observa dónde obtuviste el puntaje más alto. Son los errores potenciales que podrían obstaculizar el crecimiento de tus hijos y en los que deberás centrarte en el futuro. Cada pregunta tiene que ver con la lista de errores expuestos en este libro. Según donde hayas obtenido el puntaje más alto, presta especial atención a los conceptos expuestos en el capítulo correspondiente.

"Un 10 para mí y un 5 para ti"

Según una reciente encuesta nacional, los padres estadounidenses se calificaron con un 10 o un 9 en su desempeño como padre, pero calificaron a los demás padres con un 5.

Una descripción interesante de los adultos estadounidenses en el siglo XXI, en muchos ámbitos.

Como adultos diligentes, normalmente creemos que estamos sacrificando nuestra sangre, nuestro sudor y nuestras lágrimas por ellos, y pocos reconocen el precio que pagamos por criar, enseñar o entrenar a estos niños. Trabajamos duro. Al mismo tiempo, vemos a los hijos de nuestros vecinos o a los compañeros de estudio de nuestros hijos y nos sorprende que nadie pueda hacer que se comporten mejor. ¡Ay... los niños de ahora!

La realidad es que es difícil ser objetivo. Cuando evaluamos nuestro propio liderazgo, somos sumamente conscientes de los obstáculos y las dificultades que enfrentamos cada día. Vemos cuán estresados están nuestros hijos, y entonces excusamos su mala conducta o falta de disciplina. Cuestionamos nuestras decisiones por temor a ser demasiado duros o demasiado débiles como padres o maestros. Es indudable que no queremos que nuestros hijos tengan que hacerse tratar por un terapeuta a los 30 años por no haberlos cuidado con suficiente delicadeza y ternura. Pero después nos preguntamos si hemos sido demasiado blandos, y nos cuestionamos si están listos para el mundo real cuando se gradúan de la escuela secundaria.

Cuando les pedimos que consideren la clase de ejemplo que dan a sus hijos, los padres son más sinceros. Según resultados de una encuesta de T. Rowe Price, casi un tercio de los padres están dispuestos a admitir que no son buenos ejemplos en el hogar.[1] Tal vez sea bueno que

---

1. "Kids Want More Guidance on Money Matters, yet Parents Lacking as Financial Role Models, T. Row Price Survey Finds", *Money Confident Kids*, marzo de 2012, media.money confidentkids.com/news/2012-parents-kids-money-survey-release/.

sean conscientes de sí mismos. Quizás los padres deberían recibir una libreta de calificaciones. Pensemos en ello. Cada año calificamos a los estudiantes en la escuela. ¿Por qué no pedir a los adultos que se califiquen a sí mismos en cuanto a prioridades importantes como la administración del dinero, las actitudes, la conducta, el tiempo de calidad dedicado a la familia y cosas similares? Curiosamente, algunos estados nacionales están aprobando una ley que permitirá a los padres hacer precisamente eso: evaluar su intervención en la vida de sus hijos en la escuela. Utah, Luisiana y Tennessee están entre los primeros en ponerlo en práctica.

Mejor aún, ¿por qué no permitir que los niños califiquen a los adultos? Después de todo, eso es lo que nosotros hacemos con ellos. La escritora Ellen Galinsky informa qué piensan ellos en su libro *Ask the Children*. En sus encuestas, ella pide a los niños que califiquen por separado a su madre y a su padre en doce áreas. Luego formula a los padres las mismas preguntas. ¿Sabes el resultado? Por lo general, los padres se califican con una nota superior a la que sus hijos les ponen.[2]

Responde la misma pregunta. ¿Cómo está siendo tu desempeño? ¿Qué nota te pondrían tus hijos en este momento como padre? ¿Y como maestro? ¿O como empresario? ¿O como entrenador? Aún más importante, ¿qué nota te darán dentro de 20 años cuando evalúen cómo los preparaste para la adultez?

Si somos tan buenos, ¿por qué nuestros hijos no están tan preparados para enfrentar el mundo una vez que se van de casa? No podemos culpar a la economía o al Gobierno. Una tercera parte de nuestros hombres entre las edades de 22 y 34 años sigue viviendo en casa con sus padres.[3] En 2011, el 80% de los estudiantes informó que planeaba volver a casa de sus padres cuando terminara sus estudios universitarios.[4] Lamentablemente, las escuelas de distintos niveles parece simplemente que preparan a los niños para seguir en la escuela, no para el mundo real. En 2000, más del 90% de los adolescentes planearon

2. Ellen Galinsky, *Ask the Children: What America's Children Really Think About Working Parents* (Nueva York: William Morrow, 1999).

3. Leonard Sax, "What's Happening to Boys?", *Washington Post*, 31 de marzo de 2006, www.washingtonpost.com/wp-dyn/content/article/2006/03/30/AR2006033001341.html.

4. Gerry Willis, "College Graduates Move Back Home", CNN Money, 2009, money.cnn.com/2009/07/23/pf/saving/graduates_move_back_home/.

asistir a la universidad; en 2012, casi una tercera parte ni siquiera se graduó de la escuela secundaria. De aquellos que fueron a la universidad, la mayoría no terminó.

Tras encuestar a empresas, un artículo informó que el 50% de los empleos disponibles para recién graduados no se llenaron, porque los jóvenes no tenían las habilidades básicas de comunicación y liderazgo necesarias para las posiciones. En otras palabras, los empleos estaban listos, pero los jóvenes no. Según un serio informe de Condoleezza Rice y Joel Klein, el estado de nuestros jóvenes ha llegado a ser un asunto de seguridad nacional. El Departamento de Defensa estima que el 75% de los jóvenes estadounidenses ni siquiera reúne los requisitos para el servicio militar por no haberse graduado de la escuela secundaria, ser obesos o tener antecedentes penales.[5]

De alguna manera hemos fallado y no hemos sabido prepararlos.

Una generación de pioneros

Detente a reflexionar. De la misma manera que los padres de los *Baby Boomers* (los nacidos durante la posguerra de 1946 a 1965) fueron la primera generación en criar a sus hijos con la niñera tuerta —la TV—, nosotros somos la primera generación de padres en criar a nuestros hijos con Internet. Ellos tienen en sus manos un dispositivo portátil las 24 horas del día. La información los invade, y no podemos hacer mucho al respecto. Considera algunas de las experiencias pioneras de esta generación.

No necesitan adultos para obtener información.

Considera el cambio que produce esta diferencia en el rol de un adulto. Dado que la información está en todos lados, ya no somos agentes de información. Ellos no nos necesitan para la *información*, sino para la *interpretación*. Debemos ayudarlos a encontrar la explicación de todo lo que saben. Nuestra tarea no es ayudarles a tener acceso a la información, sino a procesar la información y a tomar buenas decisiones.

---

5. Condoleeza Rice y Joel Klein, "U.S. Education Reform and National Security", Council on Foreign Relations, marzo de 2012, www.cfr.org/united-states/us-education-reform-national-security/p27618.

Pueden transmitir cualquier pensamiento o emoción a aquellos que los siguen.

Puedes ver esto cada semana. Gracias a Twitter, Facebook e Instagram, tus hijos pueden enviar mensajes a un gran número de personas de su interés. Estas aplicaciones son las nuevas herramientas de relaciones publicas para tu departamento de jóvenes o tu escuela. Algunos mensajes publicados en Facebook llegan a ser bastante famosos... para bien o para mal. La mayoría de jóvenes que usa estas herramientas no está preparada para utilizar su poder.

Tienen un estímulo externo en las palmas de sus manos las 24 horas del día.

Dado que estos niños disponen de dispositivos portátiles, reciben estímulo externo cada vez que están aburridos. En consecuencia, muchos no saben pensar por sí solos. El entretenimiento externo podría reducir su motivación interna. Nunca han tenido que motivarse solos. Dependen de una pantalla para ello. Nosotros debemos enseñarles a encontrar su motivación interna.

Se relacionan socialmente en todo momento, pero a menudo están solos.

Esta es la generación más interrelacionada de la historia, pero tal vez la que menos ha experimentado la comunidad. Los jóvenes casi nunca dejan de relacionarse, pero siguen estando solos y, a menudo, se interrelacionan virtualmente, solos, a través de una pantalla. En consecuencia, su empatía, sus aptitudes sociales y su inteligencia emocional no llegan a desarrollarse. Necesitarán esas aptitudes en la vida, pero no han sido preparados.

Aprenderán más de un dispositivo portátil que de un salón de clases.

Esta ha llegado a ser una herramienta educativa. El dispositivo portátil que tienen en sus manos ahora es su brújula. Los guía más que sus maestros. Recibirán más información de estos dispositivos que de cualquier otro medio. La información podría ser imprecisa o nociva, pero está a disposición de ellos y la están asimilando. Ellos nos necesitan para que les ayudemos a asimilar el flujo de información y usar esta herramienta eficazmente.

Usan un teléfono en vez de un reloj pulsera, una cámara fotográfica, un almanaque, un despertador o un juego de mesa. Los estudiantes ya no manejan su vida como hacíamos nosotros cuando éramos niños. Su teléfono les dice la hora, los entretiene, les toma fotografías, les da indicaciones para encontrar una dirección, los comunica con amigos y les transmite mensajes. Diseñado para simplificar la vida, este centro de información continua ha hecho de esta la generación más estresada hasta la fecha.

Yo empecé a trabajar con estudiantes en 1979. Ahora más que nunca, veo adultos que no están seguros de cómo dirigir, enseñar, criar, entrenar, pastorear y emplear a esta generación de niños. Hay teorías por doquier, y las investigaciones sobre esta paradójica generación parecen contradecirse. En nuestro interior surgen preguntas que nuestros padres nunca se plantearon:

- ¿Deberíamos limitar el uso del teléfono celular en los niños?
- ¿Deberíamos usar los dispositivos portátiles en el salón de clases? ¿Es bueno o malo?
- ¿Tenemos que ser amigos de nuestros hijos (o estudiantes) en Facebook?
- ¿Cuánto tiempo es demasiado para dedicar a los videojuegos?
- ¿Deberíamos mandar a nuestros hijos a jugar al aire libre?
- ¿Qué medidas de seguridad deberíamos tomar para Internet?
- ¿Cómo vigilamos y dirigimos el tiempo que pasan en Internet?
- ¿Cuánta libertad deberíamos dar a nuestros hijos con sus amigos?
- ¿Es necesario hacer una averiguación de antecedentes de esos amigos?

Estas preguntas son solo la punta del iceberg. Por consiguiente, fluctuamos en nuestro liderazgo con los jóvenes. Nos entrometemos, los sermoneamos, accionamos y reaccionamos exageradamente, espiamos su perfil de Facebook, revisamos sus llamadas y mensajes de texto recientes con la esperanza de descubrir qué necesitan de nosotros. Los psicólogos que una vez nos llamaban padres helicóptero, porque "sobrevolábamos" el "territorio" de nuestros hijos para tenerlos controlados, ahora nos llaman helicópteros Apaches. A veces, en realidad, hacemos demasiado. En nuestro intento por ayudar, estorbamos. Voy a dar una analogía.

¿Qué tiene de malo querer ver?

El presidente James Garfield llegó a la estación ferroviaria de Baltimore y Potomac en Washington DC la mañana del 2 de julio de 1881 sin saber lo que le esperaba. Aquella mañana acechaba entre las sombras Charles Guiteau, un hombre trastornado que tenía una pistola en su bolsillo. Tan pronto como vio a Garfield, Guiteau avanzó y le disparó dos tiros. La primera bala rozó el hombro del Presidente, la otra se alojó detrás del páncreas. Cuando recibió el segundo disparo, el Presidente cayó al piso.

Meses más tarde, Guiteau fue a juicio por el asesinato del presidente Garfield y fue declarado culpable. Sin embargo, esta no es la parte más triste de la historia. En realidad, Garfield murió de manera lamentable e innecesaria once semanas después de haber recibido aquella herida de bala.

Durante esas once semanas, el autoproclamado jefe médico Dr. D. Willard Bliss atendió obstinadamente a Garfield y hurgó en su cuerpo para encontrar la bala perdida. Pero, lamentablemente, no la pudo encontrar. Él trabajaba en colaboración de un equipo de otros médicos, pero con el tiempo se negó a permitirles incluso que le tomaran la temperatura o que curaran su herida. El Dr. Bliss estaba seguro de haber dado al Presidente el mejor cuidado. Durante los ochenta días entre el disparo que sufrió el Presidente y su muerte, Alexander Graham Bell acudió con un detector de metales que había creado para tratar de encontrar la bala. El Dr. Bliss insistió en que solo buscara en el lado derecho del cuerpo de Garfield, porque estaba convencido de que era donde se había alojado la bala. Bell no la pudo localizar.

Además, Joseph Lister hizo algunas recomendaciones útiles al sugerir a los médicos que se lavaran las manos y desinfectaran los utensilios antes de usarlos para hurgar dentro del cuerpo del Presidente. Lister había desarrollado una teoría sobre los gérmenes y las infecciones derivadas de cirugías realizadas sin esterilizar todo. Lamentablemente, los médicos se burlaron y se rieron de Lister. No podían imaginar que factores diminutos e invisibles como los gérmenes pudieran causar infecciones. Era ridículo. Al final, James Garfield no murió de la herida del disparo. Podría haberse recuperado de esa herida. Fue el cuidado del Dr. Bliss lo que mató al presidente Garfield. Bliss limitó la búsqueda de Alexander Graham Bell al lado derecho de la espalda de Garfield, porque obstinadamente supuso que era donde yacía el problema. Estaba equivocado. La bala estaba en el lado izquierdo. Además, Bliss no hizo más que menospreciar a Joseph Lister y su teoría sobre los gérmenes. En consecuencia, indoctamente hurgó en el cuerpo de Garfield con sus dedos y utensilios sucios que hicieron que la infección proliferara y finalmente matara al Presidente. De hecho, el Dr. Bliss, el mismo médico que se ofreció a ayudar a Garfield a recuperarse, fue quien hirió de muerte a su paciente. Como lo expresó un periodista en ese momento, el médico le dio un nuevo significado a la frase "la ignorancia es ciega".

A riesgo de parecer impertinente, me pregunto si este intrigante relato de la historia podría servir como una parábola para nosotros hoy.

Si de alguna manera el Dr. Bliss pudiera usar una varita mágica y empezar de nuevo, quisiera pensar que haría las cosas de otra manera. Quisiera pensar que estaría más abierto a las ideas de los demás. Quisiera pensar que estaría más dispuesto a cambiar cuando se diera cuenta de que lo que estaba haciendo no estaba funcionando. Quisiera pensar que se enfocaría más en los resultados deseados y menos en sus propios métodos que ya conocía. Y quisiera pensar que el Dr. Bliss podría admitir en su interior que él estaba siendo parte del problema.

Quienes somos padres, maestros, entrenadores, empresarios o líderes de jóvenes podemos aprender del Dr. D. Willard Bliss. Mi liderazgo con los jóvenes de hoy me recuerda los errores innecesarios y evitables que este médico hizo al atender a James Garfield. Los veo en mí mismo. Él tenía las mejores intenciones, pero lamentablemente las intenciones no son suficientes. No tenía idea del daño que estaba haciendo.

Recientemente, recordaba algunas de las tentaciones comunes que experimentamos en la formación de los jóvenes. Un entrenador de fútbol americano de una escuela secundaria me dijo: "Renuncio. No entiendo a estos muchachos y la escuela no me permite hacer lo que ellos realmente necesitan que yo haga para disciplinarlos. Voy a cumplir con mi contrato este año y me dedicaré a jugar al golf".

El mes pasado, un empresario me dijo: "Estoy frustrado con las entrevistas que hice a recientes graduados universitarios. La semana pasada, dos madres acompañaron a sus hijos a la entrevista y fueron las únicas que hablaron. Los jóvenes no están listos para trabajar. Por lo tanto, decidí no contratar a ninguna persona joven. Estoy buscando a empleados de mayor edad".

Un padre me escuchó hablar de este problema y respondió: "Dr. Elmore, sé que soy un padre helicóptero y que eso no es bueno para mis hijos. Probablemente ellos necesiten que deje de hacer muchas cosas para ellos. Pero a mí me parece bien hacerlo y es lo que necesito en este momento de mi vida. Es innato en mí".

Actualmente, demasiados adultos están echando a perder a sus hijos. Lo hacemos sin querer. No somos malas personas, del mismo modo que el Dr. Bliss no era un médico incompetente. Sino que simplemente no veía lo que estaba haciendo.

Pasión: Alta.
Conciencia de uno mismo: Baja.

¿Cómo pudo el Dr. Bliss estar tan capacitado y, sin embargo, con tan pocas aptitudes? En realidad, hoy día actuamos de la misma manera. Al igual que Bliss, nos encontramos en una situación totalmente nueva y diferente. Así como Dorothy le dijo a su perro Toto: "Me parece que ya no estamos en Kansas". Nadie nos dio un manual sobre cómo criar, entrenar o enseñar en el siglo XXI, donde la tecnología, la información y el espacio cibernético juegan papeles tan importantes. Pero esta es nuestra situación.

En este libro, presento 12 de los errores más comunes que cometemos en la formación de nuestros hijos. Ninguno de estos errores es deliberado ni obvio al principio, pero cada uno puede entorpecer el crecimiento de los jóvenes. Hago un diagnóstico de cada error, explico por qué y cómo puede dañar a una persona joven, y doy medidas de acción a tomar para remediar el error. Finalmente, relato la historia de un muchacho que superó cada problema particular y salió adelante.

Lo que les falta a los padres de hoy

El año pasado pasé infinidad de horas con grupos de padres, profesores, entrenadores y líderes de jóvenes. Me quedo corto al decir que fue revelador. Cada conversación resultó ser una manifestación sincera de los temores, luchas y preocupaciones que tienen los adultos con los jóvenes de hoy. En ese proceso hice algunas observaciones que podrían resultar útiles. Era evidente que los padres y los maestros experimentan varias etapas a medida que sus hijos y estudiantes crecen. Su enfoque cambia de una etapa a la otra. Los cambios son naturales, pero pueden generar dificultades en la relación, así como errores. Si eres padre, reconocer las etapas podría ayudarte a ser más consciente de ti mismo. Si eres maestro, entrenador, líder de jóvenes o empresario, estas etapas podrían explicar por qué los jóvenes piensan y actúan como lo hacen.

Etapa uno: Inspección

La etapa inicial de nuestra travesía como padres comienza el primer día. Examinamos a nuestro bebé recién nacido, lo llevamos a casa y empezamos analizar su fisionomía, sus rasgos y sus aparentes fortalezas. Es normal que las madres y los padres hagan esto. Después de todo, iniciaron juntos el proceso hace nueve meses. Sin embargo, a veces los padres pueden obsesionarse al analizar en demasía cada tos, cada capricho, cada gesto, cada expresión. Los padres deben tratar de mantener el equilibrio.

Demasiada inspección puede empujar a los padres a compararse y competir con otros familiares y sentir insuficiencias y desventajas en lo que descubren. Esto puede derivar en una distracción malsana del simple objetivo de amar y criar a un hijo.

Etapa dos: Corrección

La segunda etapa tiene que ver con nuestra tendencia a resolver cualquier problema que surja en el primer año o los dos primeros años de vida. De hecho, esta etapa no termina ahí sino que puede durar incluso décadas. Debido al amor y preocupación por nuestros hijos, los padres podemos preocuparnos demasiado por corregir todos sus erro-res y perfeccionar sus características deficientes para que ellos puedan experimentar los beneficios que merecen. Esto puede derivar en una conducta obsesiva. Las madres y los padres solo quieren lo mejor para sus hijos, ¿verdad? Demasiada corrección puede hacer que los hijos sientan que no están a la altura de las normas de sus padres. Pueden sentirse incapaces, no amados e, incluso, rechazados, hasta el grado de hundirse en un leve caso de depresión o en un melancólico aislamiento social.

Etapa tres: Protección

En la tercera etapa, por lo general, los niños ya comenzaron la escuela y los padres empiezan a enfocarse en mantener a sus hijos seguros y a resguardo. Están protegiendo su inversión. Esta es la primera vez que los niños se separan de sus padres por una cantidad de tiempo conside-rable. Es normal que salvaguardemos a nuestros hijos del peligro, pero podemos hacerlo de manera extrema con cascos, rodilleras, cinturo-nes de seguridad, teléfonos celulares y averiguaciones de antecedentes. Demasiada protección puede atrofiar el crecimiento del niño. Los hijos necesitan experimentar niveles apropiados de riesgo y fracaso a fin de madurar de manera saludable. Demasiadas veces preparamos el camino para nuestros hijos, en vez de preparar a nuestros hijos para el camino.

Etapa cuatro: Desatención

Cuando los niños entran a la adolescencia, empiezan a sentirse como extraños en casa. Cuando los padres no saben muy bien qué hacer con su "nuevo" hijo, a menudo se echan atrás o renuncian a ejercer un claro liderazgo. Tienen miedo de lo desconocido. No quieren parecer anticua-dos, pero estar en la vanguardia de la cultura puede hacer que los padres dejen de hacer preguntas necesarias a sus hijos. Demasiada desatención transmite una falta de preocupación de los padres. Los hijos pueden malinterpretar y confundir nuestra falta de pre-ocupación ya sea por ignorancia como por apatía. ¡Qué curioso! Criar a nuestros hijos era fácil cuando eran pequeños, pero ahora apenas los reconocemos. Esta etapa requiere de una nueva clase de líder.

Etapa cinco: Sospecha

Los padres entran a la quinta etapa cuando sus hijos experimentan la adolescencia. Puede que los niños hayan querido acelerar su entrada a la adolescencia a los ocho años, pero ahora sus hormonas se han equiparado. Las madres y los padres empiezan a sospechar de los nuevos hábitos y estilos secretos o extraños de sus hijos. La inocencia es reemplazada por un estilo de vida y vocabulario pícaro. Sin un plan, padres e hijos se dividirán y separarán en esta etapa de distanciamiento.

Esta clase de sospecha puede generar desconfianza. Puede que la desconfianza sea bien merecida, pero la comunicación —incluso demasiada comunicación— es clave durante los años de adolescencia. Los padres deben crear un clima de seguridad que les permita conversar y explorar una nueva etapa en la relación.

Etapa seis: Recuperación

Finalmente, cuando los hijos entran a la universidad o muestran señales de querer separarse del liderazgo de mamá y papá, los padres buscan recuperar la relación a cualquier costo. Quieren estar cerca. Tienen miedo de perder la relación con ellos. El distanciamiento es natural para la juventud, y seguir aferrados podría ser natural para los adultos, pero los padres deben atravesar esta etapa con sabiduría. No debemos comprometer los valores o la identidad solo para vivir felices.

Esta es una etapa crucial para tener éxito como padres. Cuando enseñamos a nuestros hijos a andar en bicicleta, los sostenemos y a la vez los soltamos. Debemos hacer lo mismo en esta etapa. Es importante relacionarnos con nuestros hijos de una manera nueva y seguir actuando como mentores durante los primeros años de su juventud adulta.

Entonces, ¿qué nos falta?

No cabe duda de que toda relación entre un adulto y un niño es única. Sin embargo, las etapas antes mencionadas son notablemente comunes para todo adulto considerado en el hogar, el salón de clases o un campo de deportes. Para muchos, es notoria la ausencia de un elemento importante de estas etapas, y su ausencia explica por qué muchos adolescentes no maduran hasta llegar a ser buenos adultos.

¿Qué nos ha faltado en nuestro intento por ayudarles a madurar?

Después de años de inspección, corrección, protección, etcétera, la etapa natural que debería seguir es la *espera*.

El eslabón perdido: La espera

Creo que hemos puesto en duda a los hijos para la asignación de tareas importantes. Los hemos abrumado con pruebas, recitales y prácticas, y se ha reportado que los niños están sujetos a una suma extrema de estrés debido a dichas actividades. Pero básicamente son actividades virtuales. A menudo los adultos no asignan tareas importantes a los estudiantes; tareas que son relevantes para la vida y que, en realidad, podrían mejorar el mundo si los niños estuvieran a la altura de dichos retos. Hoy día no tenemos demasiadas expectativas con nuestros hijos. Evidentemente, presuponemos que son incapaces. En vez de elevarse a la altura de nuestras expectativas, bajan su cabeza para enviar mensajes de texto, jugar con los videojuegos, ver videoclips de YouTube y revisar los mensajes en Facebook. Su potencial está siendo desaprovechado. Hace cien años, los muchachos de 17 años conducían ejércitos, trabajaban en el cultivo de la tierra y aprendían oficios como aprendices. Los niños no podían esperar para entrar al mundo de la responsabilidad adulta. Esa actitud es rara hoy día.

Esta es la idea. Por qué no hablas con tus hijos para saber qué les interesa profundamente en la vida. Luego preséntales un reto. Cualquiera sea su edad, espera que cumplan la tarea y logren hacer algo importante. Dales la oportunidad de satisfacer grandes expectativas, o mejor aún, de desarrollar grandes expectativas por sí mismos. Invítalos a ser parte de una historia importante.

El autor Donald Miller una vez contó la historia de un amigo que sufría porque su hija adolescente estaba saliendo con un muchacho muy rebelde. El joven era un gótico, cuyo estilo de vida no reflejaba ninguno de los valores de la familia. De hecho, era tan inmoral como ilegal. El padre no sabía qué hacer.

Miller simplemente preguntó si su amigo había considerado que su hija estaba simplemente eligiendo una historia mejor que la que él, como padre, había creado en su hogar.

El hombre lo miró desconcertado y Miller siguió hablando. Todos quieren ser parte de una historia que sea interesante e inspiradora. Quieren que su vida aporte la solución a un problema. La hija de este hombre simplemente había decidido que la vida en su hogar era aburrida y que la vida de su novio gótico no. Esto impulsó al amigo de Miller a pensar de otra manera. En los meses siguientes, hizo algunas investigaciones y se le ocurrió una idea. En la cena, este padre habló de un orfanato de México que necesitaba ayuda desesperadamente. Necesitaba un edificio, algunos suministros y algunos trabajadores de los Estados Unidos que ayudaran a cumplir su proyecto. El padre dijo que planeaba participar de ese proyecto. En cuestión de semanas, sus hijos se sintieron intrigados. Su hijo sugirió que visitaran ese orfanato de México y, más tarde, su hija pensó en una manera de recaudar dinero a través de Internet. A lo largo de ese año, la historia de esa familia se volvió inspiradora. Finalmente, la hija adolescente habló con su padre y le contó que había roto con su novio. Dijo que ni siquiera podía entender qué le había atraído de él cuando lo conoció. No hace falta decir que el padre estaba feliz.

Bueno… creo que sé por qué ella dejó de necesitar a ese muchacho. Encontró una historia mejor en su hogar.

La idea es esperar algo significativo de la vida y de nuestros hijos. La idea es crear historias que saquen lo mejor de ellos. Más aún, la idea es evitar los errores y las dificultades que impiden a los niños alcanzar su potencial.

Queremos evitar que fracasen

Cuando mi hijo, Jonathan, era muy pequeño, hicimos lo que suelen hacer muchos padres e hijos. Jugamos al béisbol con una pelota más liviana en el jardín. Jonathan tiene varios talentos, pero pronto descubrimos que el béisbol no era uno de ellos. Podría llegar a ser el próximo Steve Jobs o Walt Disney, pero no Josh Hamilton o Derek Jeter a la hora de darle a la pelota. Así que empecé a lanzarle pelotas cada vez más fáciles. Me acercaba a él y le lanzaba más lento para asegurarme de que pudiera golpear la pelota. Después de mucho tiempo, finalmente logró hacerlo, pero estoy seguro de que fue de casualidad.

Ambos celebramos el batazo, y entonces quiso intentar algunos más. Dado que las cosas iban bien, no quería que él fallara. Así que hacía todo para que le fuera imposible fallar. Le lanzaba pelotas tan fáciles, que podríamos haber usado un set de béisbol para niños pequeños.

Esa temporada, lo inscribimos en una escuela de béisbol para niños. Era gracioso ver cómo se paraba en el campo de juego y miraba su guante de béisbol o el cielo; su imaginación vagaba por el espacio, incluso cuando le lanzaban una pelota. Simplemente no era lo suyo. Sin embargo, yo no quería que fracasara en este deporte que tanto me gustaba, así que seguí haciéndoselo cada vez más fácil.

Finalmente caí en la realidad… y él también. Todos los esfuerzos que había hecho para que le fuera imposible fallar habían sido adecuados para sus cuatro o cinco años de edad. Pero no así cuando pasó a cuarto grado. Descubrí que había alimentado en él algunas expectativas irreales y suposiciones falsas al no permitir que experimentara la vida como realmente era. Él pensaba que era bueno en béisbol, y eso provocó la risa de sus compañeros de clase cuando realmente lo vieron jugar. Entonces tuvimos una conversación íntima.

Seré el primero en admitir que no se trataba del fin del mundo. Sin embargo, es una ilustración de cómo aprendí a corregir un error. Cada padre y cada maestro quiere ver a sus hijos o estudiantes tener éxito en la escuela, en los deportes y en la vida; pero hacer lo imposible para que no fallen, no es la respuesta. De hecho, eliminar el fracaso es una manera terrible de atrofiar la madurez. Una encuesta reciente entre jóvenes universitarios reveló que los de la generación Y (aquellos nacidos después de 1990), en realidad, están rogando a los adultos que les permitan explorar y fracasar. La mayoría de estudiantes encuestados respondió que quería *aprender a fracasar… cuanto antes.* Esperar para aprender esta lección lo haría más difícil.

No hacemos bien en querer evitar que fracasen

Demasiadas veces, los adultos, intuitivamente, sentimos que estamos dañando la autoestima de nuestros hijos si dejamos que fracasen. Ellos necesitan sentirse especiales —creer que son ganadores— y suponemos que eso significa que no podemos dejar que fracasen. En realidad sucede lo contrario. Una autoestima genuina y sana se desarrolla cuando los adultos comprensivos identifican sus fortalezas, pero también les permiten tener la satisfacción que solo viene de intentarlo y fracasar. El esfuerzo, el fracaso y el oportuno triunfo da lugar a la buena evolución de un adulto. Lamentablemente, les hemos fallado demasiado tiempo:

- Como padres, les hemos dado muchas posesiones, pero no mucha perspectiva.

- Como educadores, les hemos dado abundantes enseñanzas, pero no abundantes destrezas.

- Como entrenadores, les hemos enseñado a ganar un partido, pero no a ganar en la vida.

- Cómo líderes de jóvenes, les hemos dado muchas explicaciones, pero no suficientes experiencias.

- Como empresarios, les hemos mostrado cómo funciona el balance entre las ganancias y las pérdidas, pero no les hemos mostrado cómo obtener beneficio de las pérdidas.

Es hora de adaptar nuestro liderazgo a sus necesidades. Los niños están creciendo en un mundo muy diferente al nuestro. Maestros, entrenadores y padres han cambiado la manera de ejercer su liderazgo con los estudiantes destacados. Algunos de estos cambios son excelentes, pero otros han tenido consecuencias no esperadas.

Por qué los adultos quieren evitar que los niños fracasen

Este cambio parece haber comenzado hace más de 30 años con el pánico provocado por el analgésico Tylenol en septiembre de 1982. ¿Recuerdas ese hecho? Algunos frascos de Tylenol habían sido adulterados con veneno, así que se retiraron todos los frascos de todas las farmacias. Al mes siguiente, cuando los niños estaban por festejar el día de Halloween y pedir dulces en casas de extraños, los adultos se levantaron y habilitaron líneas telefónicas gratuitas determinados a proteger a los niños de cualquier peligro. En los años posteriores al incidente, fue como si Estados Unidos empezara a centrar su atención en los niños.

La seguridad no era el único problema. En la década de 1990, estábamos decididos a elevar su autoestima y procurar que los niños crecieran seguros y tranquilos en este mundo tan incierto. Las mesas para cambiar pañales en los baños públicos son ahora señales de que estos niños son la máxima prioridad. Los letreros de los vehículos que indican "bebé a bordo" de la década de 1990 dieron lugar a adhesivos para parachoques que dicen "Mi hijo es un superhijo" o "Mi hijo está en el cuadro de honor". Cuando juegan campeonatos de fútbol o béisbol cada niño recibe un trofeo, ganen o pierdan, solo por estar en el equipo. Las habitaciones de los niños están llenas de premios y distinciones, y nunca han ganado un torneo.

Después decidimos darles educación avanzada en todo lo que hicieran. Llegamos a creer que todo padre diligente debería usar productos multimedia y juegos interactivos para desarrollar el intelecto de sus hijos. Queríamos darles una educación avanzada, una superioridad sobre sus compañeros, porque nuestros hijos son excepcionales. Estoy de acuerdo con promover su autoestima, garantizar su seguridad, aplaudir su participación y ofrecerles programas de educación avanzada, pero creo que hemos dado a los niños un falso sentido de la realidad. Los hemos destinado a tener un despertar doloroso cuando sean grandes. Los sociólogos concuerdan en que nuestro énfasis en los logros ha producido niños muy seguros de sí mismos. Lamentablemente, también concuerdan en que esto no los prepara bien para enfrentar la vida que les espera.

Consideremos las consecuencias no esperadas de los cambios que he descrito. Muchos niños de clase media nunca han tenido que hacer frente a grandes obstáculos. Y muchas veces no están preparados para hacerles frente a los veinte años. Por ejemplo, en el pasado, cuando un estudiante no rendía bien en una clase, los padres respaldaban la calificación del maestro y le insistían en estudiar más. Los niños aprendían: *Fallé, pero los adultos que me rodean creen en mí y puedo recuperarme, volverlo a intentar y salir adelante.* Hoy día, ante la misma situación, los padres a menudo se ponen de parte de sus hijos, y los maestros se ven en problemas. El niño aprende: *Pronto me libraré de esto, porque los adultos que me rodean me excusarán y me ayudarán a no fallar.*

Bueno… ¿Por qué hacemos esto? Permíteme sugerir una razón. Los padres, frecuentemente, convierten a sus hijos en trofeos. Ven a sus hijos como reflejo de sus propios éxitos. Cada niño es un ganador para que mamá y papá también puedan ser ganadores. Tengan una mejor imagen. No se vean mal.

Y los padres no somos los únicos culpables. Los educadores han hecho lo mismo. Pasan de grado a los niños aun sin estar totalmente preparados. Los gradúan aun sin aprobar legítimamente una clase para que su escuela pueda obtener los fondos federales que necesitan. Promover a los estudiantes universitarios para que obtengan su título favorece a las estadísticas de retención y graduación de las universidades. Insisto en que vemos a los estudiantes como reflejo de nosotros mismos y de nuestros logros. Esta es una muy mala preparación para su futuro.

Hace poco, el superintendente de un distrito escolar me pidió consejo sobre cómo manejar una situación que nunca había enfrentado. Me dijo que algunas de sus escuelas ya no estaban usando tinta roja para corregir los exámenes. ¿Por qué? Porque era demasiado duro para los estudiantes. Les causaba demasiado estrés. Dos escuelas secundarias querían eliminar las calificaciones y los niveles de clases, todo a la vez. Sentían que era nocivo hacer distinciones entre estudiantes según el año que estaban cursando. Los padres y maestros sugerían que algunos de los adolescentes de 18 años que no habían pasado de segundo año se sentían menospreciados y poco preparados.

¿Nos hemos olvidado de que así no funciona la vida después de la niñez? Detesto ver a los estudiantes desanimados, pero eliminar la posibilidad de fallar no es la solución. Estos niños se sienten poco preparados porque *lo están.* Tal vez la mejor motivación para impulsarlos a seguir es prepararlos para enfrentar la realidad con tenacidad. Lo que más necesitan son adultos que en realidad crean que lo pueden lograr, que les brinden apoyo y les exijan responsabilidad hasta que lo logren. Tarde o temprano, lo tendrán que hacer.

La creencia de que no es bueno dejar que los niños fallen se ha generalizado internacionalmente. Hace algunos años, la Asociación Profesional de Maestros de Inglaterra sugirió incluso que la sola idea del fracaso era nocivo para los estudiantes. Liz Beattie, una maestra jubilada, solicitó en una reunión anual de la asociación en Buxton, Derbyshire, que "se eliminara la palabra 'fallar' del vocabulario educacional y que la reemplazaran por el concepto de 'éxito diferido'". Me pregunto otra vez si esto es realmente beneficioso o si los adultos simplemente se niegan a admitir la realidad.

La buena noticia es que no todos lo están aceptando, incluida la Secretaria de Educación del Reino Unido, Ruth Kelly:

> Por esa propuesta en particular, pienso que les daría 0 sobre 10. Es realmente importante para los jóvenes que crezcan con la posibilidad de progresar y tener éxito, pero también de descubrir qué es el fracaso. Cuando los jóvenes crecen y entran al mundo adulto, tienen que enfrentarse al éxito y al fracaso, y la educación tiene que ver con formar jóvenes polifacéticos, que puedan hacer frente a esta clase de situaciones.[1]

Nuestro problema es presuponer que nuestros hijos son demasiado frágiles. Muchos de nosotros no creemos que nuestros hijos son capaces de fallar y luego recuperarse y seguir adelante. En cambio, suponemos que solo podemos hablarles de cosas que tienen sentido común como una conducción segura, la búsqueda laboral, las relaciones amorosas y las fiestas. El Dr. Michael Ungar, un terapeuta de niños dice que no funciona de esa manera:

> Parece que en estos días tenemos la noción mágica de que los niños pueden aprender sentido común tan solo con ver y escuchar cómo otros hablan de esas cosas. Pero nuestro

---

1. "Teachers Say No-One Should Fail," *BBC News*, 20 de julio de 2005, news.bbc.co.uk/2/hi/uk_news/education/4697461.stm.

cerebro no se desarrolla de esa manera. Somos seres experimentales. Lev Vygotsky, un famoso psicólogo de niños de Rusia, demostró muy bien lo que él denomina "zonas de desarrollo próximo". Necesitamos que se nos exija, no demasiado, sino solo lo suficiente para aprender algo nuevo. Tenemos un buen desarrollo cuando se nos presentan retos suficientemente grandes, que nos demandan esfuerzo para resolverlos, pero que no terminen por frustrarnos.[2]

Yo creo que esto incluye fallar. Consideremos esta realidad. Con el paso de los años, nuestras familias se han hecho más pequeñas en número. Podemos cuidar mejor de nuestros hijos. Se nos permite prestarles mucha más atención a nuestros hijos y a su desarrollo personal. Lamentablemente, empezamos a suponer que si realmente nos preocupamos por ellos, no deberíamos dejar que fallen, fracasen, teman o luchen. En cambio, los cobijamos, los protegemos de todos los peligros y nos aseguramos de que sean felices cuando terminen sus estudios o se marchen del hogar. En síntesis, les facilitamos la vida y eliminamos casi todas las oportunidades que tienen de fortalecerse a través de las luchas y el fracaso.

Las consecuencias de querer evitar que fracasen

Querer evitar que los niños fracasen tiene dos consecuencias negativas. Primero, fomenta el temor al fracaso más adelante cuando sean adultos. O aprenden a superar el fracaso de niños, o tendrán que superarlo cuando el riesgo sea mucho más alto. Segundo, diluye la voluntad o motivación a superarse.

––––––––––––––––––– EL PRINCIPIO –––––––––––––––––––
Cuando evitamos la posibilidad de que los niños fracasen, debilitamos su motivación a superarse.

Déjame ilustrar estas consecuencias con una simple analogía. Durante las dos décadas pasadas, se han retirado gran parte de los módulos de las

2. Michael Ungar, "Nurturing Resilience: The Risk-Takers Advantage," *Psychology Today*, 21 de agosto de 2009, www.psychologytoday.com/blog/nurturing-resilience/200908/the-risk -takers-advantage.

zonas de juegos de los parques públicos. Los adultos, especialmente los padres, preocupados por la posibilidad de que los niños se cayeran, lastimaran o se rompieran un hueso, exigieron que retiraran las estructuras para trepar y colgarse.

Eso tiene sentido si solo nos preocupamos por el presente. Lamentablemente, hemos empezado a ver las consecuencias imprevistas de esta medida de seguridad. John Tierney informó en el *New York Times* que los investigadores ahora cuestionan el valor de priorizar la seguridad en los parques infantiles:

> Aunque los niños sufran menos lesiones físicas —y las evidencias de ello son debatibles— los críticos dicen que estos parques recreativos podrían atrofiar el desarrollo emocional de los niños y dejarlos con ansiedades y temores que finalmente son peores que un hueso roto.
>
> "Los niños necesitan enfrentar riesgos y vencer temores en los parques recreativos — dijo Ellen Sandseter, profesor de psicología de la Universidad Queen Maud de Noruega—. Pienso que las estructuras para trepar y los toboganes altos son excelentes. Mientras los parques recreativos son cada vez más aburridos, estos son algunos de los aspectos que todavía pueden brindar a los niños la emocionante experiencia de la altura y la alta velocidad".
>
> Después de estudiar a los niños en los parques recreativos de Noruega, Inglaterra y Australia, el Dr. Sandseter identificó seis categorías o juegos arriesgados: explorar la altura, experimentar alta velocidad, manipular herramientas peligrosas, estar cerca de elementos peligrosos (como el fuego o el agua), los juegos de manos (como las peleas) y caminar solo alejado de la supervisión de un adulto…
>
> "Los módulos para trepar necesitan ser suficientemente altos o, a la larga, serán aburridos —dijo el Dr. Sandseter—. Los niños ven la emoción y el riesgo de una manera progresiva, y muy pocos niños intentarían trepar hasta el punto más alto la primera vez que suben. Lo mejor es dejar que los niños se enfrenten a estos retos desde que soy muy pequeños, y entonces aprenderán progresivamente a dominarlos al jugar con el paso de los años".

A veces, desde luego, fallan en su destreza, y las caídas son la forma más común de lesión en los parques recreativos. Pero estas, raras veces causan un daño permanente, ya sea física como emocionalmente... Un niño que se cae y se lastima antes de los 9 años será menos probable que tenga temor de la altura cuando sea adolescente...

Cuando los niños están expuestos gradualmente a más y más peligro en un parque recreativo están usando las mismas técnicas de habituación desarrolladas por los terapeutas para ayudar a los adultos a superar sus fobias, según el Dr. Sandseter y un colega psicólogo, Leif Kennair...

"Paradójicamente, planteamos que nuestro temor a que los niños sufran daños en su mayoría inofensivos podría dar lugar a niños más temerosos y con niveles de psicopatologías cada vez mayores".[3]

Ayudemos a los niños a experimentar el fracaso de manera positiva

John Killinger dijo: "El fracaso es la mejor oportunidad de saber quién soy en verdad". He llegado a creer que el fracaso no solo es *normal* para aquellos que finalmente triunfan, sino también *necesario*. El Dr. Joyce Brothers sugiere: "La persona que busca el éxito tiene que aprender a ver el fracaso como una parte positiva e inevitable del proceso de llegar a la cima". Vamos a examinar tres pasos que debemos dar para ayudar a los niños a experimentar el fracaso de manera positiva.

Debemos crear un ambiente seguro para el fracaso.

Trabajé con John C. Maxwell durante más de dos décadas. Él me enseñó esta lección una y otra vez. En su libro *El lado positivo del fracaso*, narra la historia de un profesor de arte que hizo un experimento con dos grupos de estudiantes. Es una ilustración de los beneficios del fracaso:

Un profesor de cerámica dividió a su clase en dos grupos. Los de la izquierda del salón serían evaluados únicamente sobre la cantidad de obras producidas, mientras

3. John Tierney, "Can a Playground Be Too Safe?" *New York Times*, 18 de julio de 2011, www.nytimes.com/2011/07/19/science/19tierney.html?_r=0.

que los de la derecha por la calidad. El procedimiento era simple: el último día de clases pesaría las obras del grupo a evaluar por la "cantidad": 25 kg era un "10", 20 kg era un "8" y así sucesivamente. Sin embargo, el grupo a evaluar por la "calidad" debían hacer solo una vasija —aunque, perfecta— para recibir un "10". Llegado el momento de calificar surgió un hecho curioso: el grupo a evaluar por la cantidad hizo las obras de mayor calidad. Parece que mientras el grupo a evaluar por la "cantidad" trabajaba afanosamente para hacer gran cantidad de obras —y aprendían de sus errores— el grupo a calificar por la "calidad" se sentó a intercambiar teorías sobre la perfección y, finalmente, solo pudieron mostrar teorías espectaculares y una obra de arcilla sin vida.[4]

Esto ilustra nuestra tendencia natural. Cuando las personas —especialmente los jóvenes— saben que tienen la libertad de intentar algo y fallar, su rendimiento generalmente mejora. Eso saca lo mejor de ellos. Pero si están preocupados por tratar de no fallar, se paralizan.

En 1933, el equipo que construía el puente Golden Gate, de San Francisco, se retrasó en el plazo de finalización de la obra. Uno de los trabajadores se había muerto al caer del puente, lo cual hizo que sus compañeros trabajaran más lentamente cada día por temor a que volviera a suceder. Finalmente, uno de los trabajadores se acercó al supervisor y le pidió si podían colocar una red debajo de ellos por si se caían. El supervisor no estaba muy convencido de detenerse a hacer eso, porque ya iban con retraso. Pero finalmente aceptó y colocaron una red. De repente, los hombres empezaron a trabajar con más rapidez y precisión, y aceleraron la finalización de la obra. ¿Qué les permitió trabajar más rápido y mejor? El haber eliminado el temor a fallar. De pronto, ya no corrían el peligro de intentar aquello que antes les causaba temor.

Debemos ayudarles a ver los beneficios del fracaso.

Una vez que creamos las condiciones donde los niños sientan que tienen la libertad de fallar, debemos animarlos a aceptarlo. El fracaso forma

---

4. John Maxwell, *Failing Forward* (Nashville: Thomas Nelson, 2000), 113-14. Publicado en español con el título *El lado positivo del fracaso*, por Editorial Caribe/Betania, 2000.

parte del proceso de crecer y triunfar. Los adultos necesitan ayudarlos a ver los beneficios del fracaso. Pero ¿cuáles son los beneficios del fracaso? Cuando lo manejamos bien, el fracaso tiene los siguientes beneficios:

El fracaso puede crear resiliencia. Cuando un estudiante se da cuenta de que el fracaso no es fatal, empieza a desarrollar resiliencia dentro de él. Así como levantar pesas desarrolla músculos físicos, insistir y sobreponerse al fracaso desarrolla músculos emocionales. Los niños aprenden a recuperarse rápidamente e intentar nuevas maneras de triunfar.

El fracaso puede forzarnos a evaluar. Una vez que los estudiantes superan el desánimo inicial de fallar y no lograr un objetivo, se ven forzados a evaluar lo que sucedió. Este es un beneficio enorme. ¿Por qué fracasaron sus intentos? ¿Qué pudieron haber hecho mejor? El éxito inmediato nos impide ver las maneras de mejorar.

El fracaso puede motivarnos a mejorar nuestro rendimiento. Si un niño crece en un ambiente donde fracasar es inofensivo, en realidad el fracaso se convierte en una fuente de motivación, no desesperación. Los estimula e inspira a esforzarse más. Cuando era niño y jugaba al béisbol, el fracaso me hacía volver a salir e intentarlo otra vez.

El fracaso da lugar a la creatividad y el descubrimiento. Tal vez una mayoría de las invenciones realizadas durante el siglo XX fueron el resultado de fracasos iniciales, como el de Edison, Bell y Oppenheimer. Parece una frase hecha, pero el fracaso es un maestro que nos lleva a tener mayor sagacidad y mejores ideas… si aprendemos de él.

El fracaso puede desarrollar madurez. Lo mejor de todo es que la auténtica madurez sucede solo cuando enfrentamos el fracaso de manera positiva. Si desarrollé alguna virtud desde mi niñez, como la paciencia, la empatía, el sacrificio o la tenacidad fue porque aprendí a considerar al fracaso como un amigo.

Debemos ayudarles a hacer del fracaso su mejor amigo.

Benjamín Franklin dijo "Aquello que duele, instruye". Tu *actitud* hacia el fracaso determina tu *aptitud* después de un fracaso. Lo mismo sucede con los estudiantes. Lo que ellos permiten en su mente es aquello que los condiciona. Pienso que Warren Wiersbe tenía razón cuando dijo: "Un realista es un idealista que ha pasado por el fuego y ha sido purificado. Un escéptico es un idealista que ha pasado por el fuego y se ha quemado".

Mi amigo Kyle Stark se dedica al desarrollo de jugadores. Es el manager general adjunto de los Piratas de Pittsburgh. Después de ver a los adolescentes entrar al béisbol profesional, hace esta observación:

El fracaso separa a aquellos que piensan que quieren triunfar de aquellos que están determinados a triunfar. El fracaso reduce el campo de juego. Los primeros que se van son aquellos que culpan a los demás. Después se van los que pierden interés. Los débiles se van primero. Los fuertes aprenden a no desanimarse y seguir insistiendo hasta ganar. Los susceptibles raras veces ganan debido a su ego frágil y actitud aprensiva. Los impasibles vienen de fracaso en fracaso. Los fracasos producen heridas que sanan y revelan una relación entre la resistencia y la determinación peculiar de aceptar el fracaso como una condición temporal. Aceptan tanto lo bueno como lo malo de modo que no se pierden la bendición de aprender de ambas cosas.

Los impasibles se preparan para ganar mediante una disposición cada vez mayor a soportar el dolor de ratificar el grado de su verdadero deseo. Permiten que cada reto sea una oportunidad de mejorar. Puesto que saben que la amargura es un veneno proceden a purgar rápidamente la influencia mortal que ejerce sobre su tesón y deseo. Ven un premio en cada problema y un potencial en cada persona. Ven sus faltas, pero nunca se enfocan en ellas. Saben que todo aquello que piensen, finalmente, hará nido en su mente. El poder de la elección de las palabras positivas determina la elección de cada próxima acción. Es inútil perder tiempo en hablar de todo aquello que no se puede cambiar en vez de hablar de lo que sí podemos cambiar.[5]

Dejemos de engañarlos

Entonces ¿qué se puede hacer? Intenta lo siguiente. Identifica experiencias en las que permitirías a los niños correr riesgos calculados y experimentar fracasos, tales como un proyecto o una clase. Enséñales, pero no intervengas y no hagas la tarea por ellos. Ayúdalos a desarrollar

5. Entrevista personal, 8 de marzo de 2012.

músculos emocionales que sean capaces de soportar un fracaso. Permíteles saber por experiencia que todavía hay vida después del fracaso. Cuando mi hijo, Jonathan, era adolescente, se sobrecargó de actividades durante el año en curso. Entonces me pidió si podía llamar a su supervisor y negociarlo con él. Le dije: "Hijo, me encantaría, pero no te ayudará a largo plazo. Quiero que tú llames y busques una solución beneficiosa para ambos". Él hizo la llamada y vivió para contarlo. Y ahora sabe cómo hacerlo.

El Dr. Ungar reta a los padres a que den a sus hijos el beneficio de correr riesgos:

> Prefiero un niño que ande en bicicleta en una calle muy transitada y aprenda a respetar el tráfico antes que tenga que conducir un automóvil. Prefiero que un niño haga piruetas en los módulos de juegos para trepar a los 4 años y en una pista de *skateboard* extremo a los 14 años (aunque corra el riesgo de romperse un hueso), si eso significa que no hará cosas impropias con su cuerpo cuando tenga 24 (como experimentar con exceso de drogas o alcohol). Prefiero a un niño de 8 años que elija a sus propios amigos y sufra las consecuencias de que se aprovechen de él o lo hieran emocionalmente mientras sus padres aún están a su lado para hablar con él de lo que le pasó, a que espere hasta que sea un joven de 18 años inexperto que ingresa a la universidad sin ninguna experiencia que le permita enfrentar las relaciones complejas que le esperan como estudiante novato.[6]

Bill fue un niño que creció en estas condiciones. Sus padres estaban preocupados por sus problemas sociales en la escuela y su tendencia a aislarse, pero lo siguieron animando a explorar toda clase de ideas para descubrir qué quería hacer con su vida después que terminara la secundaria. Ellos le mostraron que fallar era inofensivo. Y falló. Estoy contento de que fallara, porque todos nos hemos beneficiado de los éxitos que finalmente llegaron después de sus fracasos como hombre de negocios. Su nombre es Bill Gates.

A los 13 años, Bill ya había mostrado interés en las primeras versiones

---

6. Ungar, "Nurturing Resilience".

de la computadora. Con lo recaudado de una venta de artículos usados en la Escuela Lakeside, su madre sugirió que compraran una terminal de computadora para los niños, con la esperanza de que eso estimulara la pasión de su hijo aburrido. Y funcionó.

Sin embargo, en los años siguientes, Bill experimentó muchos fracasos. Era un marginado social que no se relacionaba bien con sus compañeros de la universidad. Pasaba más tiempo en el laboratorio de computación que en clase hasta que finalmente dejó los estudios. Junto a su compañero, Paul Allen, fundaron su primera compañía llamada Traf-O-Data, que generaba y analizaba informes de tráfico en Seattle. Fue un fracaso y la cerraron. Pero en un entorno donde el fracaso era inofensivo, Bill permaneció firme hasta crear Microsoft, y el resto ya es historia. Ahora se le conoce como el hombre más rico y generoso del mundo.

La realidad es que el fracaso casi siempre precede al éxito.

¿Acaso consideramos a Michael Jordan como un fracasado? Él declaró: "He fallado más de nueve mil tiros en mi carrera deportiva. He perdido casi tres mil partidos. Veintiséis veces me han confiado el tiro ganador y lo he fallado. He fallado una y otra vez en mi vida. Y a eso se debe mi éxito".

ERROR 2

Proyectamos nuestra vida sobre ellos

Un soleado y cálido día de verano estaba en Iowa preparándome para dar una conferencia para educadores. Mientras me dirigía hacia el hotel pasé por algunos campos de deportes y vi que estaban jugando un partido de la liga infantil de béisbol. Aunque no conocía a ninguno de los niños ni de los padres, decidí detenerme un rato a mirar. Para mí, mirar un partido de béisbol de cualquier liga es terapéutico.

Lo que vi ese día fue un seminario sobre el comportamiento de los padres o, mejor dicho, sobre el comportamiento perjudicial de los padres. ¿Has visto últimamente una liga deportiva infantil en acción? Ya sea fútbol, futbol americano, baloncesto o cualquier otro deporte, los padres pueden llegar a ser el mayor dolor de cabeza para los réferi, los árbitros, los entrenadores y los niños. Ese día lo vi de manera muy gráfica.

Un pequeño niño de ocho años se dirigió hacia el plato. Antes de colocarse en posición dentro de la caja de bateo, miró la línea hacia el entrenador en tercera base. El hombre fornido y pelado de mediana edad aplaudía fuertemente para transmitir confianza al pequeño muchacho. Segundos después, vino el primer lanzamiento. El niño intentó golpear la pelota y falló. Primer *strike*. El segundo y tercer lanzamiento fueron exactamente iguales al primero, con los mismos resultados. El niño fue eliminado tras fallar sus tres intentos de bateo.

¡Uf! Me sentía mal, y ni siquiera conocía al pobre niño. Sin embargo, no me sentía tan mal comparado a cómo se sentía el pequeño jugador y el entrenador en tercera base. Inmediatamente, el hombre fornido y pelado empezó a gritar al niño a toda voz y a insultarlo por haber sido eliminado. "¿Qué #*@*! estabas haciendo ahí? ¡No puedo creer lo que acabo de ver! Vete al #*$@#!* banco y piensa en lo que acabas de hacer. Eres una #%$*@&* vergüenza como beisbolista".

Con los hombros caídos y casi llorando, ese pobre niño se fue caminando hacia el banco con el rabo entre las patas. Su padre lo avergonzó frente a unas dos docenas de compañeros y de casi un centenar de adultos. El niño tenía ocho años. Pronto supe que el entrenador en tercera base era su padre.

No podía creer lo que había visto. ¿Cómo podía ese padre gritarle tan violentamente a su hijo de ocho años? Es indudable que los niños necesitan aprender a concentrarse, practicar y trabajar duro en las competencias. Pero su reacción había sido exagerada. Una parte de mí quería entrar al campo corriendo, agarrar a ese padre por los hombros, mirarlo a los ojos y decirle: "¿Sabes lo que estás haciendo? Las posibilidades de que tu hijo juegue al béisbol profesional son ínfimas. Es posible que le estés gritando a un futuro programador de *software*. Además, creo que la única razón por la que estás tomando este partido tan en serio es porque eres gordo y a tus 40 años ya no puedes jugar al béisbol. Por tanto, has decidido vivir tu vida vacía a través de tu hijo".

Por el bien de todos, no lo hice, y el partido continuó. La próxima vez que el niño entró para batear, estaba más inseguro que antes. Tenía miedo. Pero en los partidos de béisbol de las ligas infantiles las cosas pueden cambiar rápidamente. Cuando la pelota del lanzador llegó al plato, ese mismo niño de ocho años dio a la pelota y corrió hasta la primera base. (Estas cosas pasan). La buena noticia para los que juegan en las ligas infantiles es que, cuando uno batea una pelota, a menudo puede seguir corriendo, porque en realidad pocos jugadores pueden atrapar o devolver los batazos difíciles. El niño recorrió las bases y enfiló hacia el plato. Finalmente se deslizó sobre el suelo y llegó al plato justo antes que la pelota. Fue asombroso. El mismo niño que había sido eliminado la última vez que le tocó batear había anotado un jonrón.

Apenas se levantó del suelo, miró la línea de la tercera base para ver lo que su papá diría o haría. Esta vez, todos observamos que el hombre parado en la caja del entrenador en tercera base hacía ademanes para que el niño se acercara a él. Luego extendió sus brazos mientras el niño corría hacia él, como si dijera: "Esta vez lo hiciste bien. Ven, aquí está tu abrazo".

Reflexiona por un momento sobre lo que este padre le estaba comunicando sin querer a su hijo ese día. "Primero, si juegas mal, ten cuidado. Te gritaré y te insultaré para que te fijes bien en lo que estás haciendo.

Incluso te intimidaré y te haré pasar vergüenza. Segundo, si juegas bien, recibirás mi afecto y aprobación. Eres aceptable. Pero todo mi amor y atención dependen de tu rendimiento".

Bueno… ¿piensas que este pobre niño es posible que solo crezca con algunas emociones negativas? No pretendo ser un experto en psicología, pero basta con tener un leve conocimiento del corazón y la mente de los niños para saber que esta no es la manera de ayudarlos a triunfar. Según nuestra investigación cualitativa, la mayoría de los padres concuerda con esta declaración. Entonces, ¿por qué tantos de nosotros somos tan viscerales cuando se trata de nuestros hijos? Más aún, ¿por qué frecuentemente reaccionamos visceralmente con nuestros hijos? ¿Por qué comúnmente descargamos nuestras frustraciones sobre ellos?

Una buena calificación

Hace poco hablé con dos directores de educación intermedia. Sus escuelas no están cerca geográficamente, pero me contaron la misma historia. Ambos me contaron que la madre de un estudiante había llegado furiosa a su oficina. Las dos mujeres estaban enojadas por la mala calificación que sus hijos habían recibido en uno de los trabajos escritos. Cada uno de los directores se sentó con la madre y, de una manera civilizada, intentó explicarle la nota roja del escrito. En ambos casos, los maestros estuvieron presentes en la conversación.

A medida que se desarrollaba la conversación, ambos directores sonrieron mientras me contaban cuánto conocían estas madres los trabajos escritos de sus hijos. Parecían conocer cada página y cada línea de ese trabajo. Lentamente los directores empezaron a entender lo que había sucedido: en realidad las madres habían escrito la tarea de sus hijos. Con razón estaban enojadas. *Ellas* habían recibido una mala calificación por su trabajo escrito.

La cuestión es que ya sea un equipo deportivo o una clase, muchos padres están viviendo la vida de sus hijos. Estamos determinados a hacer que nuestros hijos destaquen, aunque eso signifique que lo hagamos por ellos. ¿Por qué? Porque, a fin de cuentas, nuestros hijos son un reflejo de nosotros. Ellos representan nuestra segunda oportunidad de hacerlo bien. A través de ellos podríamos volver a vivir nuestra niñez.

Puede que pienses que estoy exagerando, pero para cientos de miles de padres, este asunto sigue siendo el problema principal en la crianza de hijos sanos. Si nosotros aún no hemos resuelto nuestros propios problemas, ¿cómo podemos esperar formar hijos sanos en nuestro hogar? En resumen, cuando proyectamos nuestra vida sobre nuestros hijos, a menudo se sienten presionados a convertirse en alguien que no son. Considera las historias que has escuchado a lo largo de los años. El hijo que se siente forzado a incursionar en los negocios de la familia aun cuando no tiene pasión o talento para ello. La hija que se siente obligada a sobresalir en gimnasia artística porque la madre quería serlo cuando era niña, y nunca pudo. El niño a quien se le exige duramente que saque un 10 en Ciencias, porque papá o mamá nunca pudieron y, sea como sea, planean obtener una buena nota en esta ocasión. A decir verdad, puede que ni los padres ni los hijos tengan talento para las Ciencias.

EL PRINCIPIO

Cuando nos proyectamos en nuestros hijos, los estamos presionando a convertirse en alguien que no son.

Seamos realistas. Solíamos reírnos cuando escuchábamos a los padres gritar a los jueces durante los partidos de béisbol de las ligas infantiles. Nos reíamos cuando las madres perdían la compostura y atacaban a la "amigo-enemiga" de su hija del equipo de porristas. Nos reíamos de las mamás que montaban en cólera cuando su hijo o hija no recibía el papel que querían desempeñar en la obra de teatro de la escuela. Pero ahora incidentes como estos son cada vez mayores, de modo que no sabemos si reír o llorar. Esta es mi pregunta. ¿No se parece esto a relatos de adultos que actúan como niños? Creo que la proyección de los padres —vivir la vida de sus hijos— explica, al menos, parte de este comportamiento.

Consecuencias no esperadas

Permíteme resumir las consecuencias imprevistas de proyectarnos en nuestros hijos:

No damos el ejemplo de un comportamiento que nuestros hijos puedan imitar.

Los hábitos de vida sanos se reflejan más de lo que se enseñan. A pesar de las cosas importantes que esperas hablar con tus hijos o hacer por tus hijos, ninguna de ellas es más importante que la vida que vives frente a tus hijos. Las personas hacen lo que ven. En palabras de Albert Schweitzer: "El ejemplo es todo".

Les provocamos estrés al forzarlos a convertirse en alguien que no son.
Cuando nos proyectamos, finalmente, los niños no son motivados por sus talentos naturales o su propia identidad, sino por la nuestra. Esto nunca es sano. Su callada ambición es no decepcionar a los adultos que los rodean en vez de perseguir sus propios sueños. Aunque al principio sus esfuerzos parezcan una sana ambición, eso les traerá consecuencias y les creará una enfermedad emocional.

Nuestra relación con ellos se vuelve tensa y malsana.
Puesto que tanto los padres como los hijos están actuando basándose en motivaciones equivocadas, ambas partes están emocionalmente mal y la relación entre padres e hijos se vuelve tensa. Cuando el niño llega a la edad adulta, los días festivos son difíciles, las conversaciones son molestas y cualquier actividad en común puede sentirse forzada. Nadie espera con ansias interactuar; el hijo se siente incómodo y los padres se sienten decepcionados.

Tu motivación influye en la motivación de tus hijos

Vivimos en una cultura basada en los resultados y el éxito. Toda nuestra vida nos han dicho que nos esforcemos por sacar buenas notas, por ser aceptados en un grupo, por hacer una venta, por hacer dinero, por destacarnos. Ninguna de estas ambiciones es mala, pero, con motivaciones malsanas, podemos caer en la trampa del rendimiento. Como adultos, podríamos sentir esto a causa de nuestro pasado y, si es así, indudablemente lo transmitiremos a nuestros hijos a menos que tengamos cuidado

Hace algunos años, fui profesor universitario en San Diego, California. Miguel, un estudiante de último año, empezó a tener problemas durante el semestre del otoño, y me di cuenta de que necesitaba un descanso. Más adelante supe que Miguel estaba sometido a toda clase de presiones con una carga completa de clases, un trabajo a medio tiempo, una novia, dos grandes responsabilidades como líder en la universidad y un papá que lo presionaba para que tuviera buenas calificaciones.

Empezó a ver a una consejera, que no tardó mucho en resumir el dilema de Miguel. Simplemente le dijo: "Tu problema es que te has convertido en un 'hacedor humano' en vez de permitirte ser un 'ser humano'". Lamentablemente, esta es la realidad de muchos en la actualidad. Somos hacedores humanos. Nuestra identidad está totalmente ligada a nuestro rendimiento. Si esto te suena familiar, puede que lo hayas adquirido de tus padres y ahora estés contagiando a tus propios hijos. Es un patrón, un ciclo negativo. Puede crear un hábito de vida infeliz que deje a los hijos con la sensación de estar atrapados por los adultos. En definitiva, si los hijos se sienten forzados a hacer algo, su satisfacción intrínseca puede esfumarse, y, con ello, su realización, su pasión y su ambición.

El experimento de la recompensa

El mes pasado hablé con el autor Daniel Pink acerca de esta realidad. Él me recordó un experimento que hicieron en una escuela en la cual dividieron a los estudiantes en tres grupos. El primer grupo era el de la Recompensa Esperada. A los niños de este grupo se les dijo que hicieran un dibujo y que recibirían una recompensa. El segundo grupo era el de la Recompensa Inesperada. A estos no se les dijo que recibirían una recompensa; pero, cuando hicieron el dibujo, recibieron una. El tercer grupo era el de la No Recompensa. Los investigadores pidieron a estos que hicieran un dibujo, pero no les prometieron una recompensa y tampoco les dieron un premio al final. Cuando los tres grupos hicieron sus dibujos, los investigadores actuaron en conformidad a cada uno. Los primeros dos grupos recibieron un premio. El tercer grupo no, y esos niños nunca supieron lo que recibieron los primeros dos grupos.

Dos semanas después, volvieron a hacer este ejercicio. Esta vez, a los niños del primer grupo les pidieron que hicieran un dibujo, pero, a diferencia de la primera vez, no les dijeron que recibirían un premio. Curiosamente, ninguno del grupo estaba muy entusiasmado por dibujar. Los dos grupos siguientes —a quienes ninguna de las dos veces les dijeron que recibirían una recompensa— respondieron igual que la primera vez y dibujaron con el mismo entusiasmo.

La conclusión de los investigadores fue simple, pero profunda. Al principio, a los estudiantes les entusiasmaba dibujar, pero cuando la motivación pasó a ser externa en vez de interna, perdieron el interés a menos que recibieran una recompensa.[1] Todo tenía que ver con el premio o con complacer a un adulto. Piensa en esto: los adultos experimentamos la misma realidad. A menudo la vida tiene que ver con recompensas o sanciones externas. Premios y castigos. Perdemos el entusiasmo de hacer un trabajo tan solo porque nos gusta. Y cuando sentimos que nos imponen algo, a menudo nos resistimos obstinadamente y perdemos nuestra motivación interna. A veces, incluso nos rebelamos. La motivación más fuerte siempre viene de adentro, cuando un niño tiene tres cosas:

- *Autonomía.* "Lo puedo hacer solo, a mi propio ritmo".

- *Maestría.* "Siento que estoy mejorando y me estoy perfeccionando".

- *Propósito.* "Hago esto porque significa mucho para mí".[2]

Aun cuando crees que estás impulsando a tus hijos a hacer lo correcto, si ellos lo hacen solo por ti, la experiencia será desagradable. Los adultos que presionan a los niños a ser o a hacer algo les roban a menudo la verdadera motivación que deberían sentir para hacerlo. Si las recompensas son todas externas, los niños requerirán de constantes impulsos externos para perseverar. Pero si les permitimos encontrar sus propios talentos, su propia pasión y su propia vocación, la recompensa será la propia satisfacción de la tarea en sí. La energía viene de la ambición interna, no del estímulo externo, ya sea sano o perjudicial. (Veremos más sobre esto más adelante).

Diagnóstico del problema

Vamos a examinar los síntomas de los niños que son sometidos a la motivación externa de adultos que les imponen sus deseos. ¿Cómo suelen reaccionar frente a ello? Analiza el gráfico de abajo. Cada niño tiene

---

1. Mark Lepper, David Greene y Robert Nisbett, "Undermining Children's Intrinsic Interest with Extrinsic Rewards: A Test of the Over-Justification Hypothesis", *Journal of Personality and Social Psychology 28, n.º 1* (1973): 129.
    2. Daniel H. Pink, *Drive: The Surprising Truth About What Motivates Us* (Nueva York: Riverhead Books, 2009), 15-33. Publicado en español como *La sorprendente verdad sobre qué nos motiva*, por Gestión 2000, en 2010.

necesidades internas que requieren atención. Como padres, si no prestamos atención a las necesidades internas de nuestros hijos de una manera sana, ellos podrían empezar a compensar sus inseguridades y deficiencias. La seguridad personal es esencial para vivir una vida sana.

Necesidad interior	Si falta, se siente...	Síntomas comunes
pertenencia	inseguro	sobrecompensación, altibajos emocionales
valor	inferior	competencia, dudas de sí mismo, necesidad de reconocimiento
capacidad	incapaz	comparación con personas específicas, actitud defensiva
propósito	insignificante	personalidad compulsiva-obsesiva, abatimiento, depresión

Hoy día más niños y jóvenes luchan contra la depresión y la ansiedad que en cualquier otro momento de la historia moderna. Según la Dra. Madeline Levine, autora de *El precio del privilegio*, se considera que el nuevo grupo de riesgo de los Estados Unidos es el que conforman los preadolescentes y adolescentes de familias pudientes, de buena educación. A pesar de sus ventajas económicas y sociales, experimentan los niveles más altos de depresión, adicción a las drogas y el alcohol, ansiedad, trastornos e infelicidad que cualquier otro grupo de este país. El suicidio de adolescentes se ha cuadruplicado desde 1950.[3]

Cuando descubrí esto, decidí hacer una investigación cualitativa con las decenas de miles de estudiantes con los que trabajamos cada año en *Growing Leaders*. He descubierto que más del 80% de estos trastornos emocionales son inducidos por padres bienintencionados que se proyectan en sus hijos. Al vivir la vida de sus hijos, les están enviando un mensaje negativo. Los hijos creen que no están a la altura de los deseos de sus padres. La presión de los padres los hace sentir como si

---

3. Madeline Levine, *The Price of Privilege* (Nueva York: Harper Collins, 2006), 17-21. Publicado en español como *El precio del privilegio* por Porrula Miguel Ángel S. A., en 2010.

estuvieran decepcionando a papá o mamá y ahora deben encontrar la manera de hacer que sus padres se sientan mejor y de compensar sus propias incapacidades. Estos son algunos de los mecanismos de reacción más populares:

- *Comparación.* Se comparan con sus hermanos. La motivación es horizontal y externa.

- *Compensación.* Se sienten víctimas y tratan de compensarlo con una justificación de su inferioridad.

- *Condenación.* Se vuelven críticos con ellos mismos y con otros, como una manera de resolver la culpa.

- *Competencia.* Sienten que perdieron en el juego de "complacer a mis padres" y compiten en todo aquello donde puedan ganar.

- *Compulsión.* Se desempeñan compulsivamente para obtener la aprobación de sus padres y, finalmente, llegarán a ser personas que busquen complacer a todos.

─────────── PARA REFLEXIONAR ───────────

Lamentablemente, cuando los hijos recurren a este tipo de mecanismos de reacción, comienzan a encontrar su identidad en ser algo para lo cual no fueron creados. ¿Manifiestan tus hijos algunos de estos síntomas? ¿Tienes una razón para sospechar que podrían haber caído en la trampa del rendimiento?

Cómo corregir este error

Déjame sugerirte algunas medidas de acción que puedes tomar para remediar este error.

Sé ejemplo de una identidad sana.

Hay una tendencia creciente entre los adultos de hoy. Estamos dando un mal ejemplo de conducta a nuestros hijos, y eso explica por qué ellos están actuando de la manera que lo hacen. Según Associated Press, los *adultos* suelen acosar. "Según una encuesta hecha en 2011 por la dirección de empresas, la mitad de los empleados denunció incidentes de acoso laboral".[4] Debemos admitir que ser sano y maduro emocionalmente a menudo tiene poco que ver con la edad. Enseñamos lo que sabemos, pero reproducimos lo que somos. La manera más segura de criar hijos sanos es procurar nosotros mismos ser emocionalmente sanos.

Preséntales algo, no lo impongas.

Una de las peores tentaciones como padres podría ser controlar todas las actividades de nuestros hijos, incluso cuando entran en la adolescencia. En vez de imponer nuestras ideas, ¿qué tal si decidimos presentarles ideas, personas y lugares y después dejamos que ellos elijan lo que quieren hacer? Yo hice esto con mis hijos y descubrí que una vez que se perdían una gran oportunidad, no querían volver a perderse ninguna otra. Yo dejaba que ellos decidieran si querían participar. Más aún, antes de sugerir cualquier actividad a tus hijos, haz un alto y pregúntate si esa actividad concuerda con su...

- *Estilo*. Los hijos tienen su propia identidad. Si bien está vinculada a la tuya, no obstante es única.

- *Talento*. Tus hijos tienen sus propios talentos especiales. Son diferentes a los tuyos.

- *Oportunidad*. Los hijos deberían sentir que las oportunidades se dan naturalmente, no que son forzadas.

- *Pasión*. Los hijos tienen su propio conjunto de intereses. Es probable que les guste cosas que a ti no y viceversa.

Comunícales que tu amor por ellos no depende de su rendimiento.

Asegúrate de manifestarles y decirles a tus hijos que los amas y los apruebas ya sea que a ellos les guste o no las mismas cosas que a ti. Aún más importante, diles y muéstrales que tu amor por ellos no está basado en la condición de que tengan aptitudes para aquello que a ti te gusta. Mis hijos no demostraron tener interés en los deportes, así que yo tuve que procurar que no sintieran que me estaban decepcionando. Sencillamente aprendí a disfrutar de lo que ellos

---

4. Sam Hananel, "Growing Push to Halt Workplace Bullying", *Associated Press*, 1 de marzo de 2013, bigstory.ap.org/article/growing-push-halt-workplace-bullying.

disfrutaban, y puse mi amor por los deportes en suspenso por algunas temporadas.

Ayúdales a alinear su identidad con su actividad.

Ayúdales a alinear su identidad con su actividad. Puede que se superpongan a las tuyas o no. Tú los has engendrado, pero ellos tienen sus propias cartas en las manos y deben jugar con ellas. Tú puedes ayudarlos, pero, a medida que ellos maduran, deben descubrir quiénes son y qué deben hacer. La mejor manera de poder ayudarlos es observar cuáles son sus pasiones y fortalezas, y después alinear esa identidad con las actividades de cada semana. A medida que crecen, tu rol cambiará de supervisor a asesor. Los padres deben ayudar a sus hijos a descubrir sus...

- *Intereses*: aquello que les interesa y las actividades que les apasionan.

- *Fortalezas*: las cosas que hacen bien, las actividades en las que se destacan.

- *Cargas*: aquello que les provoca empatía y compasión.

- *Habilidades*: los conocimientos prácticos que poseen y cómo pueden enriquecer la vida de otros.

- *Influencia*: las áreas en las que ejercen mayor influencia sobre los demás.

Impárteles tu bendición.

En algunas culturas, la *bendición* es una ceremonia o tradición que marca la transición de la niñez a la edad adulta. Esta bendición es un regalo; el adulto imparte confianza y aceptación a los jóvenes. Históricamente, los padres hacían declaraciones positivas sobre sus hijos. Vemos esto ejemplificado en las Escrituras cuando Isaac bendijo a Jacob (Gn. 27) y la profecía de Jacob sobre sus hijos (Gn. 49). Aquellos que han caído en la trampa del rendimiento, frecuentemente luchan por obtener la aprobación de alguien que admiran, a menudo la figura de un padre (alguien con autoridad). Los hijos sienten la necesidad interna de que alguien reconozca cuál es la cualidad que los distingue y que lo declaren en voz alta. El resultado es confianza y paz.

A qué no me refiero

Cuando advierto sobre el peligro de proyectar nuestra vida sobre nuestros hijos, no me refiero a que no deberíamos contarles nuestra historia. Hay una gran diferencia entre contarles nuestra historia o lecciones de vida e imponerles los sueños que no hemos podido alcanzar, con la esperanza de que ellos cumplan esos sueños por nosotros. Cada vez más investigaciones sugieren que los hijos, ya sean niños o adolescentes, realmente se benefician emocional y psicológicamente de conocer historias de su herencia cultural.

Desde el momento del nacimiento, los niños están rodeados de historias: historias de ellos mismos, de sus padres y de sus abuelos. En realidad, más del 90% de los padres confirma narrar historias de la familia a sus hijos pequeños, mucho antes de que sus hijos pequeños puedan participar en la comprensión o el relato mismo de esas historias.[5] Las historias son un marco de referencia para la comprensión del mundo y de sí mismos.[6] Las experiencias que hemos vivido y nuestra comprensión de esas experiencias definen en gran medida quienes somos.[7] Cada vez hay más evidencias dentro de la literatura psicológica de que las narraciones de las propias experiencias personales son decisivas para la identidad y el bienestar. Los individuos que pueden crear narraciones expresivas más coherentes emocionalmente expresivas sobre sucesos estresantes, posteriormente muestran menores niveles de depresión y ansiedad.[8]

Cuando nuestros hijos eran pequeños, aprovechábamos la hora de comer para contarles historias familiares en un juego que llamábamos

---

5. Barbara Fiese y otros, "Family Stories in the Early Stages of Parenthood", *Journal of Marriage and the Family 57* (1995), 763-70.

6. J. Bruner, "Life as a Narrative," *Social Research 54* (1987), 11-32; Daniel McAdams, "The Psychology of Life Stories", *Review of General Psychology 5* (2001), 100-122.

7. Kate McLean y otros, "Selves Creating Stories Creating Selves: A Process Model Of Self-Development", *Personality and Social Psychology Review 11* (2007), 262-78.

8. Robyn Fivush y otros, "Do You Know… The Power of Family History in Adolescent Identity and Well-Being", *Journal of Family Life*, 23 de febrero de 2010, www.journaloffamilylife .org/doyouknow.html.

"Sabías que…". Nuestros hijos escuchaban cómo se conocieron sus abuelos, las veces en que su tío caminaba dormido, cómo conseguí mi primer empleo, cómo se pusieron de novios mamá y papá, y cuántos fracasos tuve a lo largo de mi vida. (Por alguna razón, les encantaban las historias de fracasos. ¿Quién lo hubiera imaginado?).

No te olvides del cerco de protección

Mi hijo Jonathan cumplió 21 años el año pasado. Hace poco le conté a mi amigo Esteban la charla que tuve con Jonathan sobre la etapa de la vida que está iniciando; una etapa que parece extraña debido a su transición de la niñez a la edad adulta. Esteban me recordó inmediatamente una metáfora que usaba nuestro mentor mutuo, Keith Drury, que lo explica de manera sencilla.

Todos los buenos padres levantan un cerco para sus hijos a medida que crecen. El cerco rodea a los niños y los protege. Este cerco son los valores que mamá y papá transmiten a sus hijos, ya sea a conciencia o por instinto. Los padres hacen esto con la intención de darles protección, dirección y límites. El cerco previene que los hijos se alejen demasiado del camino correcto y tomen malas decisiones. Los límites varían de familia en familia, pero la mayoría de los padres les ponen un cerco a sus hijos. Después de todo, sus padres hicieron lo mismo con ellos cuando eran pequeños.

Algunos padres no se dan cuenta de que la tarea de cada hijo es derribar el cerco que han colocado sus padres y levantar el suyo propio. Sí, leíste bien. En algún momento, el hijo debe levantar su propio cerco. No es que el cerco de mamá sea malo, sino simplemente que cada joven que inicia la vida adulta debe levantar su propio cerco. Hay muy pocas situaciones más lamentables que un joven de 30 años, que todavía vive en casa de sus padres, no pueda tomar sus propias decisiones. O peor aún, un hombre en la crisis de los cuarenta que de repente decide que quiere ajustar su cerco. Independientemente de dónde esté posicionado el cerco de los hijos, este debe ser su propio cerco cuando lleguen a la edad adulta. Si simplemente siguen usando el cerco de sus padres cuando son adultos, es probable que el cerco se caiga la primera vez que alguien lo empuje porque no fue el que ellos mismos levantaron. Esto sucede demasiadas veces en la universidad.

Todos los padres esperan que sus hijos levanten su propio cerco muy próximo al lugar donde está ubicado el cerco de sus padres. Pero, la mayor parte del tiempo, los hijos levantan su cerco en un lugar un poco diferente. Es natural. Padres, maestros, entrenadores y líderes de jóvenes deben reconocer esto y *controlar su deseo de tener el control*. Si durante este proceso mamá y papá pueden hacer la transición del rol de supervisor al de asesor, incrementarán realmente las posibilidades de que sus hijos levanten su propio cerco no muy distante ni diferente al suyo propio.

Tres tentaciones para los padres

Los adultos pueden caer al menos en tres trampas a la hora de ponerles un cerco a sus hijos:

Negligencia. Algunos padres no levantan un claro cerco alrededor de sus hijos. En el interés de estar en la onda o ser modernos (o al menos no anticuados), algunos padres nunca levantan un cerco alrededor de sus hijos cuando son pequeños. No quieren que sus hijos se sientan encerrados o que otros padres piensen que no son modernos. Finalmente, estos niños se vuelven consentidos o, peor aún, se dejan influenciar por cualquier extravagancia o tendencia que otros les imponen. No tienen una brújula en la vida. Hoy día, millones de padres ignoran la necesidad de ponerles un cerco a sus hijos. En consecuencia, sus hijos crecen inseguros y no saben cómo levantar su propio cerco. Nunca vieron un cerco en su hogar.

Imposición. Otros padres cometen un error distinto. Les siguen imponiendo a sus hijos el cerco que ellos han levantado aunque sus hijos ya son adultos y hace tiempo que deberían haber levantado su propio cerco. Les insisten, los fastidian, los intimidan o les retienen dinero o afecto para conseguir que sus hijos hagan exactamente lo que ellos desean. Quieren seguir teniendo el control de los límites. Entiendo que esta predisposición, generalmente, tiene consecuencias tanto para los padres como para los hijos. Esto crea una relación difícil basada en la manipulación y no en la confianza. Los niños se convierten en adultos enfermizos, incluso con problemas emocionales.

Confusión. Un tercer error ocurre demasiado a menudo cuando la fe juega un rol importante en la familia. Las familias pueden confundir el cerco de los padres con el cerco de Dios. Haz una pausa y reflexiona un momento. Mamá y papá podrían decirle a su hija de 15 años: "Regresa a las diez en punto". Es una regla justa, pero es un cerco que los padres han puesto. No es un cerco de Dios. No hay versículos en las Escrituras que digan que los hijos deben regresar a las diez de la noche. Por otro lado, hay un pasaje que instruye a los hijos a respetar a sus padres. Ese es un *cerco* de Dios. Pero hay una diferencia. Los padres no deben imponer o infligir una regla como si fuera divina. No debemos confundir a nuestros hijos al insinuar que nuestras reglas vienen directamente del cielo.

Durante décadas he trabajado con estudiantes de educación secundaria y universitaria, y he visto el daño que puede provocar el alcohol; de modo que nunca hemos bebido alcohol en nuestra familia. No condeno a otros; solo que he decidido no tener bebida alcohólica en casa. He tratado de explicarles esta decisión a mis hijos sin hacerles sentir que se los estoy imponiendo como adultos o que exigiendo un código de conducta legalista.

Hace poco mi hija de 24 años decidió poner una botella de vino en el refrigerador y tomarse una copa de vez en cuando. Ahora estoy experimentando un cerco nuevo como padre. Obviamente quiero que ella beba responsablemente. Mi esperanza es que ella me siga viendo como un ejemplo de sabiduría y que, sin embargo, al mismo tiempo, no se sienta juzgada porque su cerco no está posicionado igual que el mío. No es fácil.

Las herramientas que debemos ofrecerles

Es primordial que los adultos diligentes no solo levanten un cerco y luego permitan que sus hijos levanten el suyo propio, sino que también les enseñen a levantar su propio cerco cuando llegue el momento. Para ello debemos ofrecerles unas cuantas herramientas:

Ejemplos. Debemos mostrarles una forma de vida con la esperanza de que la adopten. No hay palabras que reemplacen el ejemplo. No podemos esperar que nuestros hijos vivan conforme a las normas que nosotros no hemos adoptado. No tenemos derecho de exigir a otros lo que no cumplimos en nuestra propia vida.

Perspectiva. Debemos ayudar a nuestros hijos a establecer un marco de referencia que les permita tomar buenas decisiones. La perspectiva es un lente que les ayuda a percibir y comprender la vida. Es un sistema de referencias que les permite tener una visión general de las cosas.

Pensamiento crítico. Luego debemos enseñar a nuestros hijos a evaluar la cultura que los rodea y sopesar una actividad frente a la verdad, la lógica y la sabiduría. Esto puede ocurrir al hablar después de ver una película, al escuchar los informativos de noticias, al conocer otras personas, etc.

Principios. Finalmente, debemos ofrecerles principios según los cuales vivir. Estos son conceptos fundamentales que rigen el pensamiento o la pauta que guía nuestras actitudes y acciones. Por eso hemos creado la serie *Habitudes* [Hábitos y actitudes] para escuelas y familias.[9]

Desearía que pudieras conocer a Gabriel. Siempre había sacado buenas notas en la escuela cuando era niño, de modo que él y sus padres visitaron algunas universidades prestigiosas para que él pudiera decidir a cuál quería asistir. Gabriel eligió la Universidad de Duke, lo cual agradó enormemente a sus padres. Sin embargo, durante el primer año mantuvo una conversación telefónica con su padre, quien lo notó callado. Su padre pudo darse cuenta de que algo estaba mal. Cuando sus padres le pidieron que fuera transparente con ellos, Gabriel les manifestó a desgana que no le gustaba en absoluto la universidad. Estaban totalmente desconcertados. Tenía buenas calificaciones y era muy activo en la universidad. Se preguntaban qué podía estar sucediendo. Después de un momento de incómodo silencio, finalmente, Gary reconoció que Duke no era el problema. El problema era que él quería ser mecánico de automóviles.

Ese comentario era totalmente inesperado. Ellos sabían que a Gabriel le gustaban los automóviles, pero nunca imaginaron que quería dedicarse a eso. Imaginaban que sería médico u abogado. Sin embargo, cuanto más conversaban más se daban cuenta de que reparar automóviles era la pasión de Gabriel.

La buena noticia es que sus padres respondieron correctamente. El padre de Gabriel dijo: "Entonces pienso que deberíamos ayudarte a ser el mejor mecánico de automóviles del mundo. ¿Por qué no terminas el semestre y hablamos de esta meta en el verano?".

Juntos decidieron que Gabriel debía asistir a una escuela técnica que lo capacitara para montar su propio taller. Hoy día está al frente de un

---

9. Tim Elmore, *Habitudes: Images That Form Leadership Habits and Attitudes* (Atlanta: Growing Leaders), www.GrowingLeaders.com.

exitoso negocio de reparación de automóviles y gana bastante dinero. Pero, más importante aún, está destacando en lo que le encanta hacer.

Gabriel descubrió su propio cerco y pasión, y sus padres le ayudaron a hacerlo posible.

La idea es capacitar a tus hijos para que levanten sus propios cercos importantes para ellos.

Priorizamos su felicidad

Tengo una amiga que tiene dos hijos adultos: un hijo de 24 años y una hija de 27. Durante los años de adolescencia parecían meterse en problemas como la mayoría de adolescentes; pero mi amiga, que era madre soltera, nunca dejó de amarlos y perdonarlos. Una cualidad divina que ella posee. Siempre sabía cómo hacer para sentarse a hablar de la razón que los había llevado a hacer lo que habían hecho, ya sea que fuera fumar, renunciar a un trabajo, implicarse en actividades sexuales, beber de más en una fiesta, elegir malas amistades o incluso decidir con quién casarse. Me encanta el hecho de que podía hablar de cualquier cosa con sus hijos, fuera cual fuera el tema o cuántos años tuvieran. Me llevó un tiempo reconocer el lado negativo de su forma de actuar como madre.

Cuando ella me contaba lo que conversaba con sus hijos, yo podía darme cuenta lo exhausta y decepcionada que estaba. Usaba una frase todo el tiempo que parecía ser lo que impedía que les diera la instrucción que sus hijos necesitaban desesperadamente: "Yo solo quiero que sean felices".

Es una frase que todos hemos dicho con respecto a lo que queremos para nuestros hijos. ¿Quién no quiere que sus hijos sean felices? Especialmente en lo que respecta a las grandes decisiones de la vida, como con quién se casarán, la carrera que elegirán, dónde vivirán y qué creen acerca de Dios, la vida y los valores. Nuestro problema es que, a menudo, los padres no sabemos cómo buscar un equilibrio entre dar consejos sabios y el anhelo de que nuestros adolescentes sean felices.

Hoy día mi amiga y ambos de sus hijos adultos son desdichados. Es casi una ironía, porque la felicidad era su objetivo. Ambos hijos viven con ella; a uno lo despidieron de su empleo y el otro se acaba de divorciar. Uno es alcohólico y el otro es adicto a la pornografía. Sus malas decisiones les han traído consecuencias. Hay muchas conversaciones, pero lamentablemente muy poca sabiduría en sus palabras. Mi intención en este capítulo no es sugerir que la felicidad de nuestros hijos no es importante. Mi intención es recordarte que la felicidad no debería ser la meta; sino el resultado de hacer lo correcto y enriquecer la vida de otros. La verdadera satisfacción para nosotros, o nuestros hijos, proviene de la generosidad, el compromiso y el respeto por la persona que vemos en el espejo. Las personas más felices que conozco viven una vida que se caracteriza por servir a otros, no a sí mismas. De hecho, cuando la felicidad es la meta y no un resultado, es fugaz y decepcionante. Si no pregúntaselo a mi amiga y a sus dos hijos.

"La satisfacción de la vida se presenta, en gran medida, cuando las personas se abocan a una actividad cautivante con la cual se olvidan de sí mismas, pierden la noción del tiempo y dejan de lado sus preocupaciones", declara Mihaly Csikszentmihalyi, psicólogo de la Universidad de Posgrado de Claremont. *Fluir* es el término que el Dr. C. usa ahora para describir este estado de felicidad. Los individuos en estado de flujo, jóvenes o adultos, son aquellos que descubren sus fortalezas (puntos fuertes) y los ponen al servicio del mundo. Se pierden en el proceso y ganan en felicidad. Puede que estén operando un cerebro, cosiendo un vestido, resolviendo un problema o sirviendo en un país en vías de desarrollo; pero el flujo es lo que cultiva la verdadera satisfacción.[1] Se trata de enriquecer la vida de otros con nuestros talentos.

Nuestra meta como padres debería ser ayudar a nuestros hijos a saber cómo tomar decisiones sabias. Eso derivará en su felicidad. De hecho, derivará en su realización personal. Lamentablemente veo muchos padres que neutralizan su capacidad de dar instrucción valiosa a sus hijos. Y, en cambio, dicen: "Yo solo quiero aquello que los haga felices". Esto se compara a un pastor que se niega a guiar a sus ovejas porque tiene miedo de manipularlas. Recuerda, la felicidad es el resultado de tomar decisiones sabias, no una meta a alcanzar.

---

1. Marilyn Elias, "Psychologists Now Know What Makes People Happy", *USA Today*, 8 de diciembre de 2002.

Cómo ha cambiado la manera de criar a los hijos desde el siglo pasado

La crianza de los hijos. La educación. La consejería. La psicología parental. Todo esto ha cambiado en la época que nos toca vivir. ¿Cómo hacían los padres en el pasado y en otras culturas para enseñar a los jóvenes a superarse y asumir las responsabilidades de los adultos? Cuando estudiamos las culturas del pasado en América, Europa y Asia, encontramos algunos denominadores comunes que describen cómo los adultos instruían a los niños:

- Se regían por principios. Su liderazgo estaba determinado por preceptos y creencias centrales.

- Basaban su liderazgo sobre la creencia de que obviamente había una buena conducta y una mala conducta.

- Creían que la disciplina era la primera cualidad que el niño debe aprender.

- Los hijos interactuaban habitualmente con los adultos en todas las etapas de la vida.

- Cuando los hijos entraban a la adolescencia, los adultos generaban en ellos el deseo de llegar a ser adultos.

- Su mayor esperanza era que sus hijos llegaran a ser adultos que contribuyeran a la sociedad.

Estos históricos denominadores comunes son inauditos en el mundo de hoy. La revista *New Yorker* informa que, en un estudio reciente sobre familias de Los Ángeles,

Ningún niño hacía habitualmente quehaceres domésticos sin recibir la orden de hacerlo. A menudo había que rogarles que hicieran las tareas más sencillas; aun así, a menudo, se negaban. En una situación bastante típica, un padre le pidió cinco veces a su hijo de ocho años que por favor fuera a bañarse o ducharse. Después de la quinta vez que se lo pidió y no le hizo caso, el padre agarró al niño y lo llevó a la fuerza hasta el baño. Unos minutos después, el niño, que todavía no se había bañado, se fue a otra habitación a jugar con los videojuegos.

En otra situación, una niña de ocho años estaba sentada en la mesa para cenar. Al no encontrar los cubiertos frente a ella, reclamó: "¿Cómo voy a comer sin cubiertos?". La niña sabía perfectamente dónde estaban los cubiertos, pero su padre se levantó y fue a buscarlos.

En un tercer episodio captado en vídeo, un niño llamado Benito debía salir con sus padres. Pero no podía calzarse sus zapatos, porque tenía los cordones atados. Entonces le dio uno de los zapatos a su padre y le dijo: "¡Desátalo!". Su padre le sugirió que se lo pidiera de buena manera.

"¿Puedes desatar los cordones?", respondió Benito. Después de varias idas y vueltas, su padre desató los cordones. Benito se calzó los zapatos y luego le dijo: "¿No me los piensas atar otra vez?". Exasperado, su padre le gritó: "Átatelos *tú* y *vamos*". Benito, inmutable, contestó: "Solo *preguntaba*".[2]

¿Qué hemos hecho? ¿Por qué hemos cambiado? Déjame sugerir algunas ideas:

- Ahora más que nunca, queremos la aprobación de nuestros jóvenes. Ellos representan lo que está de moda, lo moderno y relevante. Los adultos sienten la necesidad desesperada de ser así también.

- Tenemos muy pocos o ningún principio que nos rijan. Muchos de los padres de hoy fueron criados cuando la vida de principios estaba desapareciendo o era anticuada, así que nosotros estamos improvisando sobre la marcha.

- Sentimos que llevamos una vida un tanto desordenada, así que creemos que no tenemos autoridad moral para pedirles a nuestros hijos que hagan lo correcto. Les tendríamos que decir: "Haz lo que yo digo, pero no lo que yo hago".

2. Elizabeth Kolbert, "Spoiled Rotten", *New Yorker*, 2 de julio de 2012, www.newyorker.com/arts/critics/books/2012/07/02/120702crbo_books_kolbert.

* No sabemos cómo prepararlos. Los instruimos con objetivos a corto plazo, no a largo plazo. Queremos que todos sean felices ahora, así que renunciamos a la idea de preparar a los niños para el futuro.

Por qué la felicidad no es una buena meta

Todos queremos la felicidad, pero encontrarla no es fácil. Muchos de nosotros pensamos que la felicidad es el resultado final de la prosperidad material, las metas profesionales y la armonía familiar. Con eso en mente, buscamos las cosas que creemos que producen felicidad: mejores autos, casas más bonitas y mayores ingresos económicos. Otros se esfuerzan por reunir una gran red de amigos o encontrar a alguien para casarse. Cuando no somos felices con lo que tenemos, creemos que seremos más felices cuando tengamos lo que queremos.

Y tenemos razón, seremos más felices... por un tiempo. Sin embargo, investigaciones revelan que es una felicidad temporal. Ya sea que experimentemos una bendición o una tragedia, nuestros niveles de felicidad siguen siendo bastante constantes con relación a las circunstancias. Los ganadores de la lotería y las personas que han quedado paralizadas reportaron niveles similares de felicidad un año después del hecho que les cambió la vida. El cambio inicial de la condición existente produce felicidad o infelicidad a corto plazo, pero cuando eso se convierte en la norma de cada día, la felicidad parece nivelarse.[3] De hecho, las personas son más propensas a declararse en bancarrota después de ganar la lotería, que antes. Es una ilusión de prosperidad. Los ganadores que tienen malos hábitos financieros antes de ganar, finalmente, volverán al estado previo. Esto parece ilustrar que la felicidad está basada sobre un estado interno, no sobre circunstancias externas. Es un ajuste que hacemos internamente, no un objetivo que buscamos externamente.

──────────────── EL PRINCIPIO ────────────────

Cuando la felicidad es la meta y no un resultado,
es fugaz y decepcionante.

---

3. Eric Wargo, "Aiming at Happiness and Shooting Ourselves in the Foot", *Observer*, agosto de 2007, www.psychologicalscience.org/index.php/video/aiming-at-happiness-and-shooting -ourselves-in-the-foot.html.

Vamos a ir un poco más allá con nuestros hijos. Estudios de gemelos y mellizos indican que casi la mitad de la felicidad de nuestros hijos —o las características que contribuyen a su felicidad, tales como una naturaleza fácil de complacer— son genéticas.[4] Esto significa que la mitad de la posibilidad de que nuestros hijos sean felices no tiene nada que ver con hechos externos como la carrera laboral o el estilo de vida. Aun así debemos trabajar con la otra mitad, lo cual significa que podemos controlar nuestra felicidad mucho más de lo que podríamos imaginar. La felicidad depende, en gran medida, de cómo reaccionamos o percibimos los hechos externos.

Me encanta la historia de Tomás. Cuando estaba en segundo grado, su clase no estaba planeando tener una fiesta del Día del Amigo, porque estaban atrasados con sus deberes escolares. Tomás le dijo a su madre que, de todos modos, quería intercambiar tarjetas del Día del Amigo con sus amigos, aunque la escuela no lo festejara. Puesto que al pequeño Tomás no lo solían integrar mucho en la clase, su madre sabía que era posible que no recibiera tarjetas de sus compañeros de clase. Por temor a que Tomás se desilusionara, su madre lo animó a que preparara solo algunas tarjetas. Su deseo secreto era que él se olvidara de esa idea. Pero, lamentablemente, no fue así. Tomás insistió en preparar una tarjeta para cada uno de sus compañeros de clase.

Cuando terminó el Día del Amigo, su madre observó que Tomás venía caminando desde la parada del autobús. Cuando entró a la casa, estaba hablando solo. "Ni uno. Ni uno…", escuchó que susurraba. ¡Qué mal!… sus peores temores se hicieron realidad. Su pobre Tomás no había recibido ninguna tarjeta del Día del Amigo.

Cuando ella le preguntó cómo le había ido, ella se preparó para consolarlo. Pero el pequeño Tomás dijo: "¡Mamá, me fue superbién! No me olvidé de ninguno de mis compañeros; les di una tarjeta a cada uno de mis amigos".

La felicidad es una cuestión de perspectiva.

El diagnóstico del problema de salud emocional en muchos niños de hoy

Al hablar con psicólogos y consejeros vocacionales, comencé a escuchar la misma frase una y otra vez para describir el estado emocional de

---

4. *BBC News*, "Genes Play Key Happiness Role," 5 de marzo de 2008, news.bbc.co.uk/2 /hi/health/7278853.stm.

los jóvenes. Esta frase parece ser una paradoja, pero describe acertadamente quizás a millones de adolescentes en los Estados Unidos: "Alta arrogancia, baja autoestima".

¿Cómo se puede ser engreído y, sin embargo, no tener un sentido sano de la identidad? Considera la realidad que ellos enfrentan. En una reciente encuesta hecha a estudiantes universitarios, el Dr. Art Levine reporta que la inflación de las notas ha tenido un aumento vertiginoso. En 1969, solo el 7% de los estudiantes decía que el promedio de sus notas era un 9 (nueve) o más. En 2009, fue el 41%. En ese mismo período, el porcentaje de estudiantes con un 7 (siete) de promedio cayó de un 25% a un 5%. Pero con la inflación de las notas a niveles más altos que nunca, es sorprendente observar que el 60% de los estudiantes cree que sus notas minimizan la verdadera calidad de su trabajo. Ellos creen que se merecen una calificación más alta.[5] Tenemos que preguntarnos si los estudiantes son más inteligentes ahora que hace 40 años o les ponemos notas más altas solo para "mantener la clientela". La realidad es que el nivel de los estudiantes sigue en descenso comparado con otras naciones; pero una estadística sigue siendo constante: nuestros hijos siguen creyendo que son geniales. Entonces, ¿cómo puede ser que sigan tan insatisfechos?

Padres, maestros y entrenadores tienen miedo de que los niños infelices sean un mal reflejo de ellos, por eso los protegen y los recompensan rápida, fácil y reiteradamente. Como es lógico, los niños empiezan a creer que son geniales. Este es un buen caso ilustrativo. Hace poco mi hijo participó en una competencia de arte teatral. Los padres pagaron bastante para que sus hijos pudieran actuar en público, y ahora sé por qué. Cada uno de los estudiantes recibió una medalla solo por estar en escena. Los que actuaron, recibieron más medallas. Los niveles de las medallas eran oro, oro puro y platino. (¿Has notado que el inferior de los premios era de oro?). Como remate: por si acaso los muchachos no recibían el premio que esperaban, había trofeos a la venta después del concurso.

Esto no es algo fuera de lo común. Hoy día los niños reciben trofeos por el noveno lugar en la liga infantil de béisbol. Reciben medallas

---

5. Arthur Levine y Diane Dean, *Generation on a Tightrope* (San Francisco: Jossey-Bass, 2012), s. p.

como cuarto finalista de una competencia. Rutinariamente, se reparten cintas y estrellas. Con razón son arrogantes. Sin ningún esfuerzo, "consiguen" un premio. El problema es que, a medida que crecen, empiezan a sospechar que ese reconocimiento es inexacto. De hecho, mamá podría ser la única que todavía les diga que son especiales o excepcionales. En la universidad, los jóvenes conocen a otros estudiantes especiales y excepcionales, que son tan inteligentes o atléticos como ellos. La mayoría de los jóvenes hoy día experimenta su primer fracaso real entre los 17 y los 24 años. Cuando se chocan contra la adversidad y la dificultad por primera vez en su vida, muchas veces no están preparados para resistir la adversidad y recuperarse. No saben cómo manejar ningún grado de fracaso como adultos.

A decir verdad, cuando los jóvenes escuchan que son excelentes sin esforzarse o aportar algo de valor a un equipo, les suena falso. *Nuestro reconocimiento debe corresponder a su rendimiento.* En ese momento se ven afectados por una baja autoestima (a menudo en su primer o segundo año en la universidad), porque de repente reconocen que su autoestima podría estar fundada sobre la arena. Además, debido a que a muchos jóvenes se los ha colmado no solo de palabras de reconocimiento sino de premios, puede que tengan la tendencia a necesitar esos premios para sentirse bien. En conclusión, necesitan un estímulo externo para ser felices. De hecho, podrían sentir que se merecen los premios, porque toda la vida les han dicho que son muy especiales.

Criemos hijos emocionalmente sanos

No estoy tratando de sugerir que tu hijo no es especial por derecho propio. Sino que esto es solo parte de la historia. Para preparar a nuestros hijos para la adultez, debemos enseñarles a tener una perspectiva general de las cosas. Debemos mezclar dosis de realidad en todas las cosas que les damos. Cuando veo jóvenes problemáticos que vienen de hogares de clase media, me pregunto…

- ¿Son frágiles porque se los ha sobreprotegido?

- ¿Están desmotivados porque se les ha dado reconocimiento demasiado rápido?

- ¿Están llenos de ansiedad o temor porque nunca corrieron riesgos?
- ¿Están tan ensimismados porque reiteradamente recibieron premios?
- ¿Siguen viviendo en casa de sus padres después de la universidad porque no están bien preparados?

Abordo este tema en mi libro *Artificial Maturity: Helping Kids Meet the Challenge of Becoming Authentic Adults* [Madurez artificial: Ayudemos a los niños a enfrentar el reto de llegar a ser adultos auténticos]. Allí sugiero que debemos transmitir dos conjuntos de mensajes a los niños y adolescentes (estudiantes) durante las dos primeras décadas de sus vidas. Lamentablemente, muy a menudo solo transmitimos un conjunto de mensajes. Los primeros diez años, debemos comunicar mensajes de la infancia. Si hemos hecho esto bien, están en condiciones de recibir los mensajes de la adolescencia que los prepara para enfrentar el reto de la vida adulta.

Mensajes de la infancia	Mensajes de la adolescencia
Te amamos	La vida es difícil
Eres especial	No tienes el control de tu vida
Tienes talentos	No eres tan importante
Con nosotros estás seguro	Un día morirás
Eres valioso	La vida no se trata solo de ti.

Reconozco que esto podría sonar duro, pero me doy cuenta de que casi siempre tengo que transmitir el segundo conjunto de mensajes a los estudiantes universitarios. Si amamos a estos jóvenes, debemos transmitir ambos mensajes. Se merecen la verdad de nosotros, y se merecen una crianza que los prepare para la vida que les espera como adultos. ¿Estarán listos emocionalmente para entrar a la vida adulta? Eso depende de nosotros.

Qué necesitan realmente los niños de parte de los adultos

Los adultos diligentes le deben a cada generación mucho más que el regalo de la felicidad. Les debemos un poco de perspectiva. Creo que debemos estar dispuestos a sacrificar su felicidad temporal por una felicidad duradera, incluso prepararlos para que sean adultos disciplinados. En vez de placer, vamos a prepararlos para su realización personal. ¿Qué tal si tomáramos prestada una hoja del manual de estrategias del pasado?

Hace algunos años, Izquierdo y Ochs escribieron un artículo para *Ethos*, el diario de la Sociedad de Psicología y Antropología... [Ellos preguntaron] "¿Por qué los niños Matsigenka ayudan a su familia en las tareas del hogar más que los niños de Los Ángeles?". Y ¿por qué los miembros adultos de las familias de Los Ángeles ayudan a sus hijos en el hogar más que los Matsigenka?...

Con la excepción de la descendencia imperial de la dinastía Ming... los niños contemporáneos de los Estados Unidos podrían representar la población joven más consentida de la historia del mundo. No es solo que han recibido cantidades sin precedentes de cosas: ropa, juguetes, cámaras fotográficas, esquíes, computadoras, teléfonos celulares, televisores, PlayStations, iPods. (El mercado de ropa para bebés Burberry y otras formas de "alta costura" infantil ha informado haber crecido un 10% por año). Además se les ha concedido una autoridad sin precedentes. "Los padres quieren la aprobación de sus hijos, un cambio radical del ideal del pasado donde los hijos luchaban por la aprobación de sus padres", escribieron Jean Twenge y Keith Campbell, ambos profesores de psicología. En muchas familias de clase media, los hijos tienen uno, dos y a veces tres adultos a la entera disposición de su llamado. Este es un experimento social a gran escala, y cada vez más adultos temen que el resultado no sea tan bueno: según una encuesta auspiciada por la revista *Time* y la CNN, dos tercios de los padres estadounidenses piensa que sus hijos son malcriados.[6]

Pero ¿de quién es realmente la culpa? Bueno... no podemos culpar solo a los niños. Voy a sugerir algunas ideas clave para la educación de tus hijos:

6. Kolbert, "Spoiled Rotten".

Necesitan escuchar la palabra "cuidado".

Ellos necesitan de ti un ejemplo más que entretenimiento. Cuando los niños carecen de dirección o disciplina, no necesitan más diversión. Necesitan un ejemplo que les muestre cómo ser cada vez más sabios a medida que crecen. Necesitan ver adultos que viven por algo más grande que ellos mismos. Necesitan líderes que les muestren cómo ser sacrificados y abnegados.

Necesitan escuchar la palabra "práctica".

Ellos necesitan una preparación a largo plazo más que una felicidad a corto plazo. Los hijos tienen suficientes pasatiempos que les ofrecen placer; necesitan ayuda para estar preparados para un futuro no tan placentero, donde tendrán que rendir cuentas en un trabajo durante algún tiempo. La verdadera satisfacción viene cuando una persona se compromete a cumplir un objetivo y lo logra.

Necesitan escuchar la palabra "no".

Ellos necesitan un mentor más que un amigo. Hace años decidí que mis hijos tienen muchos amigos. Pero tienen solo un padre, y ese soy yo. Así que debo hacer un juego que no siempre es divertido, pero con el que me ganaré su futuro amor y respeto. Esto significa que podría no gustarles cada semana de su niñez o adolescencia. Si me gano su respeto al educarlos bien, finalmente el amor vendrá naturalmente.

Necesitan escuchar la palabra "espera".

Hoy día la mayoría de las cosas suceden rápidamente sin mucha espera. Nuestra capacidad de posponer la gratificación ha disminuido. Los padres, maestros, entrenadores y pastores de jóvenes necesitan incluir un tiempo de espera en su plan de acción con los jóvenes como una práctica para la vida adulta. Naturalmente, los niños y adolescentes se ponen felices cuando aprenden a valorar la necesidad de esperar por algo que quieren y posponer la gratificación.

Necesitan escuchar la palabra "servir".

A diferencia de otras culturas en la historia, hemos hecho de la búsqueda de la felicidad una parte de nuestra tradición estadounidense.

Forma parte de la Declaración de la Independencia, porque el servicio estaba muy integrado a la sociedad de la época. Ser feliz era un concepto relativamente nuevo para esa generación. Hoy día criamos consumidores más que contribuidores, y esto produce jóvenes insatisfechos. Todo lo que puedo decir es que no es de extrañarnos que sea así.

Me quedé atónito cuando leí el titular de un periódico reciente: "El director de una escuela de Massachusetts cancela la ceremonia de condecoración, porque podría ser 'devastador' para los estudiantes con bajos promedios de calificación".

El director de una escuela de Massachusetts fue criticado por cancelar la ceremonia de condecoración de su escuela, porque podría ser "devastador" para los estudiantes que se esforzaron, pero no lograron buenas calificaciones. La semana pasada [el director] notificó a los padres sus planes de cancelar la ceremonia.

"La ceremonia de condecoración puede ser una gran causa de orgullo para los familiares de quienes reciben las medallas de honor, también puede ser devastador para un muchacho que se esforzó en extremo en una clase difícil, pero que, a pesar de lo aprendido, no ha podido lograr un promedio alto en sus calificaciones", escribió en su primera carta a los padres.[7]

Esa parece ser la meta hoy en muchas escuelas; asegurarse de no herir los sentimientos de nadie. Queremos que todos los niños sean felices y sientan como si la vida fuera justa.

Entiendo. Pero el problema es que no es una buena decisión a largo plazo.

Piensa en las consecuencias a largo plazo de esta decisión. Primero estos niños ahora esperan que la vida sea justa; si no todos podemos recibir premios, que nadie los reciba. Así no funciona la vida, y desde luego que tampoco funciona así el trabajo. Segundo, les arrebata su necesi-

7. "Massachusetts Principal Calls off Honors Night Because It Could Be 'Devastating' to Students Who Missed the Mark", *FoxNews.com*, 20 de marzo de 2013, www.foxnews.com/us /2013/03/20/massachusetts-principal-calls-off-honors-night-because-it-could-be-devastating/.

dad de sobreponerse al fracaso. Nadie fue reconocido como estudiante destacado, entonces nadie aprendió a manejar no ser el centro de atención. Lamentablemente, esto no se parece en nada a la vida que les espera como adultos. Debemos ayudar a nuestros hijos a tener una perspectiva global de las cosas. Siempre hay otro lado de la moneda. Si no, pregúntale a Cristian Mojica.

Cristian es un estudiante del Colegio Latino de Boston. Es un jugador de fútbol y nadador que tomaba más en serio los deportes que su desarrollo académico… hasta este año.

¿Qué lo llevó a cambiar?

Sentado al borde de la piscina con un cronómetro tomaba el tiempo de otros nadadores.

Su entrenador, que también resultaba ser su padre, decidió que su hijo necesitaba cambiar y ver la vida de otra manera. Mojica había obtenido un 6 de promedio el invierno pasado, y los atletas necesitaban un 7 de promedio para participar.

"Sinceramente no creo que haya tomado muy en serio sus estudios el año pasado; pensó que no era tan relevante y que podría participar. Bueno, adivina qué, no participó —dijo su padre—. Él vino y me preguntó: '¿Qué puedes hacer?'. Le dije: 'Cristian, no puedo hacer nada'. Él necesitaba aprender una lección".

De modo que el adolescente se dedicó a estudiar y a tomar el tiempo de otros nadadores durante semanas. ¿El resultado?

Posteriormente, el joven llegó a competir en el Campeonato de Natación de la ciudad, y los Atletas Estudiantes de Boston lo nominaron como el atleta-estudiante del mes de febrero con un promedio general de 9. No está mal.

"Al principio de mi carrera escolar, nunca hubiera pensado que recibiría tal nominación, porque mis calificaciones no eran muy buenas —dijo Mojica durante una reunión de nadadores reciente—. Pero ahora que tengo mejores calificaciones me siento bien de haber sido nominado".[8]

---

8. Adaptado de Justin Rice, "After Sitting Out with Poor Grades, Latin Academy Swimmer Is Scholar-Athlete of the Month", BBS Sports Blog, 5 de febrero de 2013, www.boston.com /schools/extras/bps_sports/2013/02/after_sitting_out_last_years_city_swimming_championships _due_to_poor_grades_cristian_mojica_is_the_b.html.

Su padre siempre supo que podía lograrlo, y simplemente aprovechó el momento.

Hace algunos años, mi esposa ayudó a fundar un programa de teatro para la comunidad. Estudiantes entre 8 y 18 años podían tomar clases de teatro y hacer una prueba de audición cada año para participar en una obra. Era una gran vía de escape para cientos de jóvenes que no eran atletas, pero tenían grandes talentos en otras áreas.

Puesto que mi esposa fue la cofundadora del programa, les habló a nuestros hijos sobre cómo sería la vida para ellos si participaban en el programa. No habría favores especiales, no obtendrían automáticamente una participación en las obras teatrales, y mamá no podría ser parte del panel de jueces cuando hicieran la prueba de audición. Se aseguró de que ningún padre fuera a suponer que nuestros hijos recibirían algún tipo de privilegios. De hecho, todo lo contrario; probablemente exageramos en asegurarnos de que nuestros hijos no se sintieran con derecho a ningún beneficio adicional.

Al final, esto hizo que nuestros hijos maduraran. Sin privilegios ni favores, encontraron satisfacción en ver las cosas con una perspectiva más amplia y comprobar que otros fueran reconocidos. Irónicamente, creo que esa situación sin privilegios, en realidad, ayudó a nuestros hijos a ser personas más felices.

El quinto grado de mi hijo fue muy difícil. Su mejor amigo se mudó y se quedó sin un compañero de clases con quien compartir sus intereses. No era habilidoso para los deportes, de modo que el recreo era un tiempo solitario para él. Nunca se quejó, pero mi esposa y yo nos dábamos cuenta de que era desdichado. Nuestro hijo, al que normalmente le gustaba divertirse, empezó a ser cada vez más callado y reservado. Pasó de ser sociable a ser retraído en cuestión de semanas. Cuando finalmente le preguntamos qué hacía en el recreo, nos respondió: "Ah, simplemente camino por ahí solo". Me horroricé, pero cuando empecé a tratar de "buscar una solución" al problema, mi hijo agregó: "Está bien, papá. El recreo me da bastante tiempo para pensar".

No hace falta decir que me sentí orgulloso del hecho de que Jonathan nunca se quejó o esperó que nosotros resolviéramos las cosas. Juntos buscamos una solución que le permitiera superar su desdicha. Las cosas cambiaron cuando empezó a participar en el programa de teatro de la comunidad. Allí encontró un círculo de amigos totalmente nuevo y pudo usar sus talentos de una manera significativa. La respuesta no estaba en que él buscara su propia felicidad, sino en que descubriera un lugar donde pudiera ver más allá de su propia vida y servir a otros. Para ser claro, amo a mis dos hijos y quiero que sean felices para toda la vida. Y, por ello, les enseño a no conformarse con buscar la felicidad como un placer egoísta. La vida es una gran paradoja. Si la felicidad es la meta de nuestros hijos, formaremos consumidores que quieren y necesitan cada vez más para ser felices. Pero si la meta es dar en vez de recibir, casi siempre el resultado será la felicidad.

No somos consecuentes

uando nuestros hijos tenían 4 y 8 años, noté síntomas en ellos que me preocupaban. Tanto nuestra hija como nuestro hijo se estaban comportando bastante mal. Estaban rebeldes y desafiaban los límites que habíamos establecido claramente. Si bien reconocía que esas eran tentaciones normales para el temperamento de muchos niños, no era una conducta típica de nuestros hijos. Mi esposa y yo empezamos a hablar de lo que estábamos observando. Nuestros hijos estaban…

- respondiendo mal cuando les dábamos instrucciones sencillas y claras.

- experimentando fastidio por algunos viajes que haríamos a lugares nuevos.

- mostrando una mala actitud hacia la comida o los quehaceres diarios.

- empeñados en no obedecer inmediatamente cuando les pedíamos que hicieran algo.

Al principio parecían ser dificultades casuales sin ninguna relación. Pero después reconocimos algo que estábamos haciendo como padres. Estábamos atravesando una etapa de muchas ocupaciones en nuestra vida y, sin darnos cuenta, estábamos actuando a la defensiva en vez de actuar a la ofensiva en nuestro rol de padres. Cuando llegaba el final de cada día estábamos exhaustos y, francamente, algunas noches nos preocupaba más sobrevivir que ser buenos padres. Dábamos una orden y después la cambiábamos cuando no la cumplían y no teníamos tiempo para reforzarla. Por ejemplo, quizás le decíamos a nuestra hija que se fuera a la cama a las 8 de la noche, pero entonces a esa hora transmitían un programa de televisión, ella insistía en que se lo dejáramos ver… y finalmente cedíamos. Pienso que eso está bien de vez en cuando en ocasiones especiales, pero nuestras transigencias empezaron a ser la norma en vez de una excepción.

Nuestras incoherencias no eran grandes, pero una vez que se empezaron a acumular varias de ellas, empezaron a suscitar actitudes y comportamientos negativos en nuestros hijos. Ellos aprendieron que, si argumentaban lo suficiente, podían cansarnos y finalmente salirse con la suya. Con la fluctuación de nuestro liderazgo como padres, nuestros hijos estaban inseguros con respecto a sus límites. En conclusión, la acumulación de pequeñas inseguridades produjo unas cuantas grandes inseguridades. Nuestra incoherencia como padres provocó inseguridad en nuestros hijos. Los psicólogos y expertos en crianza de los hijos Jesse Rutherford y Kathleen Nickerson escribieron acerca de esto:

> Sin importar cuán bien escojas tus reglas, cuánto elogies a tus hijos o cuán eficientemente los disciplines, debes ser consecuente o tus esfuerzos serán en vano y tu casa seguirá estando en crisis. Los hijos necesitan esta coherencia para entender el mensaje, porque tus acciones hablan más que tus palabras. Así es como fueron diseñados.[1]

EL PRINCIPIO
Cuando no somos consecuentes, transmitimos mensajes confusos y producimos inseguridad e inestabilidad en nuestros hijos.

Mi esposa y yo aprendimos algo que todos conocemos profundamente por intuición. Cuando los padres cedemos a los pedidos y demandas de nuestros hijos, les transmitimos mensajes confusos. Al principio, les gusta. Después de todo, ellos ganaron la discusión. Obtuvieron lo que querían. Sin embargo, con el tiempo, nuestra constante *transigen-*

1. Jesse Jayne Rutherford y Kathleen Nickerson, "How Kids and Teens Respond to Consistency", Netplaces, www.netplaces.com/defiant-children/consistency/how-kids-and-teens -respond-to-consistency.htm.

cia empieza a fomentar un *gran anhelo* en ellos. Quieren claridad. Sin límites claros, necesitan más atención directa de mamá o papá. Inconscientemente, en realidad, generamos inseguridad e inestabilidad en nuestros hijos.

Esto podría parecer extraño, pero la constancia podría ser tu mejor amigo como padre, porque beneficia tu autoridad y el desarrollo de tus hijos.

La neurología hizo un gran avance en la investigación del cerebro durante la década pasada. Sabemos más que nunca cómo se desarrolla y funciona nuestro cerebro. Un descubrimiento simple y evidente reveló que las células del cerebro se desarrollan cuando son estimuladas. Estas se fortalecen y se reproducen con el uso constante, tal como cualquier otro músculo. Cuando practicamos algo, mejoramos en eso porque nuestro cerebro se adapta a esa función. La conducta consciente se vuelve subconsciente. Los hábitos se forman. Se establece una rutina.

Esto sucede especialmente en la niñez, cuando el cerebro se está formando más rápido que durante la adultez. Por eso aprender un nuevo idioma es más fácil para los niños que para los adultos.

Por eso también la constancia es más importante durante la niñez. Porque durante la niñez establecemos el camino que nuestros hijos podrían seguir en los próximos años, tal vez toda la vida. Las acciones que se repiten constantemente tienen una mayor probabilidad de ser permanentes. Como dice el antiguo refrán: la práctica no lo hace perfecto, sino permanente. Por lo tanto, piensa por un momento en lo más constante en tu hogar en este momento. Es…

discutir	comer separados
disciplina	comer juntos
mala comunicación	adicción a las pantallas
buena comunicación	amor

El Dr. Nickerson continúa:

Persistir en una tarea nueva es lo que la convierte en un hábito y, cuanto antes empiezas, más fácil será tanto para ti como para tu hijo. Lo que sucede alrededor de tu hijo influye fuertemente en el desarrollo de su cerebro. Para que las células del cerebro de tu hijo aprendan las nuevas recompensas, reglas y consecuencias, y para actuar en consecuencia de una manera que llegue a ser automática, tú debes seguir siendo constante mientras su cerebro está en desarrollo.[2]

Los beneficios de ser consecuentes

Emocionalmente hablando, que los padres seamos consecuentes hace que los niños se sientan seguros. Cuando saben qué esperar, se sienten seguros. Cuando su relación contigo, el adulto diligente, es consecuente y sólida, ellos se sienten más estables. Límites claros, consecuencias firmes, recompensas fiables y la seguridad de que pueden contar contigo como el sol que sale cada mañana... estas cosas les dan la seguridad, la protección y la estabilidad que tus hijos necesitan. Y solo entonces podrán alcanzar su máximo potencial como estudiantes, empleados y futuros cónyuges y padres. Cuando la disciplina es consecuente, levanta todo tipo de barreras y resuelve todo tipo de problemas. De hecho, me atrevo a decir que elegir entre reglas más o menos estrictas no es tan importante como ser consecuente en aplicarlas tanto en privado como en público.

Puede que tengas que sacar a tu hijo de un restaurante o una tienda para ser consecuente en ejecutar una regla, pero vale la pena. La repetición es una maestra y la ejecución en la directora. Ceñirse a una regla dada es lo que realmente sella el trato y cambia la conducta.

Nunca olvidaré cuando escuché acerca de una madre que siempre perdía las batallas por las reglas con Bruno, su hijo de ocho años, especialmente en público. Cada vez que le advertía que lo castigaría por desobedecer una regla, Bruno la amenazaba con sacarse la ropa allí mismo, en la tienda o en algún otro lugar público. Un día estaban en una juguetería comprando un regalo de cumpleaños para un amigo, y Bruno le exigió que le comprara un juguete. Cuando su mamá le dijo que no, él amenazó con quitarse la ropa. Ella siguió firme por un momento, pero el niño empezó a desabrocharse su camisa. Ella cedió y él ganó. Lamentablemente, ese era un patrón. El tiempo pasaba y Bruno era cada vez más caprichoso y su madre más transigente.

---

2. Ibíd.

Finalmente, Bruno encontró la horma de su zapato en el consultorio del dentista. El niño se sentó en la silla mientras su madre estaba cerca. Pero el dentista le pidió que saliera del consultorio y se relajara en la sala de espera. La madre se retiró. En ese momento, el dentista le pidió a Bruno que abriera su boca para la limpieza. Bruno le dijo que no quería abrirla. El dentista le contestó que tenía que limpiar sus dientes y que esperaría hasta que la abriera. En ese momento, Bruno amenazó con sacarse la ropa. El dentista se sentó y le dijo: "Vamos, hazlo hijo".

El niño desafiante empezó a desabrocharse lentamente algunos botones de su camisa esperando que el dentista lo detuviera. El dentista esperó pacientemente. Bruno le advirtió que se sacaría toda la ropa de verdad, pero el dentista mantuvo la calma y le dijo que estaba bien. El niño procedió lentamente a sacarse las medias, la camisa y los pantalones... hasta quedarse en ropa interior. Luego el dentista le preguntó: "¿Realmente quieres esto?". En ese momento, levantó la ropa de Bruno del piso, lo tomó fuertemente de la mano y lo llevó a la sala de espera que estaba llena de pacientes. El niño se quedó allí parado solo con su ropa interior mientras el dentista le entregaba el resto de la ropa a su madre. Luego simplemente le dijo: "Vamos a intentarlo otro día cuando Bruno esté dispuesto a colaborar conmigo". Y los despidió. La madre se fue de allí con un poco más de determinación y Bruno con un poco más de humildad. Esa fue la última vez que el niño amenazó con sacarse la ropa otra vez; pero hizo falta que un adulto se ciñera a las reglas.

Cuando los adultos son consecuentes con las reglas, las recompensas y las consecuencias, los niños empiezan a pensar: "Esta bien, sé lo que me espera. Puede que no me gusten las reglas, pero sé que son reales, no recibiré ningún trato especial y habrá consecuencias si no las cumplo". Cuando somos consecuentes, la mayoría de los niños deciden permanecer dentro de los límites, que de todas maneras establecemos por el bien de ellos. Ser consecuentes promueve hijos felices y contentos. Por otro lado, si no somos consecuentes, los niños sienten que su vida es inestable, y eso podría llevarlos a estar ansiosos y rebeldes, y podemos esperar que pongan a prueba las reglas más que nada para ver si realmente significan lo que nosotros decimos. Esto puede terminar por agotar a todo padre o maestro rápidamente. En realidad, el ser consecuentes hace que nuestra vida sea más fácil.

Límites con los adolescentes

"¿No me oyes? ¡Te dije siete veces que ordenes tu habitación! ¿Cuándo me vas a hacer caso?". Esta situación entre padres y adolescentes sucede millones de veces por año. En esta nueva etapa de la vida, los adolescentes a veces actúan como si su capacidad de audición disminuyera y sus emociones aumentaran. ¿Te resulta familiar? Es muy común que los adolescentes nos pongan a prueba. Es natural que intenten cruzar los límites, porque han sido diseñados para que abran sus alas y sean independientes mientras pasan de la niñez a la adultez. Esto es normal en su proceso de maduración. Si entran a la pubertad sin un liderazgo consecuente, este período de sus vidas será aún más difícil. Ya se sienten inseguros de su identidad; sus hormonas están cambiando, su cerebro se está desarrollando de manera nueva y la presión de sus compañeros es más fuerte que nunca. Es común que los adolescentes no escuchen a sus padres, especialmente si sus padres no siempre se ciñen a su palabra.

Piénsalo de esta manera. Cuando decimos algo y luego nos retractamos, en realidad fomentamos su tendencia a ignorar nuestros imperativos. ¿Por qué deberían oírnos, si es probable que cambiemos de opinión? De hecho, como adultos ni siquiera escuchamos o respetamos a aquellos que dicen una cosa y hacen otra. ¿Por qué esperaríamos otra cosa de un adolescente?

Otro síntoma de nuestra incoherencia se manifiesta cuando nuestros hijos adolescentes reaccionan a nuestras afirmaciones y exageraciones huecas. Ellos no responden bien cuando amenazamos con hacer algo que en realidad no tenemos intención de hacer. En la emoción del momento, exageramos y decimos cosas que en verdad no queremos decir:

- ¡Te voy a castigar por el resto del año!

- Si no vienes ya mismo, te voy a partir las piernas en dos.

- Si tus notas no mejoran, te voy a enviar a un colegio de internados.

- Si no dejas eso ya, no podrás usar tu celular durante todo el verano.

- ¡Si no te callas, te voy a matar!

Seguramente habrás escuchado afirmaciones similares de otros padres. Nuestros adolescentes saben que no tenemos intención de cumplir con esas amenazas exageradas. De hecho, estamos diciendo: "No me escuches, porque estoy diciendo cosas que en verdad no quiero decir. Mantente firme y discute, que finalmente voy a ceder". En definitiva, usar amenazas como estas es en vano porque perdemos credibilidad, y nuestros hijos continúan con la misma conducta que estamos tratando de cambiar. Aun los buenos hijos molestan y fastidian a sus padres; ¡forma parte del proceso de crecer! Pero los padres son responsables de no crear situaciones inestables. Cuando los padres son consecuentes con sus palabras, reducen la cantidad de tormentas emocionales que se desatan con sus adolescentes.

Cuando no les hacemos responsables

También somos inconsecuentes cuando les decimos a nuestros hijos que hagan algo, pero no supervisamos si lo hicieron. ¿Te resulta familiar? Le dices a tu hija que no puede salir de casa hasta que no ordene su habitación. Ella entra a su habitación mientras tú estás ocupada con la ropa para lavar. En cuestión de minutos te dice: "Me voy". Cuando le preguntas si ordenó su habitación, ella te dice que sí y se marcha. Media hora más tarde pasas por su habitación y notas que no levantó ni una cosa del piso.

No todos los niños necesitan que se les controlen, pero la mayoría sí. Forma parte de nuestra naturaleza humana —o naturaleza pecadora— poner a prueba y traspasar los límites. Es lo que lleva a los niños a mentir, hacer trampa e incluso robar. Algunos tratan de salirse con la suya la mayoría de las veces. Si no somos consecuentes, si no les pedimos que cumplan lo que les ordenamos hacer o aceptaron hacer, estamos afectando su desarrollo. En realidad, puede que les estemos enseñando a ser manipuladores.

Según nuestro estado de ánimo o de cómo nos fue en el día, podríamos tratar el mismo comportamiento de diferentes maneras. Por ejemplo, una mañana nuestro hijo podría contestar mal y nosotros reaccionamos con una reprimenda. Más tarde, cuando nos contesta de la misma manera, puede que lo ignoremos. O al día siguiente, cuando nuestra hija mayor se comporta de cierta manera, la castigamos. Pero cuando nuestro "bebé" actúa de la misma manera, a menudo se sale con la suya con privilegios que nuestra hija mayor nunca conoció. En algún momento, no podrás seguir haciendo la vista gorda. Un día tu hijo mayor te lo hará notar. Y ¡prepárate para darle una explicación! En lugar de reaccionar de forma inconstante, intenta establecer una norma. Cada vez que tus hijos actúen o contesten de cierta manera, perderán algunos privilegios con el teléfono celular o tendrán que llegar a casa más temprano en la noche. Tener normas y consecuencias preestablecidas para todo te ayudará a ser más constante y hará que la situación sea más tranquila y previsible. Jayne Rutherford y Kathleen Nickerson lo llaman "coherencia interpersonal". Se trata de crear una respuesta predecible para los hijos. Estas normas pueden ayudar a los niños, jóvenes o adultos a sentirse más seguros porque se han establecido códigos por adelantado, tales como la cantidad de tiempo para…

   usar el teléfono celular cada noche

   utilizar Internet durante el día

   mirar la televisión

   socializar con amigos

   cenar juntos

¿Por qué no somos consecuentes?

Déjame sugerir algunas razones comunes de por qué a los padres les podría resultar difícil ser consecuentes. Tal vez esta lista puede servir para suscitar cambios en tu familia:

No tenemos un marco de referencia para tomar decisiones.

Tal vez la razón principal por la que no somos consecuentes es que nos falta valor. Y a menudo nos falta valor, porque no estamos seguros de lo que deberíamos hacer. Esto sucede casi en cualquier situación; en el trabajo, en la escuela, en nuestra comunidad y, sin duda, en casa con nuestros hijos.

Tenemos una familia amiga compuesta por una madre soltera que se llama Carla y su hija Silvia. Les tenemos mucho cariño, lo cual hace difícil nuestras conversaciones. Silvia, una muchacha menor de edad, está saliendo con Hernán, que es mayor de 21 años. Él no parece entender las consecuencias de salir con una muchacha menor de edad.

Asuntos como las bebidas alcohólicas, la hora de regresar a casa por la noche y los límites sexuales son muy importantes tanto para Carla como para Silvia, pero Hernán sigue presionando para tener más autonomía. Tanto Silvia como Carla están preocupadas y no saben cómo manejar la situación. (Para ser franco, las madres solteras son heroínas para mí. Tienen el trabajo más difícil del mundo como sostén económico de la familia, madre, entrenadora y quien aplica la disciplina con sus hijos).

Carla ha tratado de no tener que cumplir el papel de autoridad "malo" y, a menudo, termina por ceder a los pedidos de Hernán y Silvia, porque está cansada de discutir *y* no está segura de qué debe reforzar en la cultura de hoy. No quiere ser anticuada, pero tampoco se siente cómoda con algunas cosas que Hernán y Silvia quieren hacer. Le sugerí que el problema principal es que ella no tiene un marco de referencia moral claro en la familia. Cuando hablamos de su necesidad de establecer límites claros con respecto a lo que permitiría y no permitiría, la vida fue mucho más fácil para todos. Con el tiempo, Hernán se acostumbró a ese marco de referencia y está colaborando.

Como padre o líder, si estoy indeciso sobre los pasos a seguir, tiendo a ser indeciso en mi dirección y mi comportamiento. Dar vueltas y dudar mientras tratas de resolver un dilema sobre la marcha es como edificar un puente mientras lo cruzas. Es muy difícil.

Nos hemos acostumbrado a delegar en profesionales.

Nuestra nación se introdujo en la "economía de servicio" en la década de 1960, cuando la primera tanda de los nacidos durante la posguerra eran adultos. Ahora pagamos a profesionales por servicios que nuestros abuelos nunca pagaron, como cambiar el aceite de nuestro automóvil, servirnos la comida, lavar nuestra ropa, cortar el césped de nuestro jardín, arreglar cosas de la casa… y cosas por el estilo. En realidad, creo que esto ha cambiado la manera de criar a nuestros hijos. ¿Cuántas veces hemos delegado a terceros nuestra máxima prioridad; ser de ejemplo para nuestros hijos o ayudarlos a tomar buenas decisiones? ¿Por qué esperamos que un profesional —¡un extraño!— haga la tarea que nosotros mismos deberíamos hacer como padres? A veces queremos ser nosotros mismos los que formemos a nuestros hijos para enfrentar un futuro brillante. Después, unas horas más tarde, estamos exhaustos y queremos que otra persona se ocupe de nuestros hijos y nos ayuden a formarlos para que sean los adultos que deben llegar a ser. En la cultura de hoy, los consejeros y los grupos de jóvenes de las iglesias están forzados a asumir las responsabilidades que, en otra época, los padres nunca delegaron.

Debemos admitir que a veces estamos en una montaña rusa emocional. Hoy día las exigencias sobre nuestras vidas son tan enormes —la complejidad de nuestras participaciones y el costo del estilo de vida que queremos—, que pueden agotarnos. No es de sorprendernos que seamos inconsecuentes. Los días buenos somos los mejores padres del mundo, cariñosos y sabios, amables y tolerantes. En los días malos, sin embargo, dejamos de ser nobles y nos convertimos en villanos. Ahí es cuando tratamos de delegar temporalmente la tarea de padre a otras personas calificadas: un entrenador de fútbol, un maestro, un pastor de jóvenes, un consejero, un tío o una tía. La tarea de atravesar los tiempos difíciles con nuestros hijos es laboriosa; no es para pusilánimes.

Aprecio el aporte de otros adultos en la vida de nuestros hijos, pero nunca puedo delegar o encargar a terceros esta máxima prioridad de mi vida.

No nos ponemos de acuerdo.

Es probable que tu cónyuge y tú no sean consecuentes si no se pusieron de acuerdo. Ambos padres deben hablar en serio cuando se dirigen a sus hijos, y deben apoyarse uno al otro.

Recientemente, Javier le preguntó a su mamá: "¿Puedo ir al concierto esta noche?". Ella le respondió que no. Después fue y le preguntó lo mismo a su padre y él le dijo que sí. Cuando llegó la hora de ir al concierto, Javier empezó a cambiarse para ir. Su madre lo vio y le preguntó qué estaba haciendo. Él le respondió que iba a ir al concierto porque su papá dijo que podía ir. La madre confrontó al padre y empezaron a discutir. Mientras tanto, Javier terminó de vestirse y se fue al concierto.

No ponerse de acuerdo sabotea la autoridad de los padres. Desacredita la palabra de cada uno de los padres y los obliga a enfocarse en el desacuerdo entre ellos y no en la petición del hijo. Bingo… eso es exactamente lo que Javier quería. El niño aprende a manipular, a poner a un padre en contra del otro. La autoridad de uno de los padres se ve menoscabada. Uno de los padres contradijo al otro, lo cual los llevó a una confrontación. Además, este enfoque tiende a identificar a uno de los padres como la autoridad "mala" y al otro como la autoridad "buena", lo cual casi siempre perjudica la relación de los padres y fomenta las peleas. Los que están a cargo de los niños (entre los que se incluyen a padres, tíos, abuelos) deben trabajar como una unidad. Aunque uno esté en desacuerdo con el otro, deben mostrar unidad frente a sus hijos y resolver sus diferencias en privado.

Estamos ocupados con las exigencias del trabajo además de la familia. Este extracto de un artículo del Reino Unido muestra que este problema no es exclusivo de los Estados Unidos:

> Se afirma que cada vez son más las madres y los padres que esperan que las escuelas enseñen a sus hijos la diferencia entre lo bueno y lo malo, los niveles aceptables de conducta y las normas sociales.
>
> Richard Watson, un futurólogo y fundador de *What's Next*, que grafica las tendencias de la sociedad… dijo que cada vez son más los que esperan que las escuelas enseñen algo más que las materias convencionales y den a los niños un marco de referencia moral para sus vidas.
>
> Esto ha dado lugar a padres que culpan a los maestros —y amenazan con tomar acciones legales— si posteriormente sus hijos se descarrían o se comportan mal fuera de clase.
>
> "Una de las cosas que me asombran es la cantidad de padres que contratan a terceras personas para que se encarguen de la educación moral y formación de sus hijos, porque están demasiado ocupados para encargarse ellos mismos de eso. Vemos a padres ocupados —generalmente ambos padres trabajan— que efectivamente dejan a sus hijos en la escuela a los cinco años y los van a buscar cuando tienen 18 años, y quieren que la escuela haga absolutamente todo. No se trata solo de las cosas cotidianas y de controlar que hagan su tarea escolar, sino de toda la educación moral del niño. Los padres no pueden

hacer eso. Si esperan que sus hijos lleguen a ser individuos bien equilibrados, ellos también deben participar de su formación".[3]

Se puede aprender a ser consecuente de algo sorprendente

Al igual que muchos padres [David y Eleanor Starr] estaban atrapados entre el hogar sin problemas que aspiraban tener, y el hogar caótico y agotador en el que vivían en la realidad. "Intenté aplicar toda la filosofía que dice 'no hay nada que el amor no pueda resolver' —dijo Eleanor—, pero nada se resolvió".[4]

Entonces, ¿qué hicieron? Decidieron sacar ideas del ámbito empresarial de los Estados Unidos. Empezaron a llevar adelante su familia como si fuera una empresa. Sí, leíste bien. Una empresa. Con esto no quiero decir que todo se volvió insensible y frío, ni que despedirían de la familia al que rindiera menos de lo esperado. Sino que David empezó a organizar los quehaceres domésticos, reuniones semanales y rendición de cuentas, al igual que miles de compañías de los Estados Unidos. El resultado fue excelente:

Ellos recurrieron a un programa de vanguardia llamado *Agile Development* [Desarrollo interactivo flexible] que se ha propagado rápidamente desde los fabricantes industriales de Japón hasta las nuevas compañías del Valle de la Silicona. Es un sistema de equipos dinámicos en el cual se organiza a los trabajadores en grupos pequeños, se llevan a cabo sesiones de progreso diario y supervisiones semanales. La rendición de cuentas es clave. Como David explicó: "Tener una reunión de familia semanal incrementa la comunicación, mejora la productividad, disminuye el estrés y hace que todos estén más contentos de ser parte del equipo familiar"...

---

3. Graeme Patin, "Busy Parents 'Failing to Teach Children Right from Wrong'", *Telegraph*, 29 de abril de 2013, www.telegraph.co.uk/education/educationnews/10023731/Busy-parents-failing-to-teach-children-right-from-wrong.html.
4. Bruce Feiler, "Family, Inc.", *Wall Street Journal*, 10 de febrero de 2013, online.wsj.com/news/articles/SB10001424127887323452204578288192043905634.

Una nueva generación de padres, actualmente, está tomando soluciones del ámbito laboral y las está implementando en el hogar. Desde supervisiones y rendición de cuentas a sesiones de desarrollo familiar, desde flexibilidad en el horario de las comidas a una resolución de conflictos más eficaz, las familias finalmente están cosechando los beneficios de décadas de una investigación revolucionaria de las dinámicas de grupo. El resultado es un nuevo diseño audaz para familias felices.

Encuestas revelan que tanto los padres como los hijos mencionan el estrés como la principal preocupación. Una fuente principal de estrés son los cambios. Apenas nuestros hijos terminan con la dentición, empiezan con las rabietas; apenas dejan de necesitar nuestra ayuda para bañarse, necesitan nuestra ayuda para lidiar con el acoso cibernético. No es de extrañarnos que el psicólogo Salvador Minuchin dijera que la característica más importante de la familia es ser "fácilmente adaptable".[5]

Me parece que sistemas como este —con reuniones familiares de veinte minutos— podrían dar paz a un hogar caótico. Y la clave de todo es la rendición de cuentas y el ser consecuentes.

Cuatro cosas que debemos dar a nuestros hijos

Durante años, nuestra nación ha experimentado una recesión económica. La deuda nacional es alarmante y el valor del dólar estadounidense es el más bajo en muchos años. Nuestros hijos estarán pagando nuestras deudas toda la vida.

Sin embargo, mayor que esta deuda es la deuda que creo que los adultos tenemos con la próxima generación. Es una deuda que tiene más que ver con nuestro carácter, que con nuestro dinero. Cuando veo jóvenes con problemas, por lo general, puedo darme cuenta de que sus luchas se deben al mal liderazgo que recibieron desde su niñez. Creo que los adultos debemos volver a pensar en la manera de ejercer el liderazgo con nuestros hijos. Ya sea como padres, maestros, entrenadores o líderes de jóvenes, tenemos cuatro deudas con los niños de hoy.

5. Ibíd.

La claridad marca una dirección precisa.

La claridad es uno de los mejores regalos que los adultos podemos dar a nuestros hijos. De hecho, es uno de los regalos más excepcionales que los líderes proveen a su equipo. En estos tiempos de incertidumbre, debemos transmitir valores claros y dar un claro ejemplo de cómo ser adultos sanos. La claridad marca una dirección precisa. Fomenta la ambición, no la ambigüedad. En lo posible, piensa cómo tratar de no ser ambiguo con respecto a la moral y la ética y la manera de comportarse en cada circunstancia. Recuerda que no estás educando a niños, sino a futuros adultos. ¿En qué necesitas ser más claro con tus hijos?

La transparencia fomenta la validación y la vulnerabilidad.

La transparencia es contagiosa. Cuando los líderes son ejemplo de transparencia, son sinceros con respecto a sus propios defectos y fracasos, cultivan el mismo nivel de sinceridad en aquellos que los siguen. Es probable que los niños no exterioricen sus propias luchas a menos que crean que están en un entorno seguro para hacerlo. Cuando los adultos son ejemplo de transparencia, validan a los niños que están escuchando, y estos se dan cuenta de que no son los únicos. La transparencia también invita a la sinceridad y vulnerabilidad de su parte. ¿En qué necesitas ser más transparente con tus hijos?

Los límites fomentan la seguridad.

La palabra *"límite"* generalmente se percibe como una palabra negativa. Los límites encierran a algunas personas dentro y dejan a otras fuera. Son líneas divisorias. Sin embargo, los jóvenes necesitan precisamente los límites para descubrir quiénes son. Así como el tren necesita vías sobre las cuales avanzar, los jóvenes necesitan límites. Desde el principio, los adultos deben establecer las vías sobre las cuales andarán los hijos. Los límites no impiden el crecimiento y el progreso, sino que lo promueven. Cuando los hijos reciben límites, obtienen un profundo sentido de seguridad y protección. Los límites evitan que la exploración de los hijos sea destructiva. ¿Dónde necesitas poner mejores límites a tus hijos?

El ser consecuentes fomenta la confianza y la seguridad.

Cuando pienso en mis propios padres, el mejor regalo que ellos me hicieron (además de amor) fue un liderazgo consecuente y con valores.

A menudo los padres me preguntan cuán estrictos deberían ser con sus hijos. Pienso que lo que más importa no es cuán estricto somos, sino cuán consecuentes somos una vez que establecemos los límites. Esa estabilidad en nuestro liderazgo con nuestros hijos fomenta la confianza y la seguridad en ellos. Ellos saben con qué pueden contar. Pueden empezar a correr más riesgos e incluso esforzarse al máximo con su tiempo y energía porque saben que están seguros.

¿En qué necesitas ser más consecuente con tus hijos?

El año pasado leí una historia inspiradora sobre Dawn Loggins. En ese momento, Dawn estaba en el último año de la escuela secundaria de Lawndale, Carolina del Norte. Ella creció en una casa precaria sin electricidad ni agua potable. A menudo pasaban semanas sin bañarse. Finalmente, sus padres, que eran drogadictos, la abandonaron; un día llegó a su casa y ellos ya no estaban. De repente, Dawn era una adolescente sin hogar.

Rápidamente tomó una decisión. No quería el estilo de vida que sus padres le habían enseñado; un estilo de vida inestable con altos y bajos e indigencia. Entonces empezó a quedarse a dormir en la casa de algunas amigas y consiguió un trabajo en la limpieza de su escuela secundaria. Iba más temprano para limpiar los pisos y los baños, y borrar los pizarrones… y al mismo tiempo repasaba para los exámenes.

La encargada de mantenimiento notó algo diferente en el estilo de vida de Dawn y pronto descubrió que no tenía hogar. La encargada le ofreció un lugar donde quedarse indefinidamente. Pronto, maestros y otras personas de la ciudad le regalaron ropa y proporcionaron servicios médicos y dentales.

Impulsada por un estilo de vida que no deseaba, al poco tiempo Dawn estaba siendo ejemplo de la vida estable que deseaba que sus padres hubieran conocido. Ella dijo sentir lástima por ellos, pero esa situación activó en ella la ambición de llegar a ser alguien. No solo trabaja antes y después de la escuela, también estudia mucho y es sobresaliente en sus calificaciones. Hace poco, Dawn presentó su solicitud de inscripción en la Universidad de Harvard y fue aceptada. Asombroso. Esta muchacha desamparada y sin hogar irá a Harvard.

Dawn no afirma ser alguien especial, pero es un vívido ejemplo de una joven cuyo potencial se desató cuando pasó de una vida inestable a una vida consecuente.

Los libramos de las consecuencias

Matías es un empleado de 29 años al que despidieron de su empleo. Piensa entablar una demanda contra la empresa por haber sido víctima de un trato injusto. Cuando escuché su historia, investigué un poco y me di cuenta en seguida de que no podía presentar ningún cargo contra su empleador. El trato "injusto" que recibió se debía al hecho de que su supervisor no le permitía estar en Facebook durante las horas de trabajo. Además, Matías alegaba que su jefe esperaba que él registrara un número mínimo de llamadas de ventas por día. Lamentablemente, no lo estaba haciendo. Al final alegó que su supervisor lo amenazó con despedirlo si seguía llegando tarde al trabajo. Había llegado tarde tres días en una semana, pero afirmaba que se debía a que había mucho tráfico. ¿Quién puede controlar el tráfico? El joven culpaba a la compañía por su infortunio, pero yo sé que no es así. Muchos otros empleados más jóvenes y miembros del personal menos talentosos llegaban puntuales y prosperaban en el mismo trabajo. El problema de este joven era que nunca se responsabilizaba de sus actos. Era completamente irresponsable, y mucho más teniendo en cuenta que ya era un adulto.

Te preguntarás, ¿cómo es posible que pase esto? Apuesto a que lo adivinas.

Déjame comenzar diciendo que estaba condicionado a ser irresponsable durante sus 29 años. Su madre siempre lo sacaba de apuros. En realidad, ella lo acompañó a la entrevista de trabajo. Él simplemente había aprendido a depender de ella para todo lo que necesitaba; desde llevarle su mochila a la escuela porque se le había olvidado cuando era niño, hasta pagar sus multas por exceso de velocidad en la escuela secundaria. Ella era una superhéroe que siempre lo rescataba. El problema era que él siempre se metía en problemas y necesitaba que alguien acudiera a ayudarlo. Al final, no era capaz de funcionar bien en la sociedad. Este problema no se limita solo a los adultos.

Estuve dando una conferencia para padres donde hablé sobre cómo ayudar a nuestros hijos a hacer progresos y evitar que se saboteen a sí mismos en el proceso. Cuando surgió este problema en la sesión de preguntas y respuestas, el salón se llenó del murmullo de voces que daban sus opiniones. Lamentablemente, nadie parecía tener una solución a largo plazo.

Una madre dijo que su hijo tenía un berrinche cada vez que su equipo de fútbol perdía. Se ponía hecho una furia; gritaba, tiraba cosas e incluso se ponía violento si alguien trataba de detenerlo. ¿La solución de la madre? Durante muchos años, simplemente le decía que el partido había terminado empatado.

Otro padre contó que su hija luchaba para no mentirles a sus maestros, a sus amigas y a sus padres. Era una falta de sinceridad crónica. Con los años, su padre calmaba a todos y la cubría explicando que su hija batallaba con una baja autoestima y, a menudo, mentía o exageraba para sentir que estaba a la altura de los demás. Su padre hacía todas las llamadas telefónicas necesarias para defender a su hija de décimo grado hasta calmar a la parte ofendida. Lamentablemente, el padre admitió que, ahora que su hija es adolescente, no puede conseguir empleo porque nadie confía en ella.

Esa noche surgieron muchas historias de entre la audiencia; cada una era un relato de un papá o una mamá que no tenía otra manera de demostrar amor por sus hijos que cubrirlos, dar el brazo a torcer con ellos, mentir por ellos, justificar su conducta o negociar por ellos. A corto plazo, ninguno de sus mecanismos de reacción era horrendo. Sin embargo, con el paso del tiempo, causó toda clase de problemas tanto para los padres como para los hijos. Cuando sobreprotegemos a nuestros hijos y evitamos que paguen las consecuencias de sus actos, no los estamos preparando para el futuro que les espera cuando sean adultos.

Un arte y una ciencia

Ser padre es un arte y una ciencia. Pocos de nosotros recibimos un entrenamiento para ser padres. Los norteamericanos estudiamos un promedio de doce a catorce años antes de empezar nuestra carrera laboral.

Pasamos por clases, estudios y realizamos exámenes para obtener una licencia para conducir un automóvil. Sin embargo, empezamos la aventura de ser padres sin ninguna preparación. La mayoría de nosotros empezamos a ser adultos totalmente neófitos sin ni siquiera haber leído un libro sobre el tema. Uno de los errores más comunes que cometemos (por falta de experiencia) es el que abordaremos en este capítulo. Queremos que nuestros hijos sean felices, estén contentos y sean equilibrados. Cuando surge el conflicto, nuestra primera inclinación es resolver el problema por ellos. Después de todo, somos sus líderes.

Tenemos dos maneras de privarlos de las consecuencias. O excusamos su comportamiento y los liberamos de las consecuencias negativas, o bien intervenimos y pagamos las consecuencias por ellos.

Cuando hacemos esto, frecuentemente aliviamos el estrés y llevamos paz inmediata a la situación, de modo que nos volvemos adictos a este patrón. Lamentablemente, no vemos los problemas que estamos causando a largo plazo. Liberar a nuestros hijos de las consecuencias produce tranquilidad a corto plazo, pero problemas a largo plazo.

EL PRINCIPIO

Cuando sobreprotegemos a nuestros hijos y evitamos que paguen las consecuencias de sus actos, no los estamos preparando para el futuro que les espera cuando sean adultos.

¿Por qué los libramos de las consecuencias?

No queremos que sufran.

Probablemente esta sea la razón principal por la que nos precipitamos y acudimos a ayudarlos o excusamos su mala conducta. No queremos que nuestros hijos sufran ningún dolor. Solo un padre sádico querría eso, ¿verdad? El problema es que si realmente creemos eso, nos contradecimos porque las consecuencias que nuestros hijos experimentarán como adultos serán más severas que las consecuencias que experimenten como niños. Cuando los libramos de las consecuencias ahora que son niños, lo único que hacemos es posponer e incrementar su dolor. Somos sabios si permitimos que tengan dosis pequeñas de sufrimiento ahora que son niños para evitar que sufran más cuando sean grandes.

Queremos evitar cualquier desventaja. Estamos convencidos de que nuestros hijos progresarán. Reparamos los errores que cometen porque de ninguna manera queremos que eso impida su progreso. A menudo hacemos esto porque estamos viviendo los sueños que no hemos podido alcanzar a través de nuestros hijos. Aquí es donde debemos entender la diferencia entre compasión y capacitación. Nuestros hijos no necesitan que resolvamos sus problemas por compasión; sino que los capacitemos para que ellos mismos resuelvan sus propios problemas.

Es más fácil. Si somos sinceros, parte de la razón por la que libramos de las consecuencias a nuestros hijos es que es más fácil que enfrentar el trauma emocional de verlos sufrir por las consecuencias. Nuestros hijos pueden desgastarnos. Pueden hacer una rabieta, retirarnos la palabra, ser extremadamente sensibles o tener cualquier otro tipo de reacción a las consecuencias negativas. Es más fácil alzar la bandera blanca, rendirnos y simplemente resolver el problema por nosotros mismos.

Queremos que tengan una mejor autoestima. A veces libramos a nuestros hijos de las consecuencias porque sentimos que las situaciones negativas dañarán su autoestima. De hecho, esto puede suceder en una familia insegura, pero estas circunstancias difíciles en realidad pueden promover su autoestima, si les permitimos enfrentar los obstáculos y adversidades por ellos mismos. Enseñarles y animarles a enfrentar y superar la situación puede ser la mejor manera de elevar su autoestima.

Queremos que nuestros hijos nos amen. Muchos padres sienten que es importante que sus hijos los amen. Tienen como propósito obtener el amor de sus hijos en su relación con ellos. Esto es perjudicial. El propósito de nuestro rol de padres es preparar a nuestros hijos para la vida de tal modo que cuando llegue el momento, puedan dejar el nido suficientemente preparados y fuertes para defenderse por ellos mismos. Si realmente amamos a nuestros hijos, nuestro propósito no será que nuestros hijos nos devuelvan amor. Ese es el resultado de nuestro amor por ellos y de ayudarlos a ser adultos. Nuestros hijos no nos necesitan como amigos; nos necesitan como padres.

Queremos tener el control.

Gran parte del problema como padres es el resultado de nuestro deseo de controlar. Somos la población de padres más controladores de la historia contemporánea. Sentimos como si nuestras escuelas públicas no estuvieran haciendo un buen trabajo, el equipo de fútbol de nuestra ciudad no les diera suficiente tiempo para jugar a nuestros hijos, los programas de arte teatral no les dieran suficiente protagonismo a nuestras hijas en las obras... y sentimos que debemos intervenir y tomar el control de la situación. Pero debemos reconocer que el control es un mito. No tenemos el control. La vida es más grande que nosotros y, cuanto antes preparemos a nuestros hijos para manejar los vaivenes de la vida, mejor será para ellos.

¿Se trata de ahora o después?

Tal vez este es el mayor cambio que podemos hacer: dejar de controlar. Aprender a confiar y permitir que nuestros hijos forjen su propio camino en la vida sin creer erróneamente que pueden controlarlo. La *capacidad de adaptación* debería ser nuestro objetivo, no el control.

La realidad es que a menudo vivimos, ejercemos nuestro liderazgo y cumplimos nuestro rol de padres solo para el hoy. Queremos paz ahora, y nos olvidamos el efecto que tendrá a largo plazo en la vida de nuestros hijos. Durante toda mi niñez, mi madre y mi padre cumplieron su rol de padres con una perspectiva a largo plazo. Cuando era niño y robaba algo, tenía que ir a la tienda para devolverlo y disculparme. Si mentía o engañaba, tenía que hacer lo mismo. Tenía que enfrentar las consecuencias aunque fuera una pequeña mentira "piadosa" o un engaño insignificante. ¿Por qué? Porque era solo el principio. Mis padres sabían que cada día estaba estableciendo patrones a largo plazo. Aprendí un gran principio a lo largo de los años: cuanto más considero las consecuencias futuras, mejor será la decisión que tome como padre. La autora Hara Estroff-Marano enfatiza la importancia de permitir que los hijos enfrenten dificultades:

> Investigaciones demuestran que cuando se protege a los niños y no se los somete a tareas difíciles, no desarrollan lo que los psicólogos llaman "experiencias de dominio". Los

niños que tienen este sentido de dominio son más optimistas y decisivos; han aprendido que son capaces de superar la adversidad y lograr objetivos.[1]

Los niños que nunca han puesto a prueba sus habilidades se convierten en jóvenes adultos emocionalmente débiles y más susceptibles a la ansiedad y la depresión.

Según una encuesta de los Estados Unidos, la mayoría de los padres admite que sus hijos tienen demasiada poca responsabilidad. En comparación con la generación de sus padres o de sus abuelos, tenemos a nuestros hijos ocupados con partidos de fútbol y recitales de piano, pero con ninguna verdadera responsabilidad como el trabajo, el servicio o incluso los quehaceres de la casa. Un niño puede aprender algunas disciplinas de los partidos o recitales, pero la auténtica responsabilidad viene del mundo real, donde prestamos un servicio a otros que no pueden hacerlo por sí mismos o a cambio de un sueldo. El intercambio tiene un efecto interno en nosotros, incluso cuando somos niños. ¿Por qué? Porque las consecuencias son reales. No solo se pierde en el marcador de un partido de fútbol o en la canción que salió mal en un recital, sino cuando se afecta a personas reales. A medida que nuestros hijos crecen, los beneficios y las consecuencias deben ser reales.

¿Qué pasa si no hacemos esto?

Si los adultos no aprenden esta importante verdad, ¿qué clase de adultos llegarán a ser nuestros hijos?

* *Irresponsables.* No se harán cargo de su propia vida; aprenderán a culpar a otros.

* *Perezosos.* Tendrán una mala ética laboral y quizás bajos niveles de creatividad.

* *Dependientes.* No serán autosuficientes; no estarán preparados para la autonomía.

* *Emocionalmente débiles.* Tendrán poca capacidad de enfrentar adversidades y no desarrollarán resiliencia.

---

1. Hara Estroff-Marano, *A Nation of Wimps* (Nueva York: Crown Archetype, 2008), s. p.

¿Estamos robando la ambición de nuestros hijos?

Recientemente, después de visitar a una familia amiga, me enteré de que su hijo Jacob había ganado otro trofeo con su equipo de la liga infantil de béisbol. Cuando me invitó a verlo, noté que su habitación estaba llena de trofeos. Supuse que su equipo había ganado varios campeonatos, pero he aquí que estaba equivocado. Jacob nunca había ganado un campeonato. Pronto descubrí que cada uno de sus trofeos se debía al simple hecho de jugar en un equipo.

Efectivamente, algunos científicos han denominado a esta la generación de los "niños trofeos". Estamos formando una generación de niños acostumbrados a recibir reconocimiento por participar, no por ganar. Esto empezó allá en la década de 1980, cuando las madres y los padres estaban determinados a elevar la autoestima de sus hijos y animarlos a participar más que a conquistar. Reconozco que soy uno de esos padres. Pero creo que esto funciona cuando los niños tienen cinco años, no cuando tienen diez u once años. Esto ha fallado y ahora estamos cosechando las consecuencias de esta decisión. Conozco a un niño que le devolvió el trofeo a su padre después de una ceremonia de premios y dijo: "Esto no significa nada". Estos niños no son tontos. ¿Y nosotros?

¿En qué estábamos pensando?

Reflexiona por un momento en el efecto a largo plazo de esta filosofía de vida. Cuando los entrenadores dejan que los niños intenten las veces que sean hasta que logren batear la pelota (nadie queda eliminado), cuando deciden no contar los tantos (no hay perdedores) y cuando al final todos reciben el mismo premio (todos somos iguales), estamos apagando la motivación de los niños, especialmente de los varones. Le quitamos fuerza a su motor. Ellos empiezan a pensar: "¿Por qué esforzarme si voy a recibir la misma recompensa lo logre o no?". Y es fácil dejar de esforzarse.

Esto no tan solo pasa en los deportes. Queremos tanto que estos niños se sientan especiales, que empezamos a eliminar la posibilidad de que se desempeñen mal en una clase. Los estudiantes siempre parecen encontrar una manera de negociar una nota o hacer alguna tarea extra para mejorar la calificación. Muchos padres han eliminado la posibilidad de perder privilegios en el hogar. Los jóvenes reciben dinero o privilegios aun cuando no cumplen sus responsabilidades en el hogar. En consecuencia, el personal y los profesores de la universidad notifican que los estudiantes hacen comentarios como estos:

- ¿Por qué no saqué un 10 ("excelente") si vine a clase todos los días?
- Usted me garantiza un empleo cuando me gradúe, ¿verdad?
- Está bien… reprobé el examen. ¿Qué tengo que hacer para subir la nota?
- ¿Cómo puede ser que mi compañero de cuarto recibió una beca y yo no?
- Si mis padres pagan la matrícula, yo merezco las notas que quiero.
- Pienso que la tarea del gobierno es asegurarse de que yo tenga un empleo y una casa.
- No puede decirme que lo que hice está mal. Al menos lo intenté.

Mencioné en el capítulo 2 que se les pidió a tres clases de estudiantes que hicieran un dibujo. Al primer grupo se le dijo que cuando terminaran, recibirían un premio. Al segundo grupo no se le habló de ningún premio, pero cada estudiante recibió un premio después de hacer el dibujo. Al tercer grupo no se le habló de premios y tampoco recibieron alguno cuando terminaron. ¿El resultado? Cuando se les dio la oportunidad de hacer un segundo dibujo —sin recompensas ni premios—, ningún estudiante del primer grupo quería dibujar nada. La mayoría del segundo grupo y todos los del tercer grupo participaron e hicieron un segundo dibujo. ¿Por qué? Desde un principio su motivación no había sido el premio.

A ver… la motivación del primer grupo se reducía a una recompensa externa. El tercer grupo hizo dibujos por pura recompensa intrínseca de la creación artística. ¿La lección? En nuestros esfuerzos por felicitar o recompensar a los estudiantes, les hemos robado la satisfacción del trabajo en sí. Al darles algo a cambio de nada, les estamos robando la ambición.

Con el deseo de que nuestros hijos y nuestros estudiantes sean felices, podríamos haber creado la población de niños más deprimidos de la historia contemporánea. Con nuestro liderazgo, no hemos hecho otra cosa que quitarles la ambición. Sin duda alguna hemos apagado su ambición. Esta es la razón por la que esta filosofía es defectuosa.

Cuando su posibilidad de fracasar disminuye, también disminuye su valoración del triunfo. Piensa en esto. Si crezco en un mundo donde me han dado casi todo o me lo han facilitado, empiezo a sentir que me lo merezco. En efecto, dejo de esforzarme porque sé que un adulto se va a asegurar de que yo reciba lo que necesito o quiero.

Uno de los bienes más valiosos que podemos cultivar en esta nueva generación es la ambición. Con esto no me refiero a la ambición egoísta o a la obsesión egocéntrica. Me refiero al impulso interno de obtener logros y crecer. La motivación a sobresalir en un ámbito. La satisfacción de dedicar sus dones y talentos a algo más que a un videojuego. Esta motivación interna viene de luchar y obtener logros, y también de servir o enriquecer la vida de otros.

Nos sentimos más valiosos cuando enriquecemos la vida de otros

No podemos elevar la autoestima de los niños con algunas palabras de reconocimiento o una medalla por ser bonita o llegar a tiempo. Los niños desarrollan su autoestima cuando saben quiénes son intrínsecamente y usan sus talentos para contribuir a una causa más importante que ellos mismos. Creo firmemente que la ambición es parte de la ecuación. La ambición desarrolla la autoestima y viceversa. Cuando me siento bien conmigo mismo, tiendo a esforzarme más. Y cuando me esfuerzo más, suelo sentirme mejor conmigo mismo.

Entonces, ¿qué podemos hacer?

Deja que luchen y, si fallan, ayúdales a interpretar esa experiencia.
No acudas en su auxilio, pero si fallan o fracasan, hablen de ello. Muéstrales que no es el fin del mundo ni un reflejo de su identidad. Es una posibilidad de volverlo a intentar.

Cuéntales historias de tus propias luchas y tus propios fracasos.

A mis hijos les encanta escucharme hablar de mis errores, "meteduras de pata" y fracasos del pasado. Al reírnos juntos, ellos piensan: *Vaya, si hiciste eso y aun así lo lograste, tal vez todavía yo tenga esperanza.*

No esperes que las maestras sean niñeras de tus hijos.

Cuando hables con los maestros de tus hijos, no les pidas que les hagan favores especiales o que sean como una segunda mamá o un segundo papá. Ellos son buenos precursores de un jefe en el trabajo.

Ayúdales a elegir algo que realmente quieran alcanzar.

Las metas son importantes. Son blancos a los cuales apuntar, ya sea que le den o no. Una vez que identifiquen una meta, ayúdales a idear un plan para alcanzarla.

Establece recompensas que requieran esfuerzo y progreso.

Diferencia el concepto entre el solo hecho de hacer acto de presencia y poner esfuerzo. Hay una gran diferencia. Establece la recompensa que pueden recibir solo si realmente dan lo mejor de sí.

Háblales de tus ambiciones y de cómo te sentiste al cumplirlas.

Otra vez estamos ante el poder de las historias. Háblales de la ambición que tenías años atrás, cómo te sentías cuando buscabas cumplir esa ambición y qué gratificante fue para ti cumplirla.

Exprésales tu amor y tu confianza en ellos pase lo que pase.

El amor no debería ser una recompensa al buen rendimiento. Los adultos comprensivos demuestran confianza en ellos sea cuales sean sus logros. Este es un fundamento sólido para la ambición.

Deja de excusarlos.

Cuando cometen un error, ayúdales a reconocerlo. No les enseñes a culpar a otros o dar excusas. Finalmente, deben saber que la vida no es justa.

Menos reglas...

Entonces, ¿cómo corregimos este error de evitar que nuestros hijos sufran las consecuencias de su comportamiento? La respuesta rápida y fácil, por supuesto, es permitir que nuestros hijos paguen las consecuencias de sus malas decisiones y mala conducta. Pero, antes, reflexionemos sobre este problema. La mejor manera de corregirlo es hacer que la experiencia sea instructiva.

Los niños de la generación Y raras veces vieron demorada su gratificación, y se les ha dado cosas por las cuales generaciones anteriores tuvieron que trabajar para obtener. ¿Por qué? Creo que se debe a los mensajes que invaden nuestra cultura. Los padres escuchan: "Cuanto más les das a tus hijos, mejor padre eres". Los niños se sienten que se merecen lo que se anuncia en la TV y en el cine. Ellos escuchan: "Esto es lo que ahora está en la onda. Todos lo están adquiriendo. Si tú no lo tienes, no estás en la onda". En la escuela, en los equipos deportivos o en el hogar se recompensa a los estudiantes por un esfuerzo mediocre o simplemente por hacer acto de presencia. Cuando cometen un error, a menudo un adulto interviene y enmienda ese error. Por consiguiente, tienen una baja concientización de las consecuencias y un alto sentido de tener derecho a todo. Ahora la pregunta es: ¿cómo resolvemos este dilema?

En un mundo así, establecer muchas reglas no ha funcionado bien. Primero, la mayoría de los estudiantes rechazan las reglas. Por ese motivo, cada vez que nos dicen que no podemos o no deberíamos hacer algo, el rebelde que llevamos dentro quiere hacerlo. Segundo, las reglas no han funcionado porque generalmente no las reforzamos. No las hacemos cumplir. Amenazamos a nuestros hijos con una regla y después reducimos las consecuencias. Con razón los niños poseen un sentido de tener derecho a todo. Nosotros se lo hemos dado.

... más ecuaciones

En vez de una larga lista de reglas, ¿qué tal si al principio de un semestre empiezas a hablar de ecuaciones a tus estudiantes? En vez de decir: "¡No corran en el pasillo!" o "¡No hagan trampa en clase!", considera una ecuación como esta: "Hacer esto traerá este beneficio, y hacer aquello traerá esta consecuencia". Y por cierto, esto funciona aún mejor cuando los estudiantes y los adultos se ciñen a la misma ecuación.

Todo se trata de comportamientos y resultados. Sé que esto podría parecer solo una cuestión de semántica, pero es mucho más que eso. Es una manera de ayudar a los estudiantes a asociar una conducta con consecuencias, a un comportamiento con beneficios. Cuando una joven experimenta un resultado negativo, no es que a la maestra no le cae bien o que el decano la tiene entre ceja y ceja. Es que ella eligió un rumbo, y los rumbos siempre conducen a un destino. Las acciones siempre traen resultados. Así es la vida. Si salto de un precipicio de 15 metros, me voy a lastimar. Tal vez me muera. No me lastimé porque no le caía bien a mi maestra o porque mis padres querían hacerme la vida difícil. No, simplemente fue producto de la gravedad. Cuando salto, la gravedad me tira para abajo. La ley de la gravedad es una ecuación de la vida. Representa la relación entre la acción y el resultado.

La mejor manera de practicar esta filosofía de vida es establecer acuerdos. Los acuerdos les parecen un juego a los niños, y a los niños les gustan los juegos. Los adultos deben ser capaces de negociar con sus hijos acuerdos beneficiosos para ambas partes a fin de fomentar la buena conducta. Por lo general, los niños están dispuestos a cumplir acuerdos justos. La clave es que los padres deben estar dispuestos a ceñirse a los beneficios y las consecuencias que correspondan al cumplimiento o no de los acuerdos.

Jim Woodard es parte de nuestro equipo de *Growing Leaders*. Él nos contó cómo su madre crió a sus cinco hijos así. Esta era una de sus ecuaciones: "Si me interrumpes mientras estoy hablando por teléfono, colgaré el teléfono y tú tendrás que llamar nuevamente a esa persona para disculparte por haber interrumpido". Era una ecuación comprensible, y la transmitía con una sonrisa. Jim recordó que, en un par de ocasiones, había entrado de golpe a la casa y había interrumpido a su madre. Ella cortó su llamada y, fiel a su palabra, Jim tenía que volver a llamar a la persona y disculparse. Él sonreía cuando me decía: "No estoy seguro de si era más fácil volver a llamar cuando era una persona amiga o alguien que no conocía. De cualquier manera, dejé de interrumpirla cuando estaba hablando por teléfono".

Los beneficios y las consecuencias son diferentes a las recompensas y los castigos. Las consecuencias son los resultados naturales o acordados por hacer o no hacer algo. El propósito de las consecuencias es remediar los resultados negativos del comportamiento. Las consecuencias reposicionan la energía. Debemos admitir que el castigo crea una energía negativa. Las consecuencias podrían parecer lo mismo por fuera, pero traen una energía positiva para reparar o enmendar una situación negativa.

El castigo parece producir un retroceso. Las consecuencias producen un progreso. Recuerda las leyes de la física: cada acción tiene una reacción igual pero opuesta. Los beneficios y las consecuencias son simplemente parte de esa ecuación. Así es como funciona la vida para los niños y para los adultos.

Cómo comenzar la filosofía de vida "menos reglas, más ecuaciones"

Las ecuaciones ponen la pelota en el campo de juego de tus hijos. Tú dices: "Si alguien hace esto, sucederá aquello. Depende de ustedes. Ustedes deciden". Así es como hacíamos las cosas con mi esposa en nuestro hogar:

* Teníamos muy pocas reglas. Cultivamos una relación de confianza con nuestros hijos que redujo la necesidad de estas. Solo teníamos tres o cuatro reglas.

* Les comunicamos *varias* ecuaciones a nuestros hijos. Estas describían varias situaciones para que nuestros hijos siempre supieran el destino al que los llevaría el rumbo que tomaran.

* Cuando cualquiera de nuestros dos hijos debía pensar en algunas opciones, nos sentábamos a hablar de los resultados, le enseñábamos a pensar en los beneficios y las consecuencias.

* Cuando nuestros hijos tomaban una decisión, establecíamos acuerdos justos, incluso los resultados de cumplir o no cumplir tales acuerdos.

* Cuando cualquiera de nuestros dos hijos elegía un comportamiento, nos sentábamos a hablar de lo que había hecho y del resultado.

Por ejemplo, cuando nuestro hijo Jonathan cumplió 16 años, quería mudarse a Hollywood para seguir la carrera de representante y buscar algún trabajo como actor. Me senté con él y lo felicité por su ambición. Después tuvimos una conversación seria sobre el costo de semejante iniciativa, incluido el costo social, emocional, educativo y financiero. Económicamente, decidí que dividiría el costo con él. Para pagar la mitad de las cuentas, él trabajaría cuando estuviera allí o cuando regresara a casa. A los 20 años terminó de hacer su último pago. Él no está enojado conmigo por los pagos; está entusiasmado por lo que resultó de esa aventura. Recibió una clara dirección para su futuro. Su sentido de merecimiento es bajo, su ambición está creciendo y está feliz con su vida. ¿Por qué? Porque entendió la ecuación al aplicarla. Esta es la única manera de preparar a nuestros hijos para la vida que les espera como adultos. Cuanto más consideras las consecuencias futuras, mejor será la decisión que tomes como padre. ¿Y tú? ¿Qué reglas podrías transformar en ecuaciones para tus hijos?

Beneficios a corto plazo traen a menudo consecuencias a largo plazo.

Consecuencias a corto plazo traen a menudo beneficios a largo plazo.

Sandra y Julián tienen tres hijos. La mayor es una hija con necesidades especiales que requiere mucho tiempo y energía de parte de Sandra. Su hija menor, Brenda, tiene 14 años. Un día, Brenda llamó a su madre para decirle que se había olvidado de pedirle que le firmara una nota de permiso. Sandra escuchó a su hija comprensivamente cuando le habló de las consecuencias de no tener firmada la nota de permiso. El castigo era correr varias vueltas alrededor del gimnasio. Brenda lloraba y le rogaba a su madre que le llevara la nota firmada.

La respuesta de Sandra podría parecerte cruel. "Brenda, querida, me siento muy mal de que te hayas olvidado de llevar la nota. Lo lamento mucho. Sé que es vergonzoso para ti tener que correr esas vueltas, pero correr te hará bien y te apuesto a que nunca te volverás a olvidar de llevar la nota de permiso firmada. Ahora estoy ocupada y no puedo llevártela".

Esto fue duro para Sandra porque ella ama a su hija. Conducir cinco minutos hasta la escuela hubiera sido más fácil que decirle eso. Pero Sandra cumple su rol de madre con una perspectiva a largo plazo, no a corto plazo. Y está viendo los resultados. Brenda es una adolescente productiva que trabaja mucho en casa, hace servicio comunitario para su escuela y colabora en viajes misioneros a otros países con dinero que ella misma recauda. Brenda va camino de ser una adulta feliz y saludable.

Les mentimos sobre su potencial y no analizamos su verdadero potencial

Conozco a una joven que ha experimentado lo que los terapeutas llaman la crisis del primer cuarto de vida. Sí, leíste bien. No la crisis de la mediana edad, sino la crisis del primer cuarto de vida. Tiene veinticinco años y está acudiendo a un consejero para la depresión y desilusión. Cuando hablé con ella, se expresaba con claridad. Me dijo que toda su vida le habían dicho que era excelente. Su madre le manifestaba que era brillante a cada momento en el campo de fútbol, en los recitales de piano, en el salón de clases y en la pista de gimnasia artística. Eva se refería a sí misma como una "sabionda" y reconocía que se sentía bien cuando los adultos elogiaban su potencial. El problema fue que después de la escuela secundaria ingresó a la Universidad Tecnológica de Georgia y enseguida conoció a miles de otros sabiondos. Estos eran tan dotados y talentosos como ella. De repente, su mundo se derrumbó. Atravesó vacilante sus años en la universidad y luego buscó empleo. Le tomó dos años iniciar genuinamente su carrera laboral, y después se encontró en la misma situación. Estaba rodeada de sabiondos, igual que en la universidad. ¿De dónde habían salido esas personas? ¿Cómo podían tantas personas dotadas confluir en un mismo lugar?

Entonces, Eva decidió hacer una pausa en su empleo tradicional para tratar de convertirse en cantante y música. Después de todo, su madre le había dicho que era maravillosa en el piano y que cantaba como los ángeles.

Probablemente adivinas lo que sucedió. Eva pronto descubrió a decenas de miles de colegas en la misma posición. En las audiciones, junto a muchos de sus colegas, vio claramente que era mediocre, en el mejor de los casos. Eva no era mala cantante, pero no era alguien que pudiera hacer una carrera en el mundo del espectáculo. Mmm… ¿de dónde salieron todas esas personas talentosas? La respuesta es "de todos lados". De hecho, ya conoces esta historia. Con cada nueva etapa de *American Idol*, vemos cómo cientos o miles de jóvenes en busca de la fama se paran frente a un panel de jueces y tratan de interpretar una canción. Es entretenido. A veces cómico. Al escuchar algunas de las audiciones, quisieras preguntarles: "¿Quiénes son tus amigos?".

Muchos de esos jóvenes cantantes están allí porque sus padres y amigos les han mentido. Les dijeron que debían estar en el escenario cantando frente a millones de personas, y se lo creyeron. De hecho, hoy día esto prolifera cada vez más. En una encuesta de ámbito nacional, se les preguntó a estudiantes universitarios: "¿Cuál es tu meta después de terminar la universidad?". Las dos respuestas más populares fueron hacerse ricos y ser famosos.

Lamentablemente, este es un sueño imposible para la mayoría. No estoy diciendo que tener grandes sueños sea malo. Me encanta ver a los jóvenes soñar a lo grande. Solo quiero que esos muchachos ajusten sus sueños con sus verdaderos talentos, no con la fama y la gloria.

¿Cómo se pueden dejar engañar tanto los adolescentes de hoy? Solo piensa en su mundo. Crecieron con adultos que reafirmaban cada cosa que hacían al decirles…

- "¡Buen trabajo!" cuando hacían algo sin ningún esfuerzo.
- "¡Eres el mejor!" cuando hacían solo lo que se esperaba que hicieran.
- "¡Qué inteligente eres!" cuando sacaban una nota normal.
- "¡Qué brillante es mi niño!" cuando simplemente cumplían con su deber.
- "¡Qué talentoso eres!" cuando eran buenos por la edad, pero no geniales.

Lo sé, lo sé… es probable que estés pensando: "¿Cuál es el problema? No tiene nada de malo elogiar a nuestros hijos de esta manera. Yo quiero que se sientan seguros de sí mismos y amados. Y les digo estas cosas porque estoy muy orgulloso de ellos. ¿Acaso no es normal?".

Tal vez sea normal, pero es confuso para nuestros hijos. Estudios actuales revelan que cuando los elogios de los adultos son desmedidos, cuando el reconocimiento es exagerado y no guarda relación con la realidad, terminan por tener realmente un efecto perjudicial. David Seamands escribió: "Los niños son los mejores grabadores, pero los peores intérpretes". Eva y sus sesiones de consejería no son un caso aislado. Cientos de miles de personas como Eva se están haciendo tratar por terapeutas, porque aceptaron las mentiras que los adultos les dijeron cuando eran niños. No solo es lamentable, sino innecesario. Les mentimos sin darnos cuenta.

Mi amigo Gred Doss es un educador. Recientemente me habló de Ana, una estudiante de escuela secundaria que es una de las mejores cinco alumnas de su clase. Ella siempre quería saber quiénes estaban más avanzados que ella y cómo era posible que cursaran más clases avanzadas que ella. No me sorprendió saber que Ana nunca tuvo una nota menor que 10. Y, si alguna vez la tuvo, se acercaba a su maestra y le pedía permiso para volver a realizar la tarea. Siempre le dio buen resultado. Ana ganó premios y asistió al programa de honor del gobernador de su estado. Su promedio general era cada vez más alto. Ana le dijo a Greg que si alguna vez llegaba a sacar un 8 en un proyecto, sería terrible para ella.

Después de la graduación, Ana se dio cuenta de inmediato que la educación postsecundaria era una historia completamente diferente. Después de recibir una de sus tareas corregidas, descubrió que no la había aprobado. Estaba consternada. Seguramente debía haber algún malentendido. Ana esperó hasta después de la clase para acercarse al profesor y negociar. Educadamente, le pidió si podía volver a hacer la tarea. La respuesta del profesor fue directa: "Aquí estamos en la universidad, no en la escuela secundaria. No hay segundas oportunidades. Este es el mundo real".

Cuando Ana habló con mi amigo Greg, estaba destrozada. Su consternación se convirtió en desconsuelo y luego en enojo. Pero su enojo no estaba dirigido al profesor de la universidad. Ella le dijo a Greg que estaba enojada con la cultura de su escuela secundaria. "Los maestros nos permitían volver a hacer las tareas hasta que sacáramos la nota que queríamos".

Por primera vez en su vida tuvo que adaptarse al sistema en vez de manipular al sistema hasta que se adaptara a ella. El primer año de Ana fue difícil, y sacó su primer 8.

Al igual que muchos otros adolescentes, Ana sintió que le habían mentido.

¿Por qué lo hacemos?

Puede que estés pensando: "¿Mentir? ¿Yo? Yo nunca les mentiría a mis hijos o a mis estudiantes o a mis empleados jóvenes. Yo soy una persona sincera".

¿En serio? Cada vez les mentimos más a nuestros hijos. Y esto se debe a una variedad de razones:

* *Somos inseguros.* Decir la verdad, incluso de buena manera, requiere un nivel profundo de seguridad emocional. Cuando le decimos la verdad a un niño, puede que nos rechace o que no le caigamos tan bien como para confiar en nosotros. No podemos permitir que nuestra necesidad de caerles bien eclipse nuestra búsqueda del bien de nuestros hijos.

* *Decir la verdad toma tiempo y trabajo.* Podría haber solo una verdad, pero muchas maneras de decirla. A veces mentimos para salir de apuros. No podemos manejar las complicaciones. A veces mentimos simplemente para no complicar las cosas.

* *La verdad puede ser dolorosa.* La verdad puede lastimar y ser mucho más dolorosa que una mentira agradable, al menos a corto plazo. Para la mayoría de nosotros, el dolor parece ser un enemigo. En nombre de la paz y la armonía, nos convertimos en charlatanes. Queremos que nuestros hijos sean tan felices, que sacrificamos la verdad por un alivio temporal del dolor.

* *Enfrentar la verdad nos hace responsables.* Las mentiras a veces nos sacan de apuros. Nos permiten echar la culpa a otros o nos ayudan a no enfrentar algo que preferiríamos no conocer. A menudo preferimos cambiar los beneficios a largo plazo por los beneficios a corto plazo.

* *Nosotros mismos hemos perdido de vista la verdad.* Los de la Generación X, quienes nacimos después de la Segunda Guerra Mundial y estamos formando a la próxima generación,

tenemos nuestro propio conjunto de ideas falsas que pueden afectar nuestra habilidad de ser veraces. A veces mentimos, porque en realidad creemos lo que decimos.

El problema con la distorsión

Reconozco que probablemente debería usar un eufemismo para la palabra mentira. Suena muy mal, muy duro. En vez de usar la palabra *mentira*, podríamos simplemente decir *distorsión de la verdad*. Queremos presentar la realidad a nuestros hijos de manera delicada, por eso nos guardamos parte de la verdad. Independientemente de cómo lo llamemos, cuando mentimos, estamos causando problemas a largo plazo. Cuando mentimos o distorsionamos algunas cosas, nuestros hijos terminarán por desilusionarse de los sueños que les hemos ayudado a crear; sueños que no son congruentes con sus talentos. Considera cómo conduce esto a conclusiones equivocadas:

- Cuando les decimos que son inteligentes, ellos suponen que la escuela no les debería requerir mucho esfuerzo.

- Cuando sugerimos que son extraordinarios, se preguntan por qué los demás no los admiran y quieren estar con ellos.

- Cuando les decimos que son talentosos, se confunden al ver que las personas no pagarían grandes sumas de dinero por su talento.

- Cuando les decimos que son brillantes en su deporte, no entienden por qué el club de exploradores no los recluta.

En realidad hemos desarrollado un sistema que automáticamente les envía señales confusas a los niños a medida que crecen. Los padres conducen vehículos con etiquetas en el parachoques que dicen: "Mi hijo es magnífico"; "Mi hijo es el mejor estudiante del mes"; "Mi hijo está en el cuadro de honor". Incluso vi una etiqueta que decía: "Mi hijo es mejor que el tuyo". El mensaje sutil que enviamos a nuestros hijos es: "Tú eres excelente. Solo sé bueno. No traspases los límites y serás recompensado". Después los colocamos en instituciones industrializadas que refuerzan la falsa ilusión de que podrán cumplir sus sueños si simplemente siguen las reglas, evitan problemas, obtienen calificaciones aceptables en la escuela y siguen el consejo del orientador vocacional.

Pues no. Las cosas no funcionan así. El *New York Times* citó a la editora literaria Rebecca Chapman, quien dijo: "Toda mi vida hice todo lo que me decían. Fui a la universidad indicada. Tuve muy buenas notas. Conseguí hacer prácticas en varias empresas. Y después no pude hacer nada".[1]

Ella había creído la hipótesis de que si simplemente hacía lo que el sistema le decía que hiciera, todo saldría bien. Eso no necesariamente es verdad. Desde luego, no es ninguna garantía; no en esta economía. Y nuestros hijos, aquellos que tanto amamos, merecen saber la verdad.

Hace cincuenta años la vida era más predecible. Estos eran los diez principales empleadores de los Estados Unidos:

General Motors	Esso
Sears	General Electric
AT&T	Bethlehem Steel
A&P	US Steel
Ford	IT&T

Estos son los diez principales empleadores hoy:

Walmart	Yum! (Taco Bell, KFC…)
Kelly Services	Target
IBM	Kroger
UPS	HP
McDonalds	The Home Depot

De estas diez compañías, solo dos ofrecen una trayectoria similar a la que la amplia mayoría de compañías ofrecían en 1960. De hecho, no creo que siga habiendo solo una trayectoria. La mayoría de nuestros hijos no trabajará para una compañía gigante en la fabricación de sus productos. Ni lo quieren. La mayoría de nuestros hijos tendrán trabajos que ni siquiera existen actualmente. Es probable que estos trabajos impliquen riesgos, incertidumbre, fe, iniciativa, creatividad y mucho esfuerzo.

Y contrario a la niñez, es probable que no haya garantías. Seth Godin visualiza el futuro que les espera a nuestros hijos:

---

1. Cited in Alex Williams, "The Literary Cubs", *New York Times*, 30 de noviembre de 2011, www.nytimes.com/2011/12/01/fashion/new-yorks-literary-cubs.html?pagewanted=all.

¿Qué sucede cuando hay cincuenta compañías como Apple? ¿Qué sucede cuando hay una explosión en la cantidad de nuevas tecnologías de energía, nuevos mecanismos de comunicación, nuevos tratamientos médicos? Los buenos trabajos del futuro no serán en la línea de producción de una compañía gigante. Todos buscan individuos dispuestos a trazar su propia trayectoria, ya sea que trabajen para otros o no.[2]

En mi libro *Generation iY: Our Last Chance to Save Their Future*, menciono algunas mentiras que la mayoría de los padres transmite a sus hijos. Esta es una de las más populares: "Tú puedes ser lo que quieras ser". Sé por qué decimos esto, pero, a medida que nuestros hijos crecen, debemos ayudarles a entender lo que realmente queremos decir. No pueden tomar literalmente esa frase. A menos que tengan una predisposición para los deportes, nunca jugarán en la tercera base de los Red Sox de Boston. A menos que tengan una voz prodigiosa, nunca llegarán a ser el próximo American Idol. En el mejor de los casos, esa frase es verdad a medias. Lo que realmente queremos decir es que pueden lograr todo aquello que se propongan. La clave es que tiene que ser algo que esté en el ámbito de sus talentos. No pueden inventar un sueño o copiar el sueño de un amigo y decir que es su sueño. Los sueños deberían guardar relación con sus fortalezas. Insisto en que debemos decirles la verdad a nuestros hijos.

───────────── EL PRINCIPIO ─────────────

Cuando distorsionamos la verdad con respecto al potencial de nuestros hijos, sus sueños no guardarán ninguna relación con sus talentos y, por ende, se desilusionarán.

Echemos un vistazo a las cifras y veamos cómo nuestras distorsiones han perjudicado a nuestros hijos.

Depresión y ansiedad

Vivimos en tiempos complejos. Al trabajar año tras año con miles de padres y profesores, cada vez estoy más convencido de que los adultos

───────────────

2. Seth Godin, sethgodin.typepad.com/files/stop-stealing-dreams6print.pdf.

diligentes de hoy participan más de la vida de sus hijos que en cualquier otro tiempo desde que empecé mi carrera en 1979. Sin embargo, simultáneamente estoy observando una población de niños más atormentados, especialmente cuando llegan a la adolescencia. En principio, no parece tener sentido. ¿Cómo puede esta generación de niños que recibió tanta atención de sus padres experimentar semejantes problemas emocionales?

Cuando los padres forman a sus hijos basándose en grandes dosis de reconocimiento, inicialmente crean un entorno positivo para ellos. Todo es felicidad y mimos. Cuando los niños crecen, la realidad los golpea. Se dan cuenta de que mamá es la única que les dice que son extraordinarios. Cuando lleguen a la escuela secundaria, aflora la ansiedad en millones de ellos. Tienen un teléfono celular, una computadora portátil, una página de Facebook y una cuenta de Twitter, pero están solos y deprimidos. Se preguntan qué les dijeron y quiénes son realmente. Los hubiéramos ayudado mucho más si les hubiéramos dicho la verdad cuando eran niños.

Expectativas irreales e inalcanzables

Tanto padres como maestros les mienten a los niños sin saberlo. Los padres podrían mentir para fortalecer la autoestima de los hijos. El problema es que después de décadas de accionar a favor de la autoestima, hemos reconocido que los elogios exagerados no desarrollan la autoestima. La adulación cultiva el narcisismo. Los niños se vuelven egocéntricos. Al principio de este capítulo, conocimos a una joven que experimentó la crisis del primer cuarto de vida. En 2001, Alexandra Robbins y Abby Wilner, en su libro *Quarterlife Crisis*, describieron el número creciente de jóvenes que, a sus 25 años, se estaban hundiendo en una grave depresión por no haber logrado ganar su primer millón de dólares, encontrar a la pareja perfecta para casarse o conseguir el empleo perfecto. Desde luego que nosotros les decimos: "¡Apenas tienes 25 años!". Pero ya les habíamos dado expectativas bastante irreales al decirles que rápida y fácilmente llegarían a ser superestrellas. Los hemos perjudicado. En el capítulo 3 vimos un término que los terapeutas usan actualmente en el diagnóstico de muchos adolescentes: "Alta arrogancia, baja autoestima". Es un lamentable estado de engreimiento innecesario debido a que les han dicho que son geniales, pero, en lo profundo de su ser, sospechan que no es verdad.

Estar sin rumbo en vez de trabajar

Cuando los jóvenes no saben la verdad con respecto a su potencial, se gradúan de la escuela secundaria o la universidad sin tener idea de qué quieren hacer. Entonces, como hemos visto, muchos de ellos siguen viviendo en casa de sus padres. En una etapa en la que deberían iniciar su carrera laboral, se desalientan. En vez de empezar a trabajar, están desorientados, sin rumbo.

Hoy día los padres, en su gran mayoría, creen que sus hijos deberían ir a la universidad. Pero, según la opinión de profesores de enseñanza superior, más de la mitad no debería hacerlo. Sin lugar a dudas, todos los graduados de las escuelas secundarias necesitan prepararse para su carrera laboral; pero, para muchos, un título universitario en Humanidades no es la preparación que necesitan. Edward Gordon, un reconocido experto internacional en la reforma educativa y el futuro del mercado laboral, lo explica claramente:

> Muchos economistas creen que el 70% de los buenos empleos en la economía estadounidense presentes y futuros no requerirán un título universitario de cuatro años, sino alguna forma de capacitación adicional y educativa, tal como un título de ciclo básico universitario o un certificado de capacitación técnica.[3]

Para ser franco, el trabajo es el mayor confesor de la verdad. El empleo nos da una respuesta veraz sobre nuestro carácter, nuestra ética laboral, nuestra disposición a servir, nuestras pasiones y nuestra capacidad de controlar nuestras actitudes. El trabajo es como un espejo que refleja todas nuestras cualidades y defectos. Por eso, a menudo les digo a los jóvenes que no importa si empiezan en la posición más baja de la carrera laboral, mientras sea la carrera correcta. El trabajo lleva la teoría a la práctica. Hace maravillas en el proceso de maduración.

Si no somos veraces sobre el potencial de nuestros hijos, crearemos expectativas que serán demasiado altas o demasiado bajas. Insisto en que estoy a favor de que nuestros hijos tengan grandes sueños; pero siempre y cuando guarde relación con sus talentos y no sea con el propósito de

---

3. Edward E. Gordon, "Help Wanted: Creating Tomorrow's Workforce," *Futurist 34* (julio-agosto 2000), n.º 4.

hacerse rico o famoso. Estas cosas son el resultado de hacer bien las cosas. Lamentablemente muchos estudiantes de 18 años están mal encauzados o desplazados. Numerosas universidades reportan que, en realidad, solo se gradúa el 18% de los estudiantes que ingresan a la universidad. A menudo es una pérdida de tiempo y dinero innecesaria.

Desearían ser otra persona

Cuando distorsionamos la verdad sobre el potencial de nuestros hijos, pueden perder el rumbo. Al no saber claramente quiénes son, se distraen y empiezan a copiar a otros. Podrían analizar posibilidades futuras, pero dejan de lado sus talentos y su identidad para tratar de ser otra persona. ¿Has notado esta tendencia en nuestra cultura, especialmente en los últimos diez años? Cada año salen películas que ilustran la obsesión de alguien por ser otra persona, como en el caso de *The Bling Ring* [conocida en español como "Ladrones de la fama"], que cuenta una historia de 2013 sobre nuestra obsesión cada vez mayor con las celebridades y sus vidas escandalosas.

Irónicamente, esta obsesión nubla la visión de los jóvenes. En vez de cultivar la ambición, la apaga. Recientemente, se les preguntó a estudiantes de escuela secundaria: "¿Qué te gustaría llegar a ser en tu carrera laboral?". Las principales respuestas podrían sorprenderte.

director de una gran compañía (9,5%)
miembro de una fuerza especial de la Armada de los Estados
Unidos (9,8%)
senador de los Estados Unidos (13,6%)
asistente personal de una celebridad famosa (43,4%)

Ser asistente de una celebridad superó a todas las respuestas ¡por amplio margen! Los jóvenes no quieren la presión de ser el artista; solo quieren estar cerca de alguien que viva ese estilo de vida de cuento de hadas.

Videojuegos en línea como *Second Life* siguen atrayendo la atención entre los jóvenes. Estos juegos permiten a los usuarios suponer que son otra persona y vivir una vida distinta en otra casa con otros autos y otras posesiones. Viven la vida de otros a través de un avatar. El juego atrapa a los jóvenes en su interés de querer ser otra persona, ser una estrella.

Ninguna de estas realidades es mortificante. Pero ilustra el interés cada vez mayor de esta generación por la fama, por ser otra persona, por ser alguien que parezca tener una vida mejor. No estoy seguro de si esta obsesión cada vez mayor es el resultado de jóvenes con acceso excesivo a las páginas de Facebook, Instagrams y Tweets de otras personas y de envidiar su estilo de vida. Sea como sea, los jóvenes parecen creer que su vida es aburrida cuando la comparan con la de otros.

¿Qué es lo malo de esta realidad? Es una ironía, pero en una época de egocentrismo cada vez mayor, estos jóvenes no están contentos con su propia vida. No es tan deslumbrante. Muchos aceptaron la idea de que todo lo aburrido es malo. La rutina es proletaria. Quieren que su vida brille. Creo que la vida de todos puede brillar suficientemente *sin ser famosos* si deciden invertir bien su tiempo y energía. Pero tenemos que ayudar a nuestros hijos a cambiar su enfoque y ver quiénes son realmente y qué talentos tienen para ofrecer al mundo que los rodea.

Analiza su verdadero potencial: Tu lista de cosas para hacer

Desde luego que tus hijos podrían ser muy talentosos. Tal vez deberían tratar de cumplir un llamado extraordinario en la vida. Solo estoy tratando de que no pierdan el rumbo de su vida a causa de la idea que tú o algún amigo tengan con respecto a quiénes son y qué deberían hacer. Están llenos del potencial de servir a los demás y resolver problemas. Eso es lo que hacen los líderes. Y a nosotros nos corresponde ayudarles a prepararse para estar listos para ese llamado. El futuro espera por ellos.

Casi cada vez que hago una conferencia para padres, la gente me pregunta cuáles son las cosas más importantes que hemos hecho para que nuestros hijos estén preparados para enfrentar la vida. No pretendo ser un experto en crianza de los hijos, pero esta es mi respuesta a dicha pregunta:

Me enfoqué en los siguientes mensajes los primeros cinco años de su vida y los últimos cinco años que vivieron en casa.

Como mencioné en el capítulo 3, creo que las cosas que los padres comunican los primeros cinco años de la vida de sus hijos y los últimos cinco años que viven con ellos en el hogar son de primordial importancia. Vale la pena repasarlas aquí.

Con la comunicación no me refiero a meras palabras. Me refiero a los mensajes que enviamos por medio de nuestra vida, nuestras conversaciones, nuestro tiempo, nuestras relaciones y nuestras prioridades. Los primeros cinco años deben recibir estos mensajes:

Te amamos.

Con nosotros estás seguro.

Eres valioso.

Eres especialmente talentoso.

Te apoyamos

Una vez que los niños están seguros de estos mensajes, tienen la libertad de correr riesgos y averiguar para qué fueron destinados: sus fortalezas, sus pasiones y el contexto que incentiva su imaginación. Firmes sobre este fundamento, pueden hacer frente a los mensajes más provocativos de los adolescentes. Creo que los cinco años antes de que se marchen del hogar, los mensajes de los padres deben cambiar:

La vida es difícil.

Tú no tienes el control de tu vida.

No eres tan importante.

La vida no se trata solo de ti.

Un día morirás y dejarás un legado.

Los expuse a personas que les ayudaron a descubrir sus fortalezas.

En la crianza de nuestros hijos, mi esposa y yo nos dedicamos a presentarles importantes líderes con carreras laborales que concordaban con los intereses de nuestros hijos. Tanto Bethany como Jonathan conocieron actores, ejecutivos comerciales, madres, artistas, escritores, pastores y consejeros que los orientaron sabiamente para que pudieran descubrir sus propios dones. Eso fue inmensamente útil. Desarrolló su autoestima y evitó que se desviaran del camino correcto. Nuestros hijos asistían a almuerzos con adultos, viajaban para conocer y entrevistar a líderes para que pudieran mostrarles el camino a seguir. Tanto nuestra hija como nuestro hijo tuvieron muchas de estas experiencias antes de ir a la universidad. Dedicar tiempo después de la escuela secundaria para

trabajar y explorar sus talentos y valores los ayudó a estar mejor preparados para proseguir con una educación superior. Ellos tenían una ventaja sobre sus compañeros. Sabían quiénes eran.

Organicé una ceremonia de iniciación para ellos.
Probablemente, la mejor decisión que tomé como padre fue hacer
una ceremonia de transición de una etapa de la vida a otra cuando cumplieron 13 años. Tanto Bethany como Jonathan experimentaron un proceso de un año en el que se reunieron con consejeros clave y aprendieron
principios de vida en puntos que afirmaron su identidad y los prepararon para la transición de la niñez a la adultez.
Bethany conoció a seis mujeres maravillosas (a quienes ella ayudó
a elegir). Su "corazón se llenó de sabiduría" mientras las acompa-
ñaba a su lugar de trabajo, su hogar y su lugar de servicio comunitario. Jonathan y yo nos reunimos con hombres de varios trasfondos
que le brindaron experiencias sobre lo que significaba convertirse en
un hombre. Al final del año, mis dos hijos participaron de una actividad donde los mentores que habían conocido les dieron palabras de
reconocimiento y exhortación, y celebraron su entrada a la madurez
como hombre y como mujer respectivamente. Fue de mucho beneficio. (Resumo los detalles en mi libro *Generation iY: Our Last Chance
to Save Their Future*).

Los animé a tomarse un "año sabático".
Mis dos hijos tomaron un "año sabático" cuando terminaron la
escuela secundaria y antes de entrar a la universidad. No lo hicieron
porque no se sentían preparados para una educación superior. Lo hicieron para adquirir experiencia que no tendrían en la universidad. Los años
sabáticos son populares en Europa y se están volviendo cada vez más
populares en los Estados Unidos. Mis hijos adolescentes pasaron el año
trabajando para *Growing Leaders*, la organización sin fines de lucro que
dirijo. Lo hicieron porque sabían que un año de trabajo, viajes, conocer personas nuevas y explorar el mundo real los prepararía para invertir
su tiempo y mi dinero sabiamente una vez que entraran a la universidad. Tanto Bethany como Jonathan maduraron muchísimo durante ese
período de doce meses y empezaron la universidad preparados para la
rigurosidad de los estudios.

Seis ambiciones para cultivar en tus hijos

Para cerrar este capítulo, déjame sugerir seis ambiciones que he tratado de cultivar en mis hijos a través de los años. Estos podrían ser buenos objetivos para tus hijos también. A cada una le sigue un dicho popular.

Conócete a ti mismo.

Nada es más lamentable que ver adultos que aún no descubrieron quiénes son. Debemos exponer a nuestros hijos a entornos donde puedan experimentar quiénes son realmente en su interior. ¿Qué disfrutan haciendo? ¿Cuándo se sienten cómodos? ¿Dónde triunfan y realizan su mayor contribución?

"Nuestros peores pecados surgen del temor innato de ser un don nadie".

Desarrolla tu don.

A menudo las personas pierden la mayor parte del tiempo en trabajar con sus debilidades y poco tiempo en agudizar sus fortalezas. El problema es que una debilidad no crecerá más de lo normal. Cada niño tiene un don motivacional primario. Debemos ayudarles a encontrar su don "eje" alrededor del cual girarán sus otros dones.

"Todos deben descubrir sus fortalezas: sus talentos naturales, sus dones espirituales y habilidades adquiridas".

Valora a las personas.

En el proceso, los hijos deben descubrir que las personas no son medios para llegar a un fin: sino el fin mismo. Enriquecer la vida de las personas y darles prioridad por encima de los proyectos o las posesiones es una señal de madurez. A menudo los adolescentes valoran la popularidad o el placer. Debemos ayudarles a ver la importancia de servir a las personas.

"El verdadero éxito está en servir a los demás".

Descubre cuál es tu pasión.

Debemos ayudar a nuestros hijos a identificar aquello que enciende el fuego en ellos, aquello que los motiva más que cualquier otra cosa. Todos han sido creados al menos con una pasión. Algunos tienen más de una. Debemos avivar su pasión para que sea una llama productiva. Lamentablemente, muchos nunca descubren su pasión. "Busca un trabajo que te apasione y nunca volverás a trabajar en tu vida".

Aprende a perseverar.

Hoy día los niños tienen muy bajo nivel de atención. Tienen el "reflejo Google" y se rinden cuando las cosas no funcionan rápidamente. Observa detenidamente y descubrirás que a menudo se enferman mentalmente. Podríamos llamarlo *excusitis*. Debemos evitar que den excusas y mostrarles la importancia de perseverar hasta cumplir con los compromisos.

"Se requiere de veinte años para ser un éxito de la noche a la mañana".

Busca la excelencia.

Es muy fácil para la juventud tener una mentalidad de "bastante bien". Los buenos líderes son aquellos que les presentan la opción de la excelencia. Los niños y adolescentes, en su mayoría, no buscan la excelencia por sí solos. Debemos ayudarles a elevar el nivel al menos en un área de sus vidas y a experimentar con la excelencia.

"Cuando buscamos la excelencia, todos los demás recursos se unen a esa búsqueda".

No estoy sugiriendo que empujes a tus hijos a una trampa de rendimiento. Obviamente necesitamos comunicarles que son valiosos y que los amamos solo por quiénes son. Pero me preocupa que no estemos tan resueltos a equilibrar nuestro amor con nuestro reto a que se perfeccionen y se constituyan en una versión mejor de ellos mismos.

Hace poco leí la historia de una estudiante china que me conmovió profundamente. De hecho, cuando leí sobre la actitud de esta joven china, me di cuenta de que era el verdadero ejemplo de lo que sería buscar el potencial de cada uno. Es la historia de una muchacha con una discapacidad grave que se negó a dar excusas para no crecer y aprender. Llegó a ser un ejemplo para toda la ciudad de Hong Kong y toda China.

Tsang Tsz-Kwan es ciega, con una grave sordera y una limitada sensibilidad en sus dedos. Sus padres han tratado de mostrarle amor incondicional sin dejar de impulsarla a no conformarse con nada menos de lo que es capaz de hacer, a pesar de sus múltiples incapacidades. Sus padres sabían que ella tenía potencial. Cuando trataba de usar sus dedos para leer con el sistema braille, no podía comprender las letras. Sin embargo, en vez de abandonar la idea de leer, la muchacha de 20 años aprendió a leer en braille *con sus labios*.[4] Leíste bien. Ahora es una ávida lectora y estudiante. La historia no termina allí. La CNN reportó que ha alcanzado un gran éxito: Tsang logró estar entre el 5% de estudiantes con mejores calificaciones en todos los exámenes de ingreso a la universidad de Hong Kong. Debido a sus discapacidades, podría haber optado por no hacer los exámenes, según el *Morning Post* de China del Sur. Pero ella decidió que no era una opción y que no daría ninguna excusa:

"Tengo que aceptar que estoy en desventaja… decidí enfrentar el reto cualquiera que fuera el resultado —dijo al periódico—. Pienso que lo más importante es el valor de enfrentar el reto… Las inconveniencias y las limitaciones que [mis discapacidades] traen me seguirán durante toda la vida… y debo tener el valor de enfrentar la realidad… voy a atesorar lo que todavía tengo".[5]

Entonces, ¿cuál es nuestra excusa para no alcanzar nuestro potencial? ¿Cuál es la excusa de nuestros hijos para no alcanzar su potencial?

4. Alexis Lai, "Blind Student Learns to Read Braille with Lips", *CNN News*, 17 de julio de 2013, http://www.cnn.com/2013/07/17/world/asia/hong-kong-blind-student-braille-lips/index.html.

5. "Tsang Tsz-Kwan, Blind Student with Limited Finger Sensitivity, Reads Braille with Her Lips, and Kicks Academic Butt", *The Huffington Post*, 18 de julio de 2013, www.huffingtonpost.com/2013/07/18/tsan-tsz-kwan-blind-student-reads-braille-with-lips_n_3619430.html.

Queremos evitar que tengan que luchar o pelear

El *New York Post* se ha hecho famoso por exponer los hábitos de crianza más extraños de nuestra nación. En 2013 informó que los padres pudientes estaban gastando sumas exageradas de dinero y les estaban dando a sus hijos una lección totalmente equivocada. Algunos de los ejemplos se trataban de verdaderos lujos.

Por ejemplo, varias madres han descubierto la manera de evadir las largas filas en Walt Disney World. Con todo descaro, contratan a personas discapacitadas para que finjan ser parte de la familia para poder pasar al frente de la fila sin tener que esperar. Los guías de Disney "en el mercado negro" cuestan $ 130 por hora o $ 1.040 por todo un día. Después de todo, ningún niño debería sufrir la molestia de hacer una larga fila.[1]

Otros padres (con el mismo poder adquisitivo, estoy seguro) están contratando "expertos en recreación" por $400 la hora para enseñar a preescolares a jugar con amigos. ¡Increíble! Cuando era niño, tenía que aprender todo eso solo. Como informa Tara Palmeri: "Los padres toman muy en serio la recreación de sus hijos pequeños, porque se los juzgará con base en la capacidad de jugar con otros niños cuando soliciten el ingreso a las escuelas más prestigiosas".[2]

Aún otros padres contratan "auxiliares para niños" cuando están demasiado ocupados para hacer cosas por sus propios hijos. Estos auxi-

---

1. Tara Palmeri, "Rich Manhattan Moms Hire Handicapped Tour Guides so Kids Can Cut Lines at Disney World", *New York Post*, 14 de mayo de 2013, nypost.com/2013/05/14/rich-manhattan-moms-hire-handicapped-tour-guides-so-kids-can-cut-lines-at-disney-world/.
2. Tara Palmeri, "Rich Parents Hire Play-Date Consultants to Help Kids Play Better for Private-School Admissions", *New York Post*, 19 de julio de 2013, nypost.com/2013/07/19/rich-parents-hire-play-date-consultants-to-help-kids-play-better-for-private-school-admissions/.

liares hacen todo tipo de mandados, desde ir a buscar las mochilas que se olvidaron en la escuela hasta devolver la ropa que no les quedó bien al centro comercial. Nuestros bisabuelos se retorcerían en sus tumbas si escucharan esto.

Sobreprotección

Me imagino que estos relatos te habrán hecho reír. Para la mayoría de nosotros, estos casos son inconcebibles. Pero puede que nuestra vida no sea tan diferente. Puede que no tengamos un auxiliar para niños, un experto en recreación o un guía discapacitado, pero hoy día a menudo sobreprotegemos a nuestros hijos. Los expertos lo llaman *sobreprotección*.

Sobreproteger a nuestros hijos simplemente significa hacer demasiado por ellos, entrometernos y eliminar las dificultades comunes que podrían enfrentar en la vida diaria. Nos entrometemos en la vida diaria de nuestros hijos, porque sabemos que están sujetos a demasiado estrés frente a una semana sobrecargada de clases y actividades. Detestamos ver cómo luchan y se frustran. Sentimos que si tan solo los ayudamos un poco, podemos aliviar su estrés. ¿No es eso lo que hacen los buenos padres?

Hemos visto que los padres estadounidenses ven el dolor como algo negativo. Lo mismo sucede con las dificultades. Hemos creado un mundo de conveniencias, lleno de teléfonos inteligentes, horno microondas, compras por Internet y actividades bancarias en línea. El mensaje sutil es el de evitar las dificultades. Queremos que todo sea lo más cómodo posible. De hecho, sentimos que nos merecemos eso.

Pero no vemos que cuando eliminamos las dificultades de la vida de nuestros hijos, empezamos a convertirlos en incapaces. No tienen la oportunidad de desarrollar las habilidades que necesitarán más adelante en la vida. Además, cuando nos metemos a manipular el nivel de sus dificultades, no dejamos que aprendan a tener el control o el dominio de las cosas. De hecho, todo lo que aprenden es a ser dominados. Mmm… no creo que queramos que eso sea todo lo que nuestros hijos sepan cuando sean adultos.

Cuando los alejamos de las dificultades, en realidad les hacemos más daño del que le provocarían las dificultades. Los niños pierden la oportunidad de desarrollar resiliencia, creatividad y capacidad para la resolución de problemas. En realidad estamos acostumbrándolos a necesitar ayuda para todo. Antes de analizar la investigación realizada al respecto, veamos cómo funciona esto en los juegos y los juguetes que usan nuestros hijos.

Qué nos enseñan sobre nuestros hijos las tendencias en los juegos de hoy

He estado observando una tendencia que creo que cada maestro, padre, entrenador, pastor de jóvenes y director educativo no debería perder de vista en estos días. Son los cambios que los fabricantes de juguetes han efectuado en los juegos de mesa para atraer a los niños de hoy.

En 2013, Hasbro informó que perdió más de $2 millones de dólares durante un trimestre, comparado a los $17 millones de ganancias del mismo período en 2012. Eso es motivo suficiente para hacer que cualquier ejecutivo reconsidere su producto.[3]

Por lo tanto, al igual que muchos otros, Hasbro ha comenzado a adaptar sus juguetes y juegos conforme a la generación de niños de hoy, que son… bueno… diferentes a las generaciones de niños del pasado, que crecieron en una época sin tanta prisa, ni tantas comodidades, cuando era muy habitual que los niños jugaran al aire libre.

Por ejemplo, cuando yo era niño, el juego de *Monopoly* podía durar horas, tal vez incluso días entre los miembros de la familia. Las familias dejaban el tablero en la mesa de la cocina para poder seguir a la noche siguiente. Estudios de mercado revelan que actualmente los niños quieren jugarlo más rápido. Por lo tanto, *Monopoly* está incorporando algunos cambios. Primero, ya está en las tiendas *Monopoly Millonario*. El primer jugador que junta un millón de dólares gana el juego. Segundo, *Monopoly* está eliminando las cartas que dicen "Ve a la cárcel". De hecho, ya no hay cárcel. Los niños no tienen tiempo o paciencia para pasar tiempo en "la cárcel". Lo que quieren es seguir avanzando.

Recientemente, el Grupo Lego hizo algunos cambios también. ¿Recuerdas haber jugado con los bloques *Lego* cuando eras niño? Yo sí. Tenía una caja grande llena de esos pequeños bloques y me pasaba horas armando cosas en mi habitación. Hoy día los bloques *Lego* han experimentado un cambio. Al observar una caída en las ventas, el Grupo Lego decidió incluir en el producto una hoja de instrucciones para que los

---

niños supieran qué armar y cómo hacerlo. Descubrieron que se adecuaba a la mentalidad de "querer todo servido" que los adultos han creado en los niños de hoy.

Una nueva versión del Juego de la Vida permite a los jugadores usar una pantalla táctil de iPad como un asesor y luego mirar un vídeo para ver los resultados de su "decisión de vida". John Frascotti de Hasbro informa que este año la compañía está presentando varios juegos innovadores que se distinguirán por esta convergencia de juego análogo y digital: tanto un tablero como una pantalla. Ya sabes que los juguetes de los *Transformers* se convirtieron en dos éxitos de taquilla en el cine durante los últimos cinco años. Ahora están tanto en una caja como en una pantalla.

¿Cuál es el mensaje para nosotros?

Los niños de la Generación Y quieren experiencias que incluyan…

- *Rapidez.* "Me aburro fácilmente. Necesito un ritmo constante de cambio".

- *Pantallas.* "Soy visual. Me resulta más cómodo mirar pixeles que personas".

- *Estipulaciones.* "Necesito que me especifiquen lo que quieren que haga".

- *Estimulación.* "Necesito una recompensa rápida y un beneficio externo para mantenerme motivado".

Es importante que entendamos a los jóvenes de hoy, pero también es importante que reconozcamos lo que les hemos hecho. ¿Acaso hicimos demasiado? En nuestro esfuerzo por hacer que sean felices y lo pasen bien, ¿hemos saboteado su capacidad de perseverar, recuperarse, aprender habilidades sociales y encontrar una motivación interna? Tal vez sea el momento de volver a incentivar su imaginación, pedirles que aporten su inventiva al juego y ayudarles a esperar los premios que vienen por estar comprometidos con un objetivo.

Podemos entender por qué los padres quieren aliviar el estrés de sus hijos y librarlos de sus dificultades. Pero las dificultades son parte de su crecimiento. Por lo tanto, debemos superar nuestro deseo innato de

quitar los obstáculos de la vida de nuestros hijos o tendremos con nosotros a jóvenes grandes e inmaduros. El Dr. Aaron Sterns nos ofrece una
excelente síntesis:

> Para alcanzar la madurez emocional cada uno debe desa-
> rrollar dos capacidades decisivas: la capacidad de vivir con
> incertidumbre y la capacidad de posponer la gratifica-
> ción en favor de objetivos a largo plazo. La adolescencia
> es una etapa de máxima resistencia a seguir creciendo. Es
> un tiempo caracterizado por los esfuerzos ingeniosos del
> adolescente por conservar los privilegios de la niñez, mien-
> tras al mismo tiempo exige los derechos del adulto. Es un
> punto que muchos seres humanos no pasan emocional-
> mente. Cuanto más hacemos por nuestros hijos, menos
> pueden hacer ellos por sí mismos. El hijo dependiente de
> hoy está destinado a ser el padre dependiente de mañana.

EL PRINCIPIO

Cuando suprimimos los retos y las dificultades
de la vida de nuestros hijos, están condicionados
a rendirse fácilmente sin intentarlo.

¿Qué sucede cuando los alejamos de las dificultades?

Cuando hacemos lo que parece ser natural, entrometernos y supri-
mir las dificultades de la vida de nuestros hijos, en realidad les estamos
generando dificultades peores más adelante.

Investigaciones de la Universidad de Mary Washington revelan que
cuando los padres se entrometen demasiado en la vida de sus hijos,
les impide aprender a llevarse bien con los demás. Además, el estudio
informa que estos niños son propensos a deprimirse, sentirse menos
capaces de enfrentar la vida y estar menos satisfechos en la vida.[4]

¿Cómo es posible? Considera lo que experimentan tus hijos durante
la adolescencia. Naturalmente quieren más autonomía. Es normal que

---
4. Cited in Anna Hodgekiss, "Children with Controlling 'Helicopter Parents' Are More
Likely to Be Depressed", 14 de febrero de 2013, http://www.dailymail.co.uk/health/article
-2278596/Children-controlling-helicopter-parents-likely-depressed.html.

quieran abrir sus alas, poner a prueba su capacidad y encontrar su lugar de pertenencia. De hecho, sería extraño si no experimentaran este anhelo. Cuando tratamos de ayudarlos y los alejamos de las dificultades, los estamos coartando. Sin darnos cuenta los estamos convirtiendo en incompetentes.

A decir verdad, los padres deben evaluar su nivel de intervención y participación en la vida de sus hijos a medida que estos crecen. La madurez no se desarrolla automáticamente. Debemos permitir que los hijos maduren. Nosotros podemos o bien impedir, o bien fomentar su crecimiento. Su necesidad de autonomía se incrementa con el tiempo, de modo que los padres deben adaptar y ajustar el nivel de su control y participación cuando los hijos se esfuerzan por ser jóvenes adultos independientes.

Cuando nuestros hijos eran pequeños, mi esposa y yo guardábamos sus juguetes y su ropa e incluso íbamos a buscar una pelota que se les había ido lejos aun cuando eran capaces de hacerlo solos. No nos dábamos cuenta de que estábamos estableciendo patrones. Cuando tomamos conciencia de ello, puede que hayamos parecido padres despreocupados para quienes nos observaban, pero sabíamos que teníamos que acostumbrar a nuestros hijos a ir a buscar la pelota o guardar su ropa y sus juguetes por sí mismos. De hecho, acostumbrarlos a hacer eso era el mejor método de demostrar nuestro interés y nuestra preocupación por ellos. Estábamos desarrollando la expectativa y la capacidad de hacerlo por sí mismos. Desde entonces se han convertido en adultos más independientes porque son autosuficientes.

Cuando hablamos de la necesidad de hacer este cambio, mi esposa confesó algo que creo que muchos padres sienten cuando están criando a sus hijos. Me dijo que hacer demasiado por los hijos suplía una necesidad emocional en su propia vida. Todos necesitamos sentirnos necesitados. Cuando alejamos las dificultades de la vida de nuestros hijos, ellos empiezan a esperar y necesitar que lo sigamos haciendo. De hecho, el ciclo es adictivo. En lo más profundo, nos gusta esa adicción.

La psicóloga Debbie Pincus escribe: "Cuando los padres tratan de suplir sus necesidades emocionales a través de sus hijos, básicamente les están atando los cordones de sus zapatos en cada etapa de la vida".[5]

---

5. Debbie Pincus, "Learned Helplessness", EmpoweringParents, www.empoweringparents.com/Learned-Helplessness-Are-You-Doing-Too-Much-for-Your-Child.php#.

Una generación en la cuerda floja

¿Qué consecuencia tiene esto para nuestros hijos en la escuela? Una de las quejas principales que escucho de los maestros de escuela primaria, secundaria e incluso educación superior es que los estudiantes constantemente dicen: "No puedo hacer esto. Es demasiado difícil".

Lamentablemente, aunque nuestros hijos constituyan la generación más educada de la historia de los Estados Unidos, necesitan ayuda constante cuando empiezan la universidad. Por lo general, no están preparados para los trabajos difíciles. Pocos se han esforzado en la escuela. Algunos nunca han estudiado. El Dr. Arthur Levine informa que, en una reciente encuesta a estudiantes universitarios, la proporción de estudiantes que necesita cursos de nivelación tuvo un sostenido crecimiento desde 1969 hasta 2009 en el 99% de las universidades. Aún más, el 54% de los estudiantes informa que sus clases son difíciles o muy difíciles.[6] El sistema universitario del estado de California, por ejemplo, admite a la tercera parte de los mejores estudiantes graduados de la escuela secundaria. Sin embargo, seis de cada diez tienen que tomar cursos de nivelación. La mitad no está académicamente preparada para la universidad.[7]

¿Son realmente menos inteligentes que sus homólogos de hace años? No lo creo. Simplemente hemos tratado de evitarles dificultades en los años previos a la universidad.

Voy a ser claro. Creo que hay excepciones a la regla. Pero al nivel nacional, la tendencia es evidente. Muchos estudiantes dicen a los profesores de la universidad que nunca aprendieron a estudiar. Pasaron inadvertidamente por la escuela secundaria casi sin tener que hacer tareas escolares. De alguna manera, los adultos cedieron cuando los estudiantes dijeron: "Esto es demasiado difícil".

Este problema data de hace 60 años cuando la pedagogía educativa empezó a cambiar. En 1953, C. W. Washburn escribió un artículo titulado: "Adaptemos el programa al niño", en el cual cuestionaba la práctica antigua de que todos los niños podían aprender de la misma manera a la misma edad si lo intentaban con mucho esfuerzo. Su artículo citaba varias escuelas que intentaban adaptar las tareas conforme

6. Arthur Levine y Diane Dean, *Generation on a Tightrope* (San Francisco: Jossey-Bass, 2012), 44.

7. Po Bronson y Ashley Merryman, *NurtureShock* (Nueva York: Hachette Book Group, 2009), s. p.

al amplio grado de diferencias en el desarrollo del estudiante. Posteriormente, esto se conoció como "didáctica diferencial".[8] Él quería pasar del modelo industrial, que creía que era un sistema no personalizado, a uno hecho a la medida de cada niño. En principio, estoy totalmente de acuerdo. Por desgracia, con el transcurso de las décadas los resultados han llegado a ser lo que los maestros de hoy consideran demasiado benevolentes. Ellos informan…

• Los maestros están malacostumbrando demasiado a los niños, lo que está causando que sean incapaces de aplicar lo que han aprendido.

• Los estudiantes no desarrollan un dominio del material, porque siempre les estamos haciendo todo tipo de adaptaciones según su nivel.

• La diferenciación está despojando a nuestros estudiantes de su capacidad de decisión, sus habilidades sociales, su resistencia y su capacidad de resolver problemas.

• Los estudiantes pierden el incentivo de esforzarse, porque saben que los maestros volverán a repetir la lección en vez de pedirles que apliquen lo que aprendieron.[9]

Lo triste es que no hay una evidencia empírica de que la didáctica diferencial tenga un resultado positivo en el rendimiento de los estudiantes. Hemos tenido buenas intenciones, pero en realidad hemos reducido el ímpetu académico de nuestros hijos. Ellos cuentan con que los maestros ajustarán sus calificaciones según el promedio de la clase.

Lamentablemente, como ya he dicho, los niños que evitan las situaciones estresantes son más propensos a desarrollar ansiedad, según un análisis de encuestas a padres e hijos realizada por la Clínica Mayo. La teoría subyacente no es nueva: la ausencia de riesgo y retos en la niñez derivará en nerviosismo y ansiedad más adelante. Pero los investigadores se sorprendieron al ver que las encuestas sobre este comportamiento

8. C. W. Washburn, "Adjusting the Program to the Child", *Educational Leadership* (diciembre, 1953): 138-47, www.ascd.org/ASCD/pdf/journals/ed_lead/el_195312_washburne.pdf.
9. Bryan Goodwin, "Changing the Odds for Student Success: What Matters Most", Mid-continent Research for Education and Learning, 2010.

evasivo podían predecir cuáles de los niños desarrollarían más ansiedad un año después.

Los investigadores pidieron a los padres que respondieran preguntas como esta: "Cuando tus hijos están asustados o preocupados por algo, ¿piden hacerlo después?". Y a los niños les pidieron que respondieran a declaraciones como esta: "Cuando estoy asustado o preocupado por algo, trato de evitarlo". Los niños que dijeron que evitaban las situaciones atemorizantes fueron los que tuvieron un puntaje más alto de ansiedad cuando se los encuestó de 8 a 12 meses después. "Eso fue consecuente con el modelo de desarrollo del trastorno de la ansiedad —dijo el primer autor Stephen Whiteside, psicólogo pediátrico afiliado al Centro Infantil de la Clínica Mayo—. Los niños que evitan las situaciones atemorizantes no tienen la oportunidad de enfrentar sus temores y no aprenden que los temores se pueden manejar".[10]

Los investigadores también observaron a los niños ansiosos y descubrieron que su comportamiento evasivo disminuyó substancialmente después de recibir una "terapia de exposición". Esta forma de terapia expone gradualmente a los niños a cosas que evitan y les ayudan a manejar sus temores. El hecho de que estos niños ya no se pusieran nerviosos con estas cosas fue un fuerte indicador de que los niños estaban aprendiendo a controlar sus temores.

Deja que luchen para que se hagan fuertes

En junio de 2012, el *MoneyWatch* publicó un artículo titulado: "Por qué mi hijo será jefe del tuyo". El título por sí solo ya me atrapó y me llevó a leerlo. El artículo hablaba de un padre que había descubierto que una maestra a cargo de un grupo de niños de tres a cuatro años dejó un serrucho (como el que se compra en la ferretería) en el piso para que los niños jugaran. En los Estados Unidos, eso sería motivo suficiente para que se despidiera a la maestra o se la acusara de poner en peligro a los niños. Este es el informe del padre:

> Pero esto no sucedió en los Estados Unidos sino en Suiza, donde creen que los niños son capaces de manejar un

10. Cited in Rick Nauert, "Anxiety Disorders More Common in Kids Who avoid Scary Situations," PsychCentral, 13 de marzo de 2013, psychcentral.com/news/2013/03/13/anxiety-disorders-more-common-in-kids-who-avoid-scary-situations/52558.html.

serrucho a los 3 años y donde las maestras de jardín de
infantes aconsejan a los padres que dejen a sus hijos de
4 y 5 años entrar solos a la escuela. "Los niños se sienten
orgullosos cuando pueden ir solos", dijo la semana pasada
la directora de Jardines de Infantes de Muenschenstein,
Suiza, en una reunión de padres, en la cual recordó a los
asistentes que después de las primeras semanas de clases
los niños deberían entrar caminando con sus amigos, no
con su mamá...

Traté de esconder mi temor de origen estadounidense
y le pregunté despreocupadamente a una maestra cuál era
su protocolo en caso de una emergencia. Me lo recitó rápidamente... pero agregó: "Hace diez años que soy maestra
de exploradores preescolares y nunca he tenido que llamar
a un padre por un accidente".

¿Qué es una maestra de "exploradores preescolares"?...
Esto alude a una tradición que se practica aquí para la cual
registramos a nuestros niños de tres años. Cada viernes,
llueva, salga el sol, nieve o haga calor, van al bosque durante
cuatro horas con otros diez niños. Además de jugar con
serruchos y limas, se cocinan su propio perrito caliente en
un fuego al aire libre.

El liderazgo de muchas compañías estadounidenses fue
educado casi igual que los niños suizos de mi vecindario.
Los niños usaban navajas. Todos iban a la escuela en bicicleta. Las niñas empezaron a cuidar a otros niños a los 11
o 12 años. ¿Ahora? Los consentimos y protegemos y dis-
cutimos con las maestras cuando nuestros niños mimados
obtienen otra nota que no sea un 10 en un examen.

¿El resultado? Bueno, los resultados preliminares de este
método de crianza de los hijos ahora se están viendo en la
fuerza laboral. Los jóvenes son pobres comunicadores que
insisten en usar el lenguaje de los mensajes de texto. Sus
madres llaman a los empleadores. Creen que deberían recibir premios y promociones por el solo hecho de llegar a la
hora al trabajo.

Si esta tendencia continúa en los Estados Unidos, los
jóvenes estarán menos capacitados para tomar sus propias

decisiones (la madre siempre está cerca), para manejar el riesgo (¿a qué edad se llega a estar mágicamente preparado para usar un serrucho?) o superar una adversidad (no se aprende nada cuando mamá y papá exigen al distrito escolar que cambie una nota).

Por el contrario, cada semana mi hijo aprende a manejar el riesgo. Formará parte de un sistema educativo que no tiene escrúpulos en hacer repetir a un niño si no entiende la materia. ¿Y los padres "helicóptero"? No se los tolera en las escuelas ni en las zonas de juegos donde las madres llevan a sus hijos.

Por lo tanto, aunque él tiene 4 años y generalmente está cubierto de tierra, creo que cuando volvamos a los Estados Unidos, estará mejor preparado para el liderazgo, que los niños que no tienen libertad y responsabilidad y no enfrentan las consecuencias.[11]

Corrijamos cuatro errores que cometemos con los niños

Los niños están creciendo en un mundo que es muy distinto al mundo en el que yo crecí. Tanto los maestros como los padres han cambiado la manera de dirigirse a los estudiantes. Algunos de estos cambios son excelentes, pero algunos han tenido consecuencias no esperadas.

Los sociólogos concuerdan en que los niños de hoy son muy confiados y creen que pueden cambiar el mundo. Lamentablemente, hubo algunas consecuencias imprevistas de nuestro nuevo estilo de liderazgo.

Los adultos no quieren que los niños fracasen.

Hablé de esto en el capítulo 1. Piensa en este cambio. En el pasado, cuando un estudiante se metía en problemas o fallaba una clase, los padres respaldaban la calificación del maestro e insistían en que el alumno estudiará más. Hoy día, los padres a menudo se ponen del lado de sus hijos y la maestra se mete en problemas. Los padres han hecho de sus hijos un trofeo. Los hijos se han convertido en un reflejo del éxito de los padres. De modo que cada niño es un ganador, todos reciben trofeos, los pasamos de grado aunque no estén realmente preparados para ello,

11. Suzanne Lucas, "Why My Child Will Be Your Child's Boss", *Money Watch*, 18 de junio de 2012, www.cbsnews.com/8301-505125_162-57455011/why-my-child-will-be-your-childs-boss/.

los graduamos aunque no hayan aprendido ni una materia y les damos dinero aunque no se lo hayan ganado. Obviamente, así no funciona la vida después de la infancia.

¿Qué podemos hacer? Identifica oportunidades que permitan a tus hijos tomar riesgos y experimentar el fracaso en un proyecto o una clase. Enséñales, pero no te entrometas y lo hagas por ellos. Permite que desarrollen músculos emocionales que sean capaces de soportar el fracaso y ver que pueden superarlo; que realmente hay vida después del fracaso.

Los adultos no quieren que los niños fallen.

De varias maneras no queremos permitir que nuestros hijos sufran un daño emocional o físico. Cascos. Rodilleras. Cinturones de seguridad. Más niños juegan dentro con juegos virtuales estructurados que al aire libre donde puedan lastimarse. Esto es lógico, pero considera el daño potencial que sufrirán a largo plazo. Lo cierto es que los niños necesitan fallar varias veces para aprender que es normal. Es probable que las adolescentes necesiten cortar una relación con un novio para apreciar la madurez emocional que requiere una relación duradera. En realidad, el dolor es un maestro necesario. Es parte de la salud y la madurez.

¿Qué podemos hacer? Ante todo, no acudas a rescatar a tus hijos ante cualquier daño. Guíalos, enséñales y aconséjales cómo manejar los tiempos difíciles; pero déjalos que luchen para atravesar el proceso. Dales un poco de libertad. Así como la mariposa tiene que luchar para salir del capullo y tener la fuerza necesaria para volar, los jóvenes necesitan desarrollar fortaleza emocional por medio de las situaciones difíciles. Todo cuesta en la vida.

Hace poco una familia amiga estaba al aire libre con su hijo de ocho años. Mientras hablábamos, su hijo se cayó del columpio y empezó a llorar. En vez de entrar en pánico, su madre lo tranquilizó, atendió su pequeña herida y le dijo que estaría bien. Después le contó que ella se había raspado la rodilla cuando era niña y que se le había curado rápidamente. Al instante, se secó las lágrimas, sonrió y volvió a jugar.

Los adultos no quieren que los niños sientan temor.

Muchos adultos quieren evitar que sus hijos sientan temor. Ahora bien, no me malinterpretes; el temor puede ser una emoción paralizante. Conozco adultos que son dominados por todo tipo de temores: temor a volar, a las alturas, a los lugares desconocidos… o a cualquier cosa. Hoy día, los adultos tienen temor a que los niños sean secuestrados, envenenados, que sufran una picadura o incluso que reciban un disparo. Este temor se ha pronunciado después de la masacre de la escuela secundaria de Columbine en abril de 1999. Los padres sacaron abruptamente a sus hijos de las escuelas públicas y los inscribieron en escuelas privadas o empezaron a escolarizarlos en el hogar. No queremos verlos sufrir ningún daño, de modo que decidimos eliminar cualquier posible causa de temor. Como es natural, se lo hemos transmitido a nuestros hijos. Los jóvenes se acostumbraron a los resultados garantizados. Al fin y al cabo, ellos sabían que todo saldría bien. Pero, repito, si los niños nunca aprenden a manejar el temor, puede que sean incapaces de manejarlo cuando sean adultos, cuando nadie esté cerca de ellos para ayudarlos. Nuestros hogares y nuestras escuelas son albergues de garantías y pólizas de seguros. Queremos garantizar los resultados y eliminar todo temor a las consecuencias. Queremos la seguridad que en realidad la vida no concede.

Los psicólogos dicen que las personas nacen solo con dos temores: el temor a caerse y a los ruidos fuertes. Con el tiempo vamos acumulando el resto de nuestros temores. Sin embargo, la mejor manera de vencer el temor es enfrentarlo, volvernos a subir al caballo después de caernos. Esto ayuda a la persona a no volver a sentir temor de los caballos.

La próxima vez que tus hijos mencionen que tienen miedo, habla con ellos. Anímalos a dar pequeños pasos para superarlo. Aún más, la próxima vez que te sientas tentado a eliminar una tarea o un proyecto porque asusta a tus hijos, vuélvelo a pensar. Háblales y muéstrales cómo enfrentar el temor. De hecho, ¿por qué no identificar un temor y crear un plan para enfrentarlo y superarlo? Mi hijo y yo hicimos esto hace cinco años cuando tenía miedo de tramitar su licencia de conducir. El plan constó de conversaciones y acción, y funcionó. Pasó rápidamente de conducir en parques de estacionamiento seguros a conducir por las autopistas. Fue gratificante verlo.

Los adultos no quieren que los niños peleen.

Permíteme aclarar lo que *no* quiero decir con este término. No estoy sugiriendo que los padres, maestros y entrenadores deberían permitir que los jóvenes se peleen unos con otros. De hecho, necesitamos enseñar a nuestros hijos lo opuesto: cómo colaborar y trabajar como un equipo.

Sin embargo, la vida requiere cierta lucha para que podamos crecer y sentirnos bien con nosotros mismos. Enfrentar y superar la adversidad desarrolla la autoestima y nos condiciona a ser suficientemente fuertes para lo que nos depara la vida. La oposición y la adversidad nos obligan a buscar dentro y sacar lo mejor de nosotros. El conflicto en realidad nos hace fuertes.

Lamentablemente, cada vez escucho que más escuelas están eliminando del salón de clases este elemento tan necesario. Hablé con una maestra que dijo que ya no permitía usar la palabra *no* en su clase. Era demasiado negativa. Ya hemos visto que algunas escuelas han prohibido el uso de tinta roja para corregir los exámenes (¡demasiado duro!) y algunos padres están pidiendo a los superintendentes escolares que eliminen las calificaciones (¡demasiado desalentador!). Comprendo el intento de los padres y maestros que sugieren tales medidas, pero no puedo dejar de preocuparme por el hecho de que eso debilita los mismos músculos emocionales que los niños deben desarrollar para triunfar. Si la mariposa pudiera hablar, te diría que luchar para salir del capullo le da la fortaleza para volar.

¿Qué podemos hacer? Detenernos a pensar antes de hablar o dar dirección a tus estudiantes. Es normal querer eliminar las adversidades de la vida de nuestros hijos, pero no los beneficia. Ellos necesitan que seamos sensibles con ellos, pero que, al mismo tiempo, seamos exigentes. Cuando enfrentan un conflicto o una adversidad, no trates de evitarlo. Habla con ellos para que lo superen. Anímalos y diles que tienen lo necesario para vencer, que piensen en un plan para lograrlo.

Conozco a una muchacha de una escuela secundaria que sacó una mala nota en una prueba de ciencias. Ella quería que su madre hablara con la maestra y le pidiera que le cambiara la nota. En cambio, la madre le explicó que eso no la ayudaría en la universidad. Después le contó que ella también había sacado un par de malas notas en la clase de ciencias y que había buscado una profesora que le diera clases particulares, con lo cual logró mejorar sus calificaciones. Entonces le dijo a su hija que estaría feliz de ayudarla a encontrar una profesora que le diera clases particulares. Una respuesta simple y lógica. Brillante.

Anteriormente, comparé este proceso al de la mariposa cuando sale del capullo. Recuerdo ver un capullo en el jardín de mi casa cuando era niño, mientras jugaba con mi amigo Jay. Lo bajamos del árbol, lo apoyamos sobre el piso y observamos si veíamos salir a la pequeña criatura. Después de quince minutos sin ningún movimiento, miré a Jay y le dije que necesitaba ayuda. Abrí suavemente una pequeña parte del capullo y salió una pata. ¡Allí estaba! Esperamos un poco más y después de otros diez minutos, decidí que tenía que volver a ayudar a la mariposa. Durante los siguientes treinta minutos hice tres intentos de abrir suavemente el capullo. Finalmente el capullo se abrió lo suficiente para que la mariposa saliera. Pero solo se pudo arrastrar. Era una criatura, no una mariposa la que salió. Era oscura y deformada, y nunca voló. Creo que cuando llegó la noche, se murió.

Mmm… ¿cómo pudo suceder eso? Yo solo estaba ayudando a la pequeña criatura.

Ya sabes la respuesta. Mi ayuda en realidad no fue ninguna ayuda. Yo creía estar ayudando, pero cuando evité que ella luchara, no le di la oportunidad de desarrollar la fuerza necesaria para abrirse paso y volar. Al final, en realidad impedí que pudiera volar.

Espero que nunca hagamos eso con nuestros hijos. Charles Lindbergh dijo: "¿A qué hombre le gustaría vivir donde no hay desafíos? No creo que debamos correr riesgos tontos, pero no podemos lograr absolutamente nada sin arriesgarnos".

Les damos lo que ellos deberían ganarse

Aubrey es una joven desesperada por independizarse y tomar sus propias decisiones. Lamentablemente, esta joven de 21 años, que estudia en la Universidad de Cincinnati, tiene padres que afirman preocuparse tanto por ella que no pueden dejar que se independice. Por lo tanto, en enero de 2013, Aubrey Ireland solicitó una orden de alejamiento para sus padres por acosarla.

Sé que parece una locura, pero es verdad.

> Ireland dijo al tribunal que a pesar de estar en el cuadro de honor, sus padres conducían periódicamente casi mil kilómetros desde Kansas hasta Ohio para hacer visitas inesperadas a la escuela. Además instalaron un *software* de *keylogging* en su computadora y teléfono celular para seguir la pista de cada uno de sus movimientos.[1]

Aubrey denunció incluso que su madre quería estar en Skype toda la noche con ella, básicamente para verla dormir. Toda la vida han estado haciendo cosas por su hija; por lo tanto, creían que lo que estaban haciendo era totalmente lógico. Después de todo, ella les pertenecía.

A veces los padres no saben cuándo llegó la hora de echar a volar a los hijos. La estudiante dijo al tribunal: "Yo era un perro con un collar".

Pronto sus padres no podrían acercarse a menos de 150 metros de ella y, debido a esa orden, están solicitando a la escuela que le devuelvan los costos de la matrícula de su hija. Ahora es una batalla. Ellos la

---

1. "Aubrey Ireland, College Student, Wins Restraining Order Against Helicopter Parents", *Huffington Post*, 27 de diciembre de 2012, www.huffingtonpost.com/2012/12/27/aubrey-ireland -restraining-order-parents_n_2372043.html.

acusan de abuso de drogas, promiscuidad y enfermedad mental; creen que su hija necesita que ellos la vigilen. No te sorprenderá saber que Aubrey es hija única. El problema es que Aubrey está aprendiendo a independizarse de la manera más difícil.

Los padres helicóptero no son algo nuevo. Durante años han ignorado los límites y avergonzado a sus hijos. A veces incluso hacen esto en el lugar de trabajo de sus hijos:

> En junio de 2012, investigadores de la Facultad de Ciencias Económicas y Empresariales de la Universidad de West Virginia dirigieron un estudio de 340 estudiantes y encontraron que muchos, simplemente, crecieron acostumbrados al entrometimiento constante de los padres. Casi 7 de cada 10 estudiantes dijeron que era "un poco" o "muy conveniente" recibir ayuda de sus padres para escribir un currículum vitae o una carta de presentación. Una quinta parte de los estudiantes pensaba que estaba bien que sus padres contactaran a un potencial empleador.[2]

¡Increíble!

Muy a menudo los hijos disfrutan este estilo de paternidad. Y ¿por qué no? Sus padres hacen cosas que les evitan el fastidio de tener que trabajar o luchar para alcanzarlas. La mayoría de los hijos recibirá ese gran favor de los padres. ¿Quién no quisiera un asistente personal? El problema es que cuando se acostumbran a esta sobreprotección, se vuelven dependientes y no desarrollan resistencia ni ambición o ética de trabajo. Se quedan estancados.

Por otro lado, algunos hijos ven lo que les está sucediendo. Igual que Aubrey, intentan cortar el cordón umbilical e independizarse. Esto puede encontrar resistencia, tanto interna como externa. Internamente, los hijos no están preparados para el futuro. Y, externamente, se chocan con mamá o papá cuando tratan de abrir sus alas. En vez de ver la independencia como una señal de madurez positiva, los padres helicóptero se oponen a la idea de autosuficiencia de sus hijos, porque lo ven como un desagradecimiento de su parte.

---

2. Ibíd.

¿Por qué los padres están tan encima de sus hijos?

Como padre, comprendo el deseo de querer lo mejor para nuestros hijos, querer que estén seguros y que tengan todas las ventajas posibles cuando se vayan del hogar. Sin embargo, demasiadas veces nuestro deseo toma la forma de dar a nuestros hijos lo que deberían ganarse. Aunque los hijos son plenamente capaces de trabajar para ganar un sueldo, obtener una beca o alcanzar un objetivo, intervenimos y se lo damos. Sentimos que es nuestro derecho y nuestro deber. Como mencioné antes, este es un gran cambio en relación con los valores parentales de cuando era niño. Más que preocuparse en dar a sus hijos todo lo que necesitan, actualmente los padres se preocupan en darles todo lo que quieren. De hecho, a menudo sentimos que somos padres malos si no les damos lo que quieren. ¿Por qué lo hacemos? Estas son algunas de mis especulaciones:

- Tenemos ego. Parecemos malos si no cumplimos sus deseos.

- Nos comparamos con otros padres.

- Somos maniáticos por tener el control. No confiamos que les irá bien sin nuestra ayuda.

- Tenemos miedo de que no estén preparados. Parecen no estar listos para hacer las cosas por su cuenta.

- Tenemos nuestras propias necesidades emocionales. Nuestra carga emocional nos lleva a necesitar que nos necesiten.

Déjame ilustrar esto en la vida diaria. Sandra es una adolescente que le gusta vestirse con ropa de marca. Igual que la mayoría de las muchachas, prefiere este tipo de ropa. Lamentablemente, Sandra no trabaja, de modo que no puede costearse esa ropa. En vez de dejar que Sandra aprenda a arreglárselas sin esa ropa hasta que pueda ganar suficiente dinero para comprársela, la madre no pone reparos en comprarle la ropa que ella quiere. Por ahora, Sandra está feliz, pero no está desarrollando la capacidad de posponer la gratificación. Esto la hace menos atractiva para sus amigas y para los muchachos (es un poco malcriada) y para los entrenadores (no tiene disciplina). Un día, cuando esté forzada a buscar trabajo, su tiempo de aprendizaje será enorme.

Hugo es un buen muchacho, pero no ha trabajado nunca en la vida.

Como adolescente, quiere "juguetes" mucho más grandes de los que tenía cuando era niño: autos, teléfonos inteligentes y equipos de video digital. Estos, en realidad, son juguetes... costosos. Durante su niñez, los padres de Hugo le compraban muchas cosas, porque podían hacerlo. Hoy día, su padre no tiene trabajo y no le sobra dinero para nada que no sea necesario. Hugo es un adolescente enojado y resentido, que siente que se merece esos lujos, de los cuales nunca aprendió a prescindir y que ahora no puede pagar.

——————————— EL PRINCIPIO ———————————
Cuando les damos demasiado, no aprenden
el arte de trabajar y esperar.

Esta podría ser la peor actitud de todas, y tiende a aflorar cuando hacemos demasiado por nuestros hijos. Y, como es natural, ellos empiezan a actuar como si se lo merecieran. Sienten que se merecen todas las frivolidades y los lujos que ven en la televisión. En el fondo son buenos hijos realmente, pero por fuera solo vemos la actitud repulsiva de su sentido de merecimiento. Parecen...

haraganes   desagradecidos
celosos   insatisfechos
impacientes   indisciplinados

La situación de la Generación iY

En mi libro *Generation* i*Y*, describo a los adolescentes que han crecido en el mundo *i*: iTunes, iPods, iPhones, iPads... comprenderás la idea. Ellos nunca conocieron cómo es vivir sin Internet. Estas son buenas y malas noticias. Nuestro mundo ofrece muchas conveniencias y comodidades que nuestros padres y abuelos nunca disfrutaron. Gracias a la tecnología y la cultura, la buena noticia es que obtenemos lo que queremos más rápido y más fácil que nunca antes.

La mala noticia es que el mundo *i* nos presenta nuevos retos frente a nuestros hijos. No debería sorprendernos que el reto del esfuerzo y la demora de la gratificación sea mayor hoy que en generaciones anteriores. Solo analicemos el mundo que hemos creado para la Generación iY:

Su vida está llena de…	En consecuencia, suponen que…
Velocidad	Lo lento es malo.
Conveniencia	Lo difícil es malo.
Entretenimiento	Lo aburrido es malo.
Protección	El riesgo es malo.
Privilegios	El trabajo es malo.

Irónicamente, las cosas que los jóvenes quieren evitar son necesarias para que ellos maduren genuinamente. Lo lento, lo difícil, lo aburrido, el riesgo, el trabajo… estos son los mismos retos que nos preparan para llegar a ser un buen hombre, un buen esposo, un buen padre, un buen empleado, un buen empresario. Muchas habilidades de la vida que una vez se desarrollaban naturalmente en nosotros ahora están atrofiadas en la cultura de hoy. Por lo tanto, debemos ser mucho más resueltos a la hora de darles la oportunidad a nuestros hijos de desarrollar estas habilidades.

De padres helicóptero a faro

Cuando mi hija obtuvo su licencia de conducir, naturalmente quería un auto. Y lo quería de inmediato. Lamentablemente, no podía costearse el auto que ella quería. De hecho, realmente no podía costearse ningún auto a los 16 años. Por lo tanto, hicimos un trato. Decidimos dividir el costo de su primer automóvil. Cualquiera fuera el auto que ella eligiera, tendría que pagar la mitad. (Esto le dio el incentivo a buscar un precio razonable). Esperó hasta que juntó el anticipo y convenimos un plan de pagos. De esa manera, en el futuro, cuando lo vendiera o lo entregara como parte de pago, al menos podría usar su valor como un anticipo para el siguiente. Este simple acto ayudó a prevenir una actitud pretenciosa y fomentar la gratitud cuando finalmente usara su Ford Escape de segunda mano. Mi esposa y yo nos aseguramos de que fuera un vehículo seguro, y ella se aseguró de poder mantenerlo.

En ese momento no me di cuenta, pero ese simple paso evitó que me comportara como un padre helicóptero y me ayudó a ser un padre faro. Ilustraré lo que quiero decir.

Dan Tynan recientemente escribió acerca de la primera vez que su hijo obtuvo su licencia de conducir. Dan no quería desconfiar de las habilidades o la integridad de su hijo para conducir; pero quería controlar su seguridad, de modo que intentó algo nuevo. Siguió el rastro de su hijo con una unidad de GPS:

> Mi hijo es un excelente conductor, aunque, a mi gusto, pisa un poco fuerte el acelerador. Los que me preocupan son los otros conductores. Por eso, este año utilicé un arma secreta: una conexión Audiovox para auto, un dispositivo del tamaño de un encendedor de cigarrillos, que conectamos al puerto del sistema de monitoreo de nuestra antigua minivan.
>
> La conexión del auto puede hacer varias cosas increíbles. Por ejemplo, puede avisar cuándo es hora de rotar los neumáticos o cambiar el aceite. Mide la eficacia de consumo del combustible del auto. Puede avisar cuándo el conductor está yendo demasiado rápido o frenando muy de golpe. Si tus hijos tienen un teléfono Android o Blackberry, puedes usarlo para bloquear su función de enviar textos o hablar mientras conducen.
>
> Pero, mayormente, lo queríamos para saber dónde estaba. La conexión del auto activa un satélite de GPS cada cinco minutos y muestra su ubicación en la red…
>
> No hace falta decir que mi hijo no estaba para nada feliz con este giro de los acontecimientos. "¿Por qué este acoso cibernético?", se quejaba.

Buena pregunta. Y aquí es donde los padres helicóptero se convierten en faro. Dan y su esposa se sentaron a hablar con su hijo. Sí, en realidad le explicaron su responsabilidad como líderes y lo invitaron a conversar.

> Mi esposa le hizo ver… que si terminaba con el auto en un pozo, se golpeaba la cabeza y se olvidaba de quién era o cómo comunicarse con nosotros, era una buena manera de localizarlo.
>
> Para un muchacho que conduce siempre con el tanque vacío —y que tiene terror de quedarse varado sin gasolina—

esta parte lo convenció. "Creo que entonces está bien", dijo y siguió mirando YouTube.[3]

Tynan agrega: "Nuestro lema, al igual que el de los antiguos negociadores de la Unión Soviética es: Confía, pero comprueba". Me encanta.

Cómo ser un faro

Este ejemplo muestra que un padre helicóptero en potencia puede decidir en cambio ser un padre faro, que ofrezca dirección, pero sin estar encima de sus hijos. En realidad, Dan y su esposa están permitiendo que su hijo (a los 16 años) conduzca solo, pero le están dando tiempo para desarrollar confianza hasta que ya no necesite el dispositivo.

Un faro es diferente a un helicóptero. No se mueve, pero es una luz de aviso y comunicación. Un faro revela la ubicación y ofrece una guía, pero no persigue a nadie. Echa un vistazo a un resumen de las diferencias:

Líder helicóptero	Líder faro
Está encima y controla	Examina y comunica
Es hiperactivo y demasiado susceptible	Es una luz de aviso estable
Sigue a los hijos por todos lados	No persigue a los hijos
Dice a los hijos cómo comportarse	Avisa a los hijos dónde están
Impone reglas y regulaciones	Ofrece luz y guía

Veamos las investigaciones

Robert Sun escribe sobre el arte de motivar a los estudiantes:

La mayoría de las personas piensa que el talento intelectual innato es el primer indicador para el éxito académico entre los niños. Pero nuevas investigaciones revelan que la

3. Dan Tynan, "Why I'm Cyberstalking My Son", Mashable, 28 de diciembre de 2012, mashable.com/2012/12/28/cyberstalking-parents/.

motivación influye más en el aprendizaje que la inteligencia innata.

Un estudio muy citado, recientemente publicado en la revista *Child Development*, apoya la perspectiva de que la motivación y las estrategias de aprendizaje cognitivo tiene más importancia que la inteligencia como factores principales que conducen a logros duraderos, particularmente en matemáticas. Conducido por Kou Murayama… en la Universidad de Munich, el estudio midió un mayor dominio de las matemáticas en un período de cinco años entre tres mil quinientos estudiantes alemanes de quinto a décimo grado. El estudio también preguntó a los participantes por su actitud hacia las matemáticas.

Para los propósitos del estudio, Murayama y su equipo definió la motivación como poseer tres distintos componentes: motivación intrínseca o disposición a participar de una tarea por su placer y satisfacción inherentes; motivación extrínseca, impulsada por los beneficios esperados a corto plazo (por ejemplo, buenas calificaciones); y control percibido o el nivel de expectativa de que nuestros esfuerzos producirán un resultado deseado…

La motivación intrínseca es impulsada por la emoción. Examina la ambición personal de éxito de un individuo y siempre encontrarás una actitud o experiencia… que la impulsa. Los niños necesitan este "combustible emocional" que los impulse a dominar y superar los diversos obstáculos y adversidades que encuentran en el camino. Sin combustible emocional, se rendirán fácilmente cuando el camino sea difícil.

El tanque se vuelve a llenar de combustible cada vez que el niño pone esfuerzo y logra algo, interno o externo.

Sin embargo, una vez que entienden lo que pueden lograr con esfuerzo, lo siguen intentando. Cuando tienen éxito en su aprendizaje, sienten gozo y autosatisfacción por haber podido dominar una nueva destreza. El método refleja lo que dice la psicóloga de la Universidad de Stanford, Carol

Dweck, en su libro de referencia *Mindset* [*La actitud del éxito*]: Tener una mentalidad de crecimiento, en vez de una mentalidad fija, es esencial para el desarrollo personal.[4]

Seguiremos abordando esto en el capítulo 10. Un claro mensaje se desprende de esta investigación. Darle todo lo que un hijo pide podría hacerlo feliz en el momento, pero no con el tiempo. En realidad disminuye su fuerte sentido de la identidad. La autoestima no se desarrolla solo con palabras de reconocimiento. Investigaciones han demostrado que las palabras de reconocimiento sin un trabajo esforzado fomentan el narcisismo. La autoestima se desarrolla por medio del esfuerzo y el mérito. Para que los hijos se sientan bien con sí mismos, los padres deben equilibrar su amor incondicional por ellos con la posibilidad de que trabajen con esfuerzo y ganen algo. Cuando los hijos crecen, necesitan mayores niveles de autonomía ("soy libre y puedo tomar las decisiones de mis actos") y responsabilidad ("soy responsable de cumplir mis obligaciones").

La trampa de darles lo que deberían ganarse

El error que estamos combatiendo en este capítulo se desarrolla en varios contextos, no solo en nuestro hogar. Por ejemplo, las escuelas públicas han caído en este error. Los maestros son héroes para mí, pero el sistema que hemos creado con el tiempo está fallando. Voy a revelar una de mis mayores preocupaciones con respecto a la educación.

Lo mencioné anteriormente. Hoy día los estudiantes hacen trampa para avanzar. Puede que no sea nada nuevo, pero están haciendo más trampa que ninguna otra generación anterior. Hacen trampa en la escuela primaria para superar el reto, en la escuela intermedia para pasar de año y en la escuela secundaria para ir a la universidad preferida. Muchos estudiantes incluso lo admiten. Nuestra predisposición de darles las cosas que deberían ganarse ha fomentado esta actitud: Haz lo que tengas que hacer para conseguir lo que quieres.

La noticia triste es que muchos estados reportan un número creciente

---

4. Robert Sun, "Emotional Fuel and the Power to Motivate Students", *Huffington Post*, 7 de mayo de 2013, www.huffingtonpost.com/robert-sun/emotional-fuel-and-the-po_1_b_3232236. html; citing Kou Murayama et al., "Predicting Long-Term Growth in Students' Mathematics Achievement: The Unique Contributors of Motivation and Cognitive Strategies (2012)", *Child Development* (2012).

de maestros que también hacen trampa. El 7 de marzo de 2011, *USA Today* publicó un artículo de portada en el que se denunciaba a maestros que cambiaron notas de exámenes para que su escuela quede en mejor posición comparada con las escuelas de otros distritos, otros estados y otras naciones. Resultados de estados como Arizona, California, Colorado, Florida, Michigan y Ohio revelaron una disparidad entre el rendimiento de toda una clase un año y su rendimiento al año siguiente. Finalmente, los maestros empezaron a admitir que cambiaron las notas.[5] En una tendencia peligrosa, parece que valoramos más el producto que el proceso. En vez de enfocarnos en el arte de enseñar a pensar bien, solo queremos ver buenas notas. ¿A quién le importa si los muchachos aprendieron a resolver problemas o descubrieron cómo pensar críticamente? Queremos quedar bien. Queremos sentirnos bien cuando comparamos nuestros resultados con los de Japón o Dinamarca. Solo queremos conseguir el objetivo.

Cuando era adolescente, participé en el equipo de atletismo como corredor de fondo. Uno de mis compañeros de carrera y yo estábamos corriendo la eliminatoria para una competencia regional que se realizaría la semana siguiente. Él decidió hacer algo raro e ilegal. A la mitad de la carrera, se escondió detrás de las gradas donde nadie lo podía ver. Recuperó el aliento y, en la última vuelta, reanudó la carrera. Obviamente ganó y calificó para correr en el campeonato regional. ¿Te imaginas lo que sucedió? No estaba listo para esa difícil competencia. Vomitó dos veces y abandonó la carrera.

¿Por qué? Había hecho trampa para llegar allí. Recibió lo que no se había ganado. Valoró el resultado más que la jornada; el producto más que el proceso. Esto siempre aparece al final. Puede arruinarnos a menos que volvamos a los fundamentos y enseñemos a nuestros hijos y a nuestros estudiantes a pensar independientemente de la nota de un examen. Si nos preocupa el futuro, nuestra economía, la competencia global que enfrentarán y que estén preparados para la edad adulta, valoraremos el proceso.

Haz una pausa y reflexiona por un momento. Como adultos diligentes, naturalmente, queremos suplir las necesidades de nuestros hijos,

5. Greg Toppo y otros, "When Test Scores Seem Too Good to Believe", *USA Today*, 17 de marzo de 2011, usatoday30.usatoday.com/news/education/2011-03-06-school-testing_N.htm.

pero existe la *sobreprotección*. Sucede cuando les damos lo que deberían ganarse. Como dije antes, la sobreprotección termina por perjudicar a los hijos ya que aprenden a depender de otros y no experimentan la deseada satisfacción de lograr algo por sí mismos. En otras palabras, en realidad podemos perjudicar su sentido de identidad. Más aún, podemos neutralizarlos.

Déjame dar una ilustración. Puede que recuerdes la historia de los cerdos salvajes de las colinas de West Virginia. Nadie podía atraparlos. Corrieron salvajemente durante años hasta que finalmente una ciudad vecina ofreció una recompensa a cualquiera que pudiera traerlos vivos. Un granjero del pueblo aceptó el desafío y empezó a dejar grandes cantidades de comida en los valles de la zona. Cuando se ponía el sol, los cerdos olían la comida y se acercaban furtivamente para devorarla. Cada día el hombre dejaba la comida. Hizo esto por meses hasta sospechar que los cerdos se habían acostumbrado. Finalmente, una noche el hombre colocó la comida en el mismo lugar, pero esta vez colocó una red alrededor. Cuando los cerdos fueron a buscar su comida, él los atrapó.

Fue fácil. Se habían acostumbrado a que alguien les diera lo que deberían haberse ganado.

En cierto sentido, habían sido domesticados. Los cerdos ya no usaban su capacidad o su instinto para buscarse su propia comida o para cuidarse del lugar indómito en el que se encontraban. Todos quieren comer gratis, ¿verdad?

No estoy sugiriendo que esta historia sea un paralelo directo, pero ilustra un principio. Los seres humanos se comportan de la misma manera. Como mencioné en el capítulo 4, las estadísticas muestran que ganar la lotería no ofrece una riqueza duradera. A los pocos años el dinero se pierde o se gasta, y la vida vuelve a ser normal. De hecho, es más probable que caigas en bancarrota después de ganar la lotería, que antes. Es una ilusión de prosperidad. ¿Por qué? Si antes hemos vivido en una situación de escasez, después tendemos a regresar a lo mismo. Sé que es una frase hecha, pero es verdad: Dale un pescado a un hombre y comerá un día. Enséñale a pescar y comerá toda la vida.

Las consecuencias imprevistas de darles demasiado, demasiado pronto

Muy a menudo, tenemos que recorrer nuevos territorios al guiar a nuestros hijos. Tal vez nuestros padres nunca fueron ejemplo de buenos líderes con nosotros cuando éramos niños, y ahora estamos imitando el estilo de liderazgo que hemos experimentado. Con bastante frecuencia, maestros y padres sienten que la forma de vida de los niños se les escapa de las manos. La tecnología sin fin, las relaciones sociales negativas, el contenido al que están expuestos 24 horas al día… todo nos lleva a querer imponer algunas reglas. Al fin y al cabo, nosotros sabemos qué es lo mejor para ellos. Recurrimos a tomar el control. Tomamos decisiones por ellos. Suplimos sus necesidades. Muchas veces determinamos el curso de sus vidas. Somos mayores y somos responsables de ellos.

Sin embargo, consideremos si esta es la mejor manera de lograr el resultado deseado.

Generalmente, creemos que más es mejor, más rápido es mejor, más pronto es mejor. Queremos dar más a nuestros hijos y queremos hacerlo ya… por el avance de nuestra sociedad, por su puesto.

De modo que seguimos presionando a los niños para que aprendan más y más rápido. Los padres están mandando a sus hijos a la escuela a los tres años, no a los cinco o a los seis. Queremos que el proceso de aprendizaje empiece antes para que puedan estar más adelantados que sus compañeros cuando sean adolescentes. Es lógico.

Sin embargo, no reconocemos que, aunque su cerebro sea capaz de recibir información más temprano, el resto de su ser (su voluntad y sus emociones) puede que no estén preparados para eso. Cuando los padres se detienen a pensar realmente en esto, aceptan que es así. Según una encuesta realizada por *USA Today*, casi seis de cada diez madres dicen que los niños están creciendo demasiado rápido. Con ello, se refieren a que los estamos exponiendo a realidades antes de estar emocionalmente preparados. La encuesta reveló estas estadísticas:

- 75% dice que los padres permiten demasiado pronto el uso de Internet sin supervisión.

- 74% dice que los padres visten a sus hijos con ropa inapropiada por la edad.

- 63% dice que los padres llenan de demasiada actividad la vida de sus hijos.

- 59% dice que los padres se apresuran a darles demasiado temprano un teléfono celular a sus hijos.[6]

Abrumamos a los niños con este estilo de vida sobreexpuesto y sometido a presiones. Todos lo hacemos. En consecuencia, los compensamos con cosas que alivien la presión. En otras palabras, en medio del estrés, a menudo tomamos decisiones que suavicen la experiencia y les damos lo que ellos deberían ganarse. Este es uno de los diversos síntomas de un liderazgo reaccionario. Una vida abrumada nos lleva a reaccionar. Resolvemos los problemas con dinero, torcemos las reglas, enmendamos las cosas en vez de corregirlas, cedemos a las demandas... y damos cosas a nuestros hijos.

Con razón, cuando se gradúan de la universidad, los hijos siguen viviendo en casa de sus padres, porque sienten que no están listos para enfrentar el mundo real. Y muchas veces no lo están. Las habilidades necesarias para la vida cotidiana y su inteligencia emocional son escasas. Su sentido de la orientación es bajo. Cuando llegan a los veinte años, se convierten en una generación postergada en la que demoran la responsabilidad adulta en vez de adoptarla.

El periódico *Los Angeles Times* publicó los resultados de dos encuestas nacionales realizadas por *Nickelodeon* y la firma de investigación de mercados *Harris Interactive*. Los informes revelaron que más de tres de cada cuatro niños dijeron que no estaban apurados por crecer. Cuando yo era niño, no podíamos esperar para crecer. Hoy día, los niños están bien como están.

Los resultados sorprendieron a muchos investigadores infantiles, que han observado cómo las niñas dejan de lado las muñecas y se sienten atraídas por todas las cosas de las adolescentes. Sin embargo, el fenómeno parece hacer eco de un cambio ya observado entre los adolescentes y jóvenes de veintitantos años: la prolongación del camino a la edad adulta. Los niños están creciendo demasiado rápido y demasiado lento al mismo tiempo. *Nickelodeon* adjudica este cambio al comportamiento de los padres helicóptero que no preparan bien a sus hijos.[7]

---

6. Citado en Paul Mandelstein, *Being a Great Divorced Father: Real-Life Advice from a Dad Who's Been There* (Berkeley: Nolo, 2012), 56.

7. Citado en Emily Alpert, "Kids Like Being Kids, Study Finds, Perhaps Thanks to Parenting", *Los Angeles Times*, 21 de julio de 2013, articles.latimes.com/2013/jul/21/local/la-me -growing-up-20130722.

El valor del trabajo

¿Me permites sugerir una solución al problema de darles lo que deberían ganarse? Durante años he creído que el trabajo es el elemento clave para la maduración de los niños. Hay una correlación definitiva entre el trabajo —ser productivo— y la madurez. Yo tuve mi primer trabajo a los 12 años, cuando repartía diarios a domicilio por menos del salario mínimo. Lo hacía antes de ir a la escuela, así que estaba oscuro y a menudo lluvioso cuando acomodaba los diarios en mi bicicleta cada mañana. A los 16 años, tuve mi primer trabajo verdadero en un restaurante de comida rápida. Antes de tener un auto, hacía un kilómetro y medio de ida, y otro kilómetro y medio de vuelta en mi bicicleta para ir al trabajo. En la universidad, tenía tres trabajos mientras cursaba el programa completo de clases. En ese momento, lo hacía porque necesitaba dinero. No tenía idea de que eso estaba forjando mi carácter, mejorando mi ética laboral y cultivando mi gratitud por las bendiciones y los beneficios de cada día. Igual que comer verduras, el trabajo era bueno para mí.

Hoy día, la mayoría de adolescentes de los Estados Unidos no trabaja. No tienen por qué hacerlo. Por alguna razón, mamá y papá decidieron que es mejor para ellos practicar un deporte, danzas o canto. Valoro todas esas cosas, pero son experiencias virtuales. A menos que lleguen a ser profesionales de esas actividades, serán una copia de la vida real. Los estudiantes pueden aprender disciplina de estas experiencias, pero no maduran tanto como cuando tienen un trabajo.

El trabajo comparado con otras actividades extraescolares

¿Por qué elegimos inscribir a nuestros hijos en actividades extraescolares en vez de animarlos a buscar trabajo? Estas son cuatro razones:

- Mamá y papá pueden darse el lujo de darles todo el dinero que sus hijos necesitan para sus gastos, y creen que eso es lo que hacen los buenos padres. Diez años atrás, el Departamento del Trabajo de los Estados Unidos informó que los adolescentes tenían un promedio de $87 por semana para gastar.

- La sociedad siente que el trabajo fuerza a los niños a crecer demasiado rápido. Nosotros vemos que los niños están siendo empujados a regímenes cada vez más estresantes —más horas

de escuela, tareas escolares, exámenes y rendimiento— y tenemos miedo de que tengan que crecer demasiado rápido. No
trabajar es una manera de seguir siendo niños.

• Cuando nuestros hijos practican un deporte o un instrumento, están bajo nuestra supervisión general. No así en el
trabajo. Estamos obsesionados con la seguridad en los Estados Unidos, y sentimos que el trabajo podría no ser seguro.
Y para ser bastante sincero, nos gusta tener el control. Podemos llegar a ser maniáticos del control.

• Por lo general, se considera que el trabajo es aburrido, y *aburrimiento* es casi una mala palabra. Pregúntale a un promedio
de los adolescentes qué detesta más, y verás que estar aburrido
está entre las cosas que más responden. Otras actividades no
son tan productivas, pero mantiene a nuestros hijos entrete-
nidos.

¿Me permites expresar un pensamiento al respecto? El trabajo nos
forma. Ser productivo es inherentemente bueno para los seres humanos. Esta es la razón principal por la que muchas personas desemplea-
das luchan para llegar a ser una versión mejor de ellas mismas. El trabajo
nos permite expresarnos a cambio de dinero, identificar y pulir nuestros
talentos y cultivar una autoestima saludable, porque estamos enrique-
ciendo la vida de otros. Desde un punto de vista puramente espiritual,
es un don divino. Trabajar puede ser un acto de adoración a nuestro
Creador.

Con razón a los niños estadounidenses les cuesta crecer; con razón
un promedio de los adolescentes pospone un año tramitar su licencia
de conducir; con razón los adolescentes sienten que se merecen cosas
que no se han ganado. A menudo ni siquiera hacen quehaceres domésticos. Los adultos sí. Y, a menudo, los adultos entienden el valor del trabajo. ¿No crees que quizás les hemos hecho un daño a nuestros hijos?

La población desempleada más grande de los Estados Unidos sigue
siendo jóvenes entre 16 a 29 años. La razón no es solo la mala economía, aunque eso no ha colaborado. Para muchos, hay empleos fácilmente disponibles. Lamentablemente, los adolescentes sienten que
los empleos que están disponibles son indignos para ellos. (En grupos

de debates recientes, los adolescentes me dijeron que los trabajos de jardinería o en un restaurante de comida rápida son indignos para ellos). Hace un siglo, los niños de cuatro años hacían quehaceres del hogar apropiados a su edad. Era normal, y les permitía madurar de una manera saludable. Déjame sugerir algunos beneficios fundamentales que nos ofrece el trabajo. Cuando trabajamos en algo provechoso —ofreciendo bienes o servicios a nuestra comunidad—, ganamos mucho más que dinero.

Un buen trabajo nos ayuda a identificar nuestros dones.

Cuando trabajamos, podemos experimentar con tareas que pueden confirmar cuáles son nuestros mejores dones y talentos. Cuanto más servimos en nuestro trabajo ideal, mayor es nuestro sentido de la satisfacción.

Un buen trabajo nos ayuda a desarrollar disciplina.

Cuando estamos en el trabajo, nuestra única motivación podría ser el salario. Pero mientras trabajamos, profundizamos nuestras disciplinas. Pulimos nuestra capacidad de postergar la gratificación e ir más allá de hacer solo aquello que nos hace sentir bien.

Un buen trabajo eleva nuestra autoestima.

Trabajar normalmente cultiva nuestro concepto de nosotros mismos. Nos sentimos más orgullosos de nosotros mismos y aumenta nuestra dignidad. Queremos tener un nivel de vida superior. Como dice un proverbio: "El que aborrece la disciplina, se desprecia a sí mismo".

Un buen trabajo amplía nuestra perspectiva general de las cosas.

Cuando trabajamos, tendemos a obtener perspectiva. Podemos ver más allá de nosotros mismos; nos doblega. Nos damos cuenta de que las actividades que suponíamos que eran fáciles, en realidad no lo son. Valoramos el dinero y lo que se puede comprar con el dinero, porque sabemos cuántas horas tuvimos que trabajar para ganárnoslo.

Un buen trabajo nos ayuda a sentirnos realizados.

Finalmente, cuando trabajamos en algo en lo cual creemos, la recompensa puede ser eterna. Más que el salario, nos sentimos gratificados internamente. Hemos enriquecido la vida de otros; podemos dar un paso atrás y ver con satisfacción lo que hemos logrado. Este es un don divino.

Si los jóvenes que tienes bajo tu cuidado "no están trabajando", ¿me permites sugerirte que hables de estos cinco beneficios con ellos? Tal vez nunca han visto a los adultos trabajar en aquello que aman. O nunca vieron un trabajo que realmente les interesara. Procuremos mostrarles cómo es trabajar en algo provechoso... y disfrutarlo. De esta manera, pueden "aprender a ganarse las cosas" en vez de sentir que tienen derecho a las cosas.

A la hora de hacer lo difícil

Poner a nuestros hijos a trabajar de manera apropiada a su edad podría ser difícil. Podrían llegar a decirte que lo que les estás pidiendo es demasiado difícil (esto es lo que más comentan los maestros que los alumnos dicen en clase). Por el bien de su propio crecimiento, estás tomando una postura firme y difícil. No solo les estás dando algo, sino que estás permitiendo que trabajen para ganárselo.

Este es un ejemplo de este punto. Mi amigo Eduardo tiene tres hijos de 16, 14 y 12 años. Después de leer lo que escribí en mi blog sobre este tema, decidió que el período de verano sería diferente en su casa. Hizo un folleto para repartir en el vecindario, donde anunciaba que él y sus hijos estaban disponibles para cortar el césped, rastrillar las hojas, recortar los bordes, limpiar y pintar. Antes de ir a la piscina, sus hijos colocaban los folletos en las puertas de las casas de sus vecinos. Al principio, se mostraban reticentes e incrédulos. Y después el teléfono empezó a sonar.

Cuando Eduardo me contó esta historia, el verano había cambiado drásticamente a sus hijos. Me contó cómo los estaba ayudando realmente a conocer a los adultos de su barrio. Dijo que aprendieron a responder a diferentes clases de jefes: algunos vecinos se quedaban parados al lado de ellos mientras juntaban las hojas y otros confiaban en ellos y los dejaban solos. Aprendieron respeto. Incluso, dijo que dejaban de jugar con los videojuegos, porque decían que tenían que terminar un trabajo en el barrio. Estaba sorprendido de cuán responsables eran sus hijos con los trabajos y cuán agradecidos estaban por el dinero que ganaban.

Otro ejemplo de este punto. Un nuevo experimento en una escuela secundaria de New Haven, Connecticut, terminó el año con resultados sorprendentes: ni uno de los 44 estudiantes de primer año tenían las notas mínimas suficientes para pasar de año.

Los maestros, recientemente autorizados a discontinuar las prácticas tradicionales, habían comenzado a reinventar la experiencia de la escuela secundaria y habían iniciado con los estudiantes de primer año un sistema autodidáctico, donde los estudiantes pasaran de año solo cuando "dominaran" algunas habilidades específicas. El objetivo era asegurarse de que los estudiantes aprendieran algo en vez de pasar ligeramente la escuela con las notas mínimas... A diferencia de otras escuelas, estos 44 estudiantes no tendrán que repetir el primer año. Tendrán la oportunidad de terminar su programa de estudio en un nuevo curso de verano de cuatro semanas... Después, si necesitan más tiempo, podrán empezar el año en el mismo punto donde dejaron en vez de repetir todas las clases.[8]

La clave es que tienen que ganarse su progreso.

Seis pasos para sacar lo mejor de nuestros hijos

Por favor, entiende que no estoy sugiriendo que si has cometido este error —dar a tus hijos lo que deberían ganarse—, de repente, exijas una transformación. Esa clase de cambio abrupto podría ser contraproducente. Sin embargo, creo que necesitamos presentarles el cambio. Así que, ¿cómo les ayudamos a ser todo lo que podrían ser en el hogar y en la escuela? ¿Cómo construimos un puente entre su vida malcriada a la vida disciplinada que los adultos demandan? De nuestros grupos de debates de estudiantes, he descubierto seis pasos que padres y maestros pueden dar.

Cultivar una relación.

En cada panel de estudiantes y grupo de debate que llevamos a cabo los estudiantes piden esto. Quieren que sus padres, entrenadores

---

8. Melissa Bailey, "Zero out of 44 Students Complete Freshman Year", *New Haven Independent,* 28 de junio de 2013, www.newhavenindependent.org/index.php/archives/entry /hsc_freshmen/.

o maestros busquen desarrollar realmente alguna clase de relación con ellos. A menudo, los estudiantes son reticentes a ser quienes entablen la relación. Se preguntan si los adultos aceptarán desarrollar una relación con ellos. Para ser sincero, a menudo no. Estamos cansados y ocupados. ¿Por qué no acercarnos a ellos, empezar a hablarles y hacerles preguntas personales, y mostrar interés por ellos?

Gánate el derecho a ser escuchado.

Sé que eres el líder, pero esta generación de jóvenes no ha sido enseñada a respetar el cargo o el título. Puede que tengas autoridad, pero debes ganarte tu influencia. Gánate la confianza haciendo lo que dices que harás. Llega a la hora si pides puntualidad a los estudiantes. Manifiesta la actitud que exiges de ellos.

A menudo, la mejor manera de ganarte el derecho a ser escuchado es escuchar.

Diles que crees en ellos.

No puedes fingir en esto. Los maestros y entrenadores que convencen a sus estudiantes, les expresan genuinamente que creen en ellos. Lo mismo sucede con los padres. De hecho, haz el esfuerzo de convencerlos de que los estás impulsando, porque crees que tienen potencial para triunfar. Cada joven necesita un adulto que se preocupe por él, lo mire a los ojos y le diga: "Creo en ti. Estoy convencido de que tienes lo que necesitas para tener éxito".

Enseña y sé un mentor para ellos.

Todos nuestros estudiantes del grupo de debate expresan que quieren que sus maestros sean mentores. En realidad esperan que sus padres sean mentores. Esto requiere un vínculo más allá de la clase y las notas. Cuando los mentores enseñan, lo hacen con un espíritu de esperanza, deseando que sus estudiantes entiendan los conceptos, los practiquen y finalmente triunfen. Insisto en que esto requiere de una relación con los estudiantes, creer en ellos, motivarlos y tener pasión por ellos.

Elimina el temor al fracaso.

A menudo los niños no lo intentan porque están condicionados a pensar que el fracaso es inaceptable. Muchos de ellos nunca han fallado o luchado; tienen medallas y trofeos en su habitación solo por jugar. Pero ahora el fracaso es una opción y ellos no quieren defraudar a nadie, de modo que no lo intentan. Los adultos deben transmitirles claramente que el fracaso no es algo final o fatal. De hecho, es la manera en que todos aprendan y crezcan de verdad.

Preséntales el reto de una tarea difícil.

He llegado a creer que, en el fondo, cada niño quiere participar de un proyecto que sea importante y casi imposible. Cuando les damos una tarea difícil (en el hogar o en la escuela) y les decimos que tendrán que poner lo mejor de sí, les estamos comunicando que realmente los tomamos en serio. Que son fiables. Sobre un fundamento de apoyo y confianza, esta es una manera lógica de demostrar que piensas que realmente lo pueden hacer.

Un último pensamiento. Esto podría tomar tiempo. Realmente necesitamos construir un puente para que puedan cruzar de la madurez artificial a la madurez auténtica. Durante años, los padres podrían haber hecho de los hijos el centro de sus vidas, de modo que no sucederá de la noche a la mañana. Sin embargo, creo que, si seguimos estos pasos, podemos ayudar a nuestros hijos a crecer y llegar a ser excelentes adultos con el tiempo.

Mi amigo David tiene un hijo llamado Nicolás. Hace unos años, cuando Nicolás estaba en la escuela intermedia, le había comentado a su papá sobre un nuevo iPod que acababa de salir. Estaba desesperado por tenerlo y convenció a su padre de que se agotaría rápidamente. David le preguntó a su hijo si le alcanzaba el dinero para comprarlo. Nicolás bajó la vista y balbuceó que no. Después levantó la vista con esperanza y le preguntó a su papá si se lo compraría.

David estaba en un aprieto. Él ama a sus hijos al igual que tú amas a los tuyos. Al mismo tiempo, sabía que comprárselo no era la mejor enseñanza para él en ese momento. No quería fomentar la gratificación inmediata en su hijo mayor. De modo que le respondió de una manera muy sabia.

"Nicolás, voy a comprarte ese nuevo iPod para no perderlo, por si se agota. Sin embargo, puesto que lo compraré yo, por ahora será mío. Te permitiré hacer los pagos que puedas cada semana o cada mes hasta que lo termines de pagar (sin intereses). Una vez que lo termines de pagar, te lo daré. Sé que puedes hacerlo".

Nicolás sonrió y aceptó.

David me dijo que, unos meses más tarde, Nicolás hizo el último pago y él le dio el iPod. También me dijo que Nicolás había aprendido gratitud, disciplina y paciencia en el proceso.

Elogiamos lo que no debemos elogiar

L a historia de Belén es como la de muchas otras jóvenes, pero quizás más trágica.

Cuando era niña, era plenamente consciente de que sus padres halagaban la belleza de otras muchachas. Les decían: "Me encanta el brillo de tu cabello", "te queda hermoso ese vestido hoy" y "tienes los ojos más bonitos de la clase".

Puesto que Belén escuchaba a sus padres elogiar el aspecto de otras niñas, empezó a esforzarse por verse bien. Estaba desesperada por ser la niña de los ojos de sus padres. Entonces empezó una silenciosa competencia con las otras niñas por el elogio de sus padres. Ella quería que sus padres la elogiaran más a ella que a las demás. Y entonces sucedió lo inevitable.

Empezó a crecer y a sentir que no era bonita. De hecho, se veía gorda. Como adolescente, atravesó sus peores años. Tuvo problemas con la bulimia, lo cual redundó en una experiencia traumática durante los dos primeros años de la escuela secundaria. Luchó con el acné, el peso, la altura y la autoestima.

La buena noticia es que logró superarlo. Durante su último año en la escuela secundaria resolvió que no quería ser la reina de la fiesta de graduación y decidió enfocarse en sus estudios. Sus padres empezaron a decirle que era inteligente. Y, en ese momento, apareció una adicción completamente nueva. Se volvió dependiente de las palabras positivas sobre su inteligencia. Después de todo, los niños suelen jugar cuando saben que pueden ganar. Pero las palabras de aliento podrían no llegar tan rápido.

Hace poco hablé con Belén. Ya tiene 28 años, pero sigue siendo una muchacha frágil que necesita el reconocimiento de los demás. Todavía tiene problemas de identidad; todavía le cuesta sentirse segura de su belleza e inteligencia.

Adictos a los elogios

Todos están de acuerdo en que los niños necesitan palabras de aliento. De hecho, todos las necesitamos; es oxígeno para el alma. En el deseo de que nuestros hijos tengan todas las ventajas posibles, queremos que reciban suficiente apoyo. Por eso, muchos de nosotros no escatimamos en elogiar y felicitar cada cosa que hacen nuestros hijos y reconocemos todas y cada una de sus cualidades. Este ha sido un cambio gigantesco comparado a los padres e hijos de generaciones pasadas, donde los elogios eran poco habituales y los hijos no eran el centro de la familia. El péndulo se inclinó abruptamente hacia el otro lado, y no nos hemos percatado de la influencia que ha tenido en nuestra cultura. El reconocimiento de los hijos ha llegado a ser un tema controversial en la actualidad.

Los elogios y el reconocimiento han llegado a ser tan prevalentes, que han perdido su verdadero valor. Palabras de reconocimiento como: "¡Eres brillante!" o "¡Eres el mejor cantante [o lanzador o corredor] del mundo!" ha disminuido su fuerza entre los adolescentes. Es como la oferta y la demanda. Con tanta cantidad de oferta, la demanda ha disminuido. El reconocimiento significa menos de lo que alguna vez significó.

Además de subir el tono de nuestros elogios, nos hemos despreocupado un poco del contenido. Sin pensarlo, hacemos elogios irreflexivos que hacen sentir bien a nuestros hijos en el momento, pero que podrían empujarlos en la dirección equivocada. Es probable que esas palabras de felicitación estén enfocadas en su inteligencia, en su belleza o en su talento, y en realidad pueden hacer más mal que bien.

Lo que se recompensa se repite.

Cuando hacemos comentarios positivos sobre su belleza o cómo están vestidos —aspectos externos en lugar de virtudes internas—, los valores de los niños se desvirtúan. Recuerda que lo que se recompensa se repite. Sin darnos cuenta, estamos reforzando las características cosméticas que, por lo general, son características que no están bajo su control. En muchos casos, los adultos siguen cayendo en la trampa de elogiar las características invariables porque piensan que deberían asociar las características deseadas con la identidad de sus hijos:

¡Qué inteligente eres!

¡Qué bella eres!

¡Qué talentoso eres!

¡Qué ingenioso eres!

Deberíamos estar haciendo precisamente lo opuesto. Deberíamos reconocer más bien el esfuerzo y el comportamiento, que están bajo su control, y no las características que están fuera de su control. Cuando hacemos esto, estamos fomentando una mentalidad de crecimiento en lugar de una mentalidad fija. Afirmar que son inteligentes (mentalidad fija) fomenta el pensamiento: "Soy inteligente. Así soy yo, por qué debería esforzarme más".

Según una encuesta realizada por la Universidad de Columbia, el 85% de los padres estadounidenses piensa que es importante decirles a los hijos que son inteligentes. Al parecer todos lo hacemos. Sentimos que decirles estas palabras de alguna manera los ayuda a enfrentar el próximo examen en la escuela con un poco más de confianza. Se nos escapa de la boca. Los padres en nuestro grupo de debate, por lo general, se jactan de cuánto elogian a sus hijos. Dicen hacerlo desde pequeños, a cada momento y no piensan parar.

> Hace poco, cuando los padres fueron a buscar a sus hijos a un preescolar de Burbank, recibieron una nota de advertencia. No era una nota sobre piojos o demasiado consumo de azúcar. En cambio, se advertía a los padres que no les dijeran siempre a sus hijos "¡bien hecho!", y se les hacía otras sugerencias sobre cómo alentarlos.
>
> La nota de advertencia muestra que el resultado de las investigaciones sobre los efectos negativos del exceso de elogios son bastantes conocidos y aceptados actualmente; al menos por los expertos en infancia. Sin embargo, también muestra que los padres realmente no escuchan.[1]

Lo seguimos haciendo a pesar de lo que dicen los expertos en infancia. "Este es precisamente el problema con los elogios, o al menos con

---

1. Deepa Fernandes, "Researchers Say Too Much Praise Harms Kids; Parents Hear: Blah, Blah, Blah, Blah (Poll)", Southern California Public Radio, 14 de agosto de 2013, www.scpr.org /blogs/education/2013/08/14/14455/researchers-say-too-much-praise-harms-kids-parents/

los elogios dirigidos al rendimiento —escribe Jenny Anderson del *New York Times*—. Es como una droga para los niños: Una vez que la prueban, la necesitan, y quieren más. Y el mundo real no los felicita por haberse vestido por la mañana".[2]

Hemos descubierto que los elogios han tenido efectos negativos en muchos niños.

EL PRINCIPIO

Cuando reconocemos su belleza o su inteligencia en lugar de sus virtudes, sus valores pueden desvirtuarse.

Recibí la carta de una madre en respuesta a lo que escribí en mi blog sobre este tema. A los cuatro meses, el blog se había compartido más de un millón de veces. (En realidad inspiró este libro). La madre escribió para darme las gracias y de paso relatarme su trágica historia.

Estimado Tim:

Leí su artículo "Tres grandes errores que cometemos con nuestros hijos" y me hizo llorar. Nuestro hijo mayor tendría 22 años hoy. Era sobresaliente en la escuela, y de alguna manera sus maestros y sus abuelos empezaron a decirle que era un superdotado y un genio. Aunque no nos gustaban mucho esos términos, mi esposo y yo participamos de los elogios porque queríamos que nuestro hijo tuviera una buena autoestima. Durante su tercer año en la universidad empezó a tener dificultades en la clase de estadística. Se quejaba frecuentemente de lo tedioso de los problemas y de la cantidad de tarea.

Trágicamente, nuestro hijo se suicidó después de hacer sus exámenes finales. No sabemos por qué; nunca lo sabremos. Ahora, al reflexionar en su vida, mi esposo y yo nos dimos cuenta de que cuando iba a la escuela secundaria, él solo traía a casa los exámenes calificados con 10 ("excelente").

---

2. Jenny Anderson, "Too Much Praise Is No Good for Toddlers," *New York Times*, 27 de octubre de 2011, parenting.blogs.nytimes.com/2011/10/27/too-much-praise-is-no-good-for-toddlers/?_r=0.

No sabía cómo enfrentar una nota inferior a 10 y seguramente ni hablar de mucho menos que eso. Tuvo algunos 7
en su boletín de calificaciones, lo cual fue terrible para él. Al
pensar en sus primeros años en la escuela primaria, vemos
que todos los elogios que le hacíamos por sus buenas notas
eran como darle a un niño una bolsa llena de azúcar. Nuestro
hijo se había vuelto tan adicto a los elogios como los niños
al azúcar. Ninguno de nosotros lo podíamos imaginar.

Ahora estoy de acuerdo con lo que dice en su blog.
Tenemos tres hijos menores y he estado leyendo todo lo
que puedo para tratar de descubrir en qué nos hemos equivocado y qué debemos hacer diferente. Gracias por su artículo. Me ha sido de mucha ayuda.

Sinceramente,
Linda

Elogios mal dirigidos

La escritora y terapeuta matrimonial y familiar, Jenn Berman, coincide:
"Nos estamos convirtiendo en padres compulsivos con los elogios. Nos
hemos ido al extremo opuesto de unas décadas atrás, cuando los padres
solían ser más estrictos. Y ahora elogiamos demasiado a nuestros hijos".[3]
El año pasado asistí a una conferencia donde descubrí que el departamento de recursos humanos de las compañías no podía mantenerse al día
con la necesidad de comunicación de resultados y reconocimiento de sus
empleados jóvenes. En respuesta, han contratado "asesores para el reconocimiento" que suplen su necesidad de cumplidos. Esta dificultad del
departamento de recursos humanos apunta a un problema de elogios.

Estos son los tres errores más comunes que veo, que se cometen al
elogiar:

Elogiamos las características fijas.

Hacerles comentarios como: "¡Qué inteligente eres!" o "¡Qué bella
eres!", o "¡Qué talentoso eres!" parece la manera perfecta de fortalecer su

---

3. Jenn Berman, *The A to Z Guide to Raising Happy and Confident Kids* (Novato, CA:
New World Library, 2007); citado en Heather Hatfield, "The Right Way to Praise Your Kids",
2 de diciembre de 2012, WebMD, www.webmd.com/parenting/guide/the-right-way-to
-praise-your-kids.

identidad. Sin embargo, es precisamente la manera de destruir su identidad. Es mucho mejor reconocer el esfuerzo o las virtudes que podrían querer practicar. Más adelante ahondaremos un poco más.

Somos imprudentes con nuestros elogios.

Veo que muchos padres elogian a sus hijos sin pensar. Les dicen que son brillantes cuando hacen un dibujo, ganan un juego de pelota, obtienen una calificación aceptable, se sirven una bebida sin derramar líquido o alguna otra actividad común y corriente. Los padres piensan que, al colmarlos de elogios, están fomentando la confianza de sus hijos y su sentido de identidad, cuando en realidad podrían estar haciendo justamente lo contrario. Podrían disminuirlos. Con el tiempo, los elogios imprudentes llegan a ser huecos y significan poco.

Nuestros elogios no concuerdan con su rendimiento.

Vivimos en un mundo de hipérbole. Pensamos que debemos exagerar para que nos escuchen. De modo que usamos palabras como *brillante* o *excelente* cuando nuestros hijos hacen simplemente lo que se espera de ellos. Les hacemos elogios desmedidos por el más mínimo esfuerzo. Cuando nuestros hijos crecen, es muy importante que el reconocimiento concuerde con su esfuerzo. Ni poco, ni mucho. Así es como se desarrolla la confianza, razón por la cual los hijos siguen escuchando a sus padres en la adolescencia.

"De un modo u otro, los padres han llegado a creer que elogiar a sus hijos mejora su autoestima —dice Paul Donahue, fundador y director de Asociados del Desarrollo Infantil—. Aunque sea con buenas intenciones, poner a los niños en un pedestal a una edad temprana en realidad puede detener su crecimiento".[4]

Permíteme enumerar algunas de las razones que dan lugar a esto:

Los elogios pueden disminuir la motivación.

Como explicaré más adelante, investigaciones de la Universidad de Columbia revelaron que cuando los niños recibían elogios por su inteligencia y no por su esfuerzo, tendían a perder motivación si tenían un bajo rendimiento en un examen o en un proyecto. Estos niños operaban

---

4. Citado en Hatfield, "The Right Way to Praise Your Kids".

bajo la suposición equivocada de que les iba bien solo porque eran inteligentes, no porque estudiaban o se esforzaban. Cuando elogiamos a nuestros hijos por características intrínsecas sobre las cuales no tienen control, como su belleza, inteligencia o atletismo, ellos darán por sentado que no tienen que esforzarse. Más aún, tarde o temprano, estas características podrían disiparse.

Pueden incrementar el narcisismo.

Investigaciones sobre el movimiento a favor de la autoestima han revelado algunos descubrimientos interesantes. El Dr. Roy Baumeister, un destacado defensor de la investigación sobre la autoestima, ha admitido que las estadísticas encontradas han sido la decepción más grande de su profesión. Concluyó que la autoestima no mejora las calificaciones, no hace progresar la carrera laboral ni disminuye la violencia. Ahora infiere que los elogios a los estudiantes universitarios en realidad actúan en detrimento de las calificaciones. Lamentablemente, hemos aprendido que las palabras de reconocimiento constantes producen narcisismo, no autoestima. Empezamos a cultivar niños preocupados por sí mismos en vez de que estén tan seguros de sí mismos que puedan mirar más allá de su propia vida y ponerse en el lugar de otras personas.

Pueden producir inseguridad.

Los padres a menudo creen que los elogios constantes desarrollarán la autoestima de sus hijos, pero a veces sucede lo contrario. La verdadera autoestima es una cualidad interna que viene de dominar las áreas difíciles y hacer contribuciones provechosas. El orgullo interno que pueda sentir un niño por un trabajo bien hecho significa más que cualquier felicitación de origen externo.

> Según la oficina de Extensión de la Universidad de Minnesota, si siempre elogias a tu hija, ella podría llegar a necesitar tus elogios y esperar tu aprobación, en vez de aprender a evaluar el éxito por ella misma. Los niños que son adictos a las felicitaciones se vuelven inseguros y ansiosos si no se los elogia por cada éxito positivo.[5]

---

5. Citado en Julie Christensen, "Negative Effects of Too Much Praise from Parents", *GlobalPost*, everydaylife.globalpost.com/negative-effects-much-praise-parents-2799.html.

Pueden desviar el enfoque.

Cuando los niños reciben constantes recompensas por sus esfuerzos, podrían llegar a considerar que la recompensa es más importante que la experiencia. Etiquetas adhesivas, sistemas de incentivos gráficos, distinciones al mérito y otras recompensas comunes reemplazan el valor intrínseco de la experiencia. De hecho, los informes sobre la educación del Instituto Brookings realizado por Brown en 2006 revelaron que los niños de países en los cuales los educadores y los padres se enfocan en la autoestima tienen un logro académico más bajo que cuando el enfoque se hace en el esfuerzo y los resultados. Piénsalo dos veces antes de recompensar a tus hijos y enfócate en la satisfacción de la actividad. Por ejemplo, para fomentar el amor por la lectura, lean juntos un libro de ficción cautivante o usen libros para aprender una nueva habilidad. Enséñales a amar la lectura con tu propio ejemplo.[6]

Pueden confundir la identidad.

La realidad es que los niños que están colmados de elogios tienen problemas para distinguir para qué son buenos y para qué no. Cuando crecen, a menudo se dan cuenta de que mamá es la única que les dice que son brillantes, y empiezan a cuestionar su opinión. Además, los adolescentes creen que los maestros elogian a quienes lo necesitan; que no es una señal de que les va bien, sino de que no tienen capacidad. Reconocen la psicología de todo esto. Asimismo, por ejemplo, cuando se les dice a los niños que son inteligentes, tienden a compararse con otros en vez de prepararse para el próximo examen. Se obsesionan por su clasificación académica[7].

En mi libro *Generation iY*, cuento la historia de Laura. Laura me dijo que aunque había escrito un libro exitoso, se sentía una farsante, como si realmente no hubiera estado a la altura de su potencial. Ella desestimaba sus logros como no tan buenos, porque eran insignificantes en comparación a su promesa supuestamente espectacular. Nada era tan bueno. Dijo que no solo no estaba escribiendo ningún buen

---

6. Tom Loveless, "The 2006 Brown Center Report on American Education: How Well Are American Students Learning?", The Brookings Foundation, octubre de 2006, www.brookings.edu /research/reports/2006/10/education-loveless.

7. Po Bronson y Ashley Merryman, *NurtureShock* (Nueva York: Hachette Book Group, 2009), 20.

libro, sino que directamente dejó de escribir. Ella sabía que necesitaba ayuda.

Cuando hablé con Laura, sentí que alguien estaba por fin hablando sinceramente conmigo sobre esos dilemas de la infancia que hoy día barremos bajo la alfombra. Comentó que cuando entró a la universidad, tuvo la primera vislumbre de que posiblemente su futuro no sería tan brillante como había esperado. Se alarmó de ver una multitud de jóvenes talentosos como ella. Ellos también habían escuchado de sus padres y maestros que eran excepcionales y que iban a llegar muy lejos. Laura era simplemente una más del grupo.

Laura siguió hablando de la sabiduría que había adquirido a lo largo de los años. La aptitud a temprana edad no predice necesariamente el éxito cuando se es adulto. De hecho, podría ocurrir lo contrario. El autor Malcolm Gladwell, en su discurso "La obsesión de los estadounidenses por la precocidad", señalaba que pocos niños prodigios llegan a ser exitosos. Eso se debe a que hay una diferencia enorme entre el talento y la práctica del talento… si todos te dicen a los diez años que llegarás a ser un gran periodista, simplemente te sientas y sueñas.

Piensa en esto. Cuando los niños escuchan que están destinados a ser brillantes, el solo pensamiento de que podrían realizar algo mediocre es terrible. Es demasiado arriesgado para intentarlo. Ni siquiera les satisface tener un buen desempeño. Ellos sienten la presión de ser los mejores… o ¡ni hablar!

La investigación: Cuando elogiar a nuestros hijos tiene resultados negativos

Mencioné anteriormente que el 85% de los padres hoy día piensa que es importante decirles a sus hijos que son inteligentes. La hipótesis es que si un estudiante cree que es inteligente (habiendo sido reconocido repetidamente), no se sentirá intimidado frente a los retos académicos. El elogio constante tiene la intención de ser como un ángel sobre sus hombros, que les recuerde cuán brillantes son.

Sin embargo, un conjunto creciente de investigaciones está mostrando actualmente que esta práctica está teniendo resultados negativos. La Dra. Carol Dweck, autora de *Mindset* [*La actitud de éxito*], condujo un equipo de investigadores en las escuelas públicas de Nueva York y descubrió lo que muchos de nosotros sabíamos por intuición. Dweck envió sus asistentes de investigación a las clases de quinto grado para hacerles una prueba. Una vez que los estudiantes terminaron la prueba, fueron divididos al azar en grupos y se les dio su calificación. Luego, a la mitad de ellos le dijeron: "Ustedes han sido inteligentes". Y a la otra mitad: "Ustedes deben haber hecho un gran esfuerzo".

A continuación dieron a los estudiantes una segunda prueba a elección. Les dijeron que podían elegir una prueba más difícil que les enseñaría mucho, o que podían elegir una prueba fácil, igual que la primera. De los estudiantes elogiados por su esfuerzo, el 90% eligió la prueba más difícil. De los elogiados por su inteligencia, la amplia mayoría eligió la prueba fácil. Los niños "inteligentes" no se quisieron arriesgar.

Cuando le preguntaron la razón de esto, la Dra. Dweck fue clara en su conclusión: "Cuando elogiamos a los estudiantes por su inteligencia, les enseñamos que estas son las reglas del juego: Sé inteligente. No te arriesgues a cometer errores". Y eso es lo que los niños hicieron. Eligieron ser inteligentes y evitar el riesgo de quedar en vergüenza. Todos los estudiantes que tomaron la prueba más difícil (una diseñada para alumnos de séptimo grado) fallaron. Pero Dweck informó que pudieron ver que fue un reto positivo para ellos. De hecho, varios niños comentaron mientras hacían el examen: "Me encantan estas pruebas".

Finalmente, los investigadores tomaron una última prueba a los estudiantes que sería tan fácil como la primera. Dweck sospechó que a los niños elogiados por ser inteligentes podría irles mal en la prueba, pero no tenía idea de cuán mal. Los estudiantes elogiados por su esfuerzo mejoraron significativamente en la tercera prueba en un 30%. A los elogiados por ser inteligentes les fue peor que en la primera prueba en un 20%.

El equipo de Dweck actualmente concluye que cuando elogiamos a los niños por su esfuerzo, les damos una variable que pueden controlar. Cuando simplemente les decimos que son inteligentes, les enseñamos que tienen una inteligencia innata y entonces piensan que no tienen que esforzarse. De hecho, empiezan a tener miedo de no poder dar crédito a los adultos que creen que son inteligentes, y no quieren intentar algo en lo cual puedan fallar.[8]

---

8. Carol S. Dweck, *Mindset: The New Psychology of Success* (Nueva York: Random House Publishing Group, 2006); texto adaptado de Bronson y Merryman, *NurtureShock*.

¿Cómo afecta esto su relación contigo?

Estudios vinculan constantemente la autoestima con la felicidad. Nuestros hijos no pueden tener una sin la otra. Es algo que sabemos por intuición y nos convierte a muchos de nosotros en motivadores fanáticos. Nuestro hijo hace un garabato y le decimos que es Picasso; mete un gol y le decimos que es el nuevo Beckham; suma 1 más 2 y le decimos que tiene un coeficiente intelectual elevado. Pero esta clase de "elogios al rendimiento" puede ser contraproducente.

"El peligro, si esta es la única clase de elogios que reciben los niños, es que lleguen a pensar que necesitan tener un buen rendimiento para ganarse la aprobación de los padres —explica [el autor] Murray—. Tendrán miedo de que, si no les va bien, se caerán del pedestal y sus padres ya no los amarán". Elogiar características específicas como su inteligencia, belleza o atletismo también puede perjudicar la confianza de los niños cuando crezcan, porque siempre creyeron que son valiosos por algo que está fuera de su control y que es potencialmente efímero.

"Si, por ejemplo, tú elogias a tu hija principalmente por ser bella, ¿qué pasará cuando crezca y pierda esa belleza? —pregunta Murray—. ¿Cuántos tratamientos faciales necesitará para sentirse valiosa?". Curiosamente, Murray agrega que las investigaciones revelan que los niños que son elogiados principalmente por ser brillantes se vuelven intelectualmente tímidos, con miedo a parecer menos inteligentes y menos valiosos si fallan.

Sin embargo, el antídoto no es dejar de elogiarlos, sino redirigir nuestros elogios, dice Murray. "Elogia el esfuerzo en lugar del resultado —aconseja—. Elogia la creatividad, el esfuerzo y la persistencia dedicados a tener un buen rendimiento, más que al rendimiento en sí".[9]

9. Marguerite Lamb, "7 Secrets to Raising a Happy Child", *American Baby*, mayo de 2008, www.parents.com/toddlers-preschoolers/development/fear/raising-happy-children/; Bob Murray, *Raising an Optimistic Child: A Proven Plan for Depression-Proofing Young Children—for Life* (Nueva York: McGraw-Hill, 2005).

Por lo tanto, ¿cuál es la cantidad correcta de elogios? Investigaciones indican que la calidad de los elogios es más importante que la cantidad. Si el elogio es sincero y genuino, y está enfocado en el esfuerzo, no en el resultado, puedes hacerlo siempre que tus hijos hagan algo que amerite una recompensa verbal. Solo observa el efecto que tiene en tus hijos con el tiempo.

Evaluemos nuestros elogios

A la luz de esta investigación, ¿qué cambios debemos hacer a la hora de reconocer a nuestros hijos? ¿Hay soluciones para guiar mejor a los estudiantes hacia una madurez sana y responsable? ¡Sí, las hay!

1. Elógialos por el esfuerzo, no por su inteligencia o su belleza.

2. Recompensa las virtudes de su carácter (como la sinceridad), más que su rendimiento… tempranamente.

3. Enséñales a disfrutar el proceso (el camino) así como el producto.

4. Procura que la medida y el contenido de tus elogios concuerden con su esfuerzo.

5. Procura que tu reconocimiento sea sincero, meditado y genuino.

6. Fortalécelos y ayúdalos a tener un conjunto de valores personales según los cuales vivir.

7. Identifica y reconoce las características singulares que diferencian a tus hijos.

8. Ofréceles experiencias para que descubran y desarrollen sus principales fortalezas.

9. Establece las condiciones para que puedan servir a otros, y usar sus fortalezas y sus dones.

10. Diles que disfrutas de ver su desempeño independientemente del resultado.

11. Cuanto más jóvenes son, más inmediatos deben ser tus comentarios y sugerencias.

12. Adiéstralos a asumir riesgos y a aprender que no está mal fracasar, siempre y cuando lo intenten.

13. Procura ofrecerles un hogar donde se sientan seguros, pero no un hogar en el que todo gire alrededor de ellos.

14. Ante la duda, elogia siempre aquello que esté bajo su control.

15. Muestra claramente tu amor incondicional por ellos sea cual sea su rendimiento.

Mi amigo Andy Lorenzen ha practicado principios como estos con sus hijos durante años. Fue bueno hablar con él sobre lo emocionalmente equilibrados que están sus hijos, porque él y su esposa han decidido tomar en serio sus palabras de aliento y elogio hacia ellos. Andy es el primero en admitir que es fácil sucumbir a las tentaciones de todo padre, como acudir a rescatar a los hijos de una situación difícil o expresarles elogios desmedidos cuando tienen un buen rendimiento. Pero su sabiduría como padre está formando hijos sanos que valoran el carácter y están preparados para enfrentar el mundo que les espera cuando un día se vayan del hogar.

Lo de dentro es lo que cuenta

Recientemente, escuché acerca de un joven llamado Conner:

> Conner nació el 7 de abril de 2000 un poco diferente a la mayoría. Nació con Deficiencia Focal Femoral Proximal (DFFP), que es un defecto congénito que provocó que naciera sin caderas, tobillos, fémures ni rodillas. Básicamente, de la cintura hacia abajo solo tenía su tibia y su pie. De los pocos que padecen esta rara condición, solo el 15% tiene ambas piernas afectadas como Conner.
>
> A los dos años, los padres de Conner, Rita y Dewey Stroud, tras consultar con médicos, decidieron que sería mejor amputar sus dos pies. Al nacer sin los tobillos, poco podía hacer Conner con sus pies. Entonces fue sometido a una cirugía en la cual solo amputarían las extremidades de sus pies y solo le dejarían los talones.
>
> La decisión de hacer la cirugía fue la más difícil que la familia Stroud tuvo que tomar. Como explicó Rita, los

médicos no estaban seguros de si alguna vez podría volver a caminar y creían que era posible que estuviera confinado a una silla de ruedas por el resto de su vida. Felizmente para la familia Stroud, nunca han visto a nadie con la resiliencia de Conner…

Conner empezó a jugar al tenis cuando tenía cuatro años. Su madre trató vehementemente de persuadirlo a que jugara en silla de ruedas, porque pensaba que para él sería más fácil ser competitivo. Rápidamente le demostró que estaba equivocada.

"Cuando era más pequeño, nunca pensé que jugaría en torneos como lo ha hecho, siempre pensé que tal vez, algún día, jugaría en silla de ruedas —dijo Rita—. Pero estaba muy motivado por jugar y competir en torneos. Al principio me preocupaba que resultara demasiado difícil para él. Obviamente, nadie quiere que sus hijos luchen contra la dificultad y no estaba segura de que pudiera competir. Ganar no lo es todo, pero ni siquiera sabía si sería capaz de ganar un punto".

Después de años de perfeccionar su estilo, Conner empezó a jugar en torneos de niños menores de 8 años. No le tomó mucho tiempo tener éxito. Ganó su primer torneo de dobles jugando con un amigo. En su torneo siguiente, compitió en individuales por primera vez. Ganó ese torneo también. Sin embargo, ganar no vino sin esfuerzo y entrenamiento. A causa de nacer sin caderas, es muy difícil realizar movimientos básicos como girar a un lado. Con su movimiento lateral comprometido, ha tenido que hacer algunos ajustes particulares…

Durante los ocho años que ha jugado al tenis, Conner ha enfrentado muchos retos. Pero, contrario a lo que cualquiera podría creer, no han sido sus atributos físicos sus mayores obstáculos, sino el juego mental.

"Lo más frustrante es no poder pegarle a la pelota cuando me la tiran lejos —dijo Conner—. Todo lo que puedo hacer es tratar de mantenerme positivo y no dejar que me afecte".

Es la batalla interior lo que Rita cree que ha formado a

su hijo y lo ha convertido en una persona tan fuerte e inspiradora para muchos.[10]

Y es en este aspecto donde los padres de Conner han sido estelares. En todo momento, han reconocido la ambición de Conner, sin embargo, han elogiado su esfuerzo, no cada juego ganado. Se han enfocado en lo que tiene internamente, no en lo que le falta externamente. Han reconocido el proceso, no el trofeo recibido al final. Han llorado y han celebrado juntos a lo largo del proceso, y eso ha hecho persistir a Conner. Él no ha permitido que su dificultad inhibiera su actitud, motivo por el cual se ha convertido en una gran sensación en la comunidad del tenis. Personas de todas las edades se sienten atraídos a él.

> "Él siempre atrae a una multitud —dijo Rita—. Por eso es tan buen muchacho, porque sabe que lo regañaría si no lo fuera. La gente no recuerda al mejor jugador del torneo, lo recuerda a él. Es muy divertido verlo porque es muy pequeño y la gente simplemente se asombra de sus habilidades y de la manera en que se maneja".[11]

Cómo enfrentar el cambio

Es el factor de su crecimiento lo que con el tiempo hizo interesante la vida para Conner:

> A pesar del éxito obtenido en la cancha a temprana edad, Conner reconoce que su elasticidad para jugar "tenis normal" está llegando a su fin. A medida que los jugadores crecen al nivel de su edad, se ha dado cuenta de que sus piernas cortas no le permitirán hacer mucho…
>
> Conner y su familia asistieron a un torneo nacional de tenis en sillas de ruedas en Hilton Head, Carolina del Sur, donde pudo hablar con los atletas y recibir algunos consejos. Aunque adaptarse a jugar al tenis en silla de ruedas no es tarea fácil, Conner dijo que está dispuesto a enfrentar el reto.
>
> "Ha sido realmente difícil aprender a manejar la silla y

10. Matt Gottfried, "Heart of a Champion," 28 de marzo de 2013, nctennis.com/node/623.
11. Ibíd.

golpear la pelota al mismo tiempo —dijo Conner—. Pero me acostumbré bastante jugando con mi papá que se compró su propia silla de ruedas para jugar conmigo. De hecho, ahora incluso le estoy ganando"...

Actualmente, los amigos y la familia de Conner ni siquiera lo ven como un discapacitado. Irradia confianza y se mueve por todos lados como cualquier persona, solo que es un poco más bajo.

"Es muy fuerte y maneja muy bien su situación —dijo Rita—. Los niños siempre lo siguen, lo miran y le hacen preguntas. Pero se lo toma bastante bien. De hecho, a menudo hace bromas con la gente sobre su condición".[12]

¿Qué le ha permitido hacer esto? Sus padres y su buen dominio del arte de las palabras de elogio y aliento. Ellos nunca restaron importancia a los retos que Conner enfrentaría, pero le han ayudado a reírse, tener esperanza, esforzarse e intentarlo en todo momento.

Ahora bien, *esto* es lo que yo denomino un niño emocionalmente equilibrado.

12. Ibíd.

Queremos evitarles todo tipo de dolor

A los siete años, nuestro hijo pasó por una etapa difícil en su vida. Cuando yo volvía del trabajo, mi esposa me decía que el niño había estado "trepando paredes" todo el día. Su energía era alta, pero su dominio propio era bajo. Causaba alborotos en los restaurantes y las tiendas. Era muy inquieto y siempre se metía en problemas. Una vez, casi se saca un ojo por estar brincando sobre un perchero de ropa en una tienda por departamentos. En cuestión de minutos estábamos en una sala de emergencias, sujetándolo sobre una camilla mientras un médico intentaba subsanar el daño. Después de un año en esta etapa, llegamos al límite de lo que podíamos soportar.

Mientras mi esposa y yo hablábamos de tratar de conseguir que diagnosticaran a Jonathan con TDAH [Trastorno de Deficiencia de Atención con Hiperactividad] o alguna otra condición, hicimos un alto para hacernos una importante pregunta: ¿Queríamos que lo medicaran para evitar *su* dolor o para evitar el *nuestro*?

Creo que el primer asunto que los padres debemos enfrentar es nuestro propio egoísmo. Amamos a nuestros hijos, pero a menudo elegimos el camino fácil y simplista por encima del reto que conlleva entrenarlos para que se conviertan en adultos sanos. Resolver los problemas de manera superficial es más rápido y más fácil que adiestrar a nuestros hijos para que lleguen al fondo del problema. A veces es un proceso doloroso, tanto para ellos como para nosotros.

Decidimos hacer un intento más de resolver la situación sin el uso de medicamentos. No estoy en contra de los medicamentos —como diabético, los necesito diariamente—, pero no quería precipitar a Jonathan a usar una medicina que tenía el potencial de ser adictiva. Si había alguna manera de resolver el problema de forma natural a través de instrucciones específicas y con límites saludables para nuestro hijo, ese sería nuestro primer paso.

De manera que trabajamos con Jonathan constantemente en su comportamiento y sus actitudes. Le dimos instrucciones claras sobre la voz "interior" y la voz "exterior". Él conocía los beneficios y las consecuencias de ciertos comportamientos específicos. Elogiábamos generosamente su esfuerzo y en contadas ocasiones dejábamos que se soltara y se comportara de manera ingobernable. A veces llegábamos a las lágrimas por el terrible esfuerzo que requería disciplinarlo constantemente y atenernos a las consecuencias de su conducta inapropiada. Sin embargo, había días en los que no había dudas de su progreso.

Tomó meses, pero nuestros esfuerzos rindieron fruto. La experiencia fue dolorosa, pero muy gratificante. Y ahora, después de haber atravesado la etapa de su niñez, hemos aprendido una lección importante acerca de la infancia y la crianza de los hijos: evitar el dolor no es el objetivo.

Haz una pausa y reflexiona conmigo por un momento. Vivimos en un tiempo en que, natural e intuitivamente, creemos que evitar el dolor es lo que hacen los buenos padres. Después de todo, amamos a nuestros hijos y el amor nos obliga a consolarlos. Esto implica que debemos evitarles cualquier malestar que se entrometa en sus vidas. Entonces nos ponemos en pie de guerra para protegerlos, medicar cualquier dolencia o malestar, ofrecerles un lugar cómodo y seguro para gritar o desahogarse y evitar que cualquier dolor se inmiscuya en sus vidas. Cerramos bien las puertas, les ponemos rodilleras y un casco, y les decimos que nunca toquen un objeto afilado.

Pero ¿es esta la mejor estrategia a largo plazo?

No lo creo. De hecho, después de criar a nuestros dos hijos, he llegado a creer que si realmente los amo, necesito trabajar con ellos y ayudarlos a atravesar el dolor en vez de estar continuamente evitándoles el dolor. He decidido que debo permitir que lidien con el dolor que forma parte de la vida y animarlos a que sean agradecidos y se contenten. Mi objetivo fue enseñarles que el placer no es la falta de dolor, sino la satisfacción que brota cuando lo superan mientras buscan cumplir su propósito en la vida. Esto les ayuda a ser fuertes, estar seguros de mi amor y equipados para mantenerse firmes en los momentos dolorosos.

Cuando nuestra hija Bethany asistía a la escuela intermedia, su escuela organizó un baile. Estoy seguro de que eres consciente de que la escuela intermedia es uno de los periodos más difíciles de la niñez. Según las hormonas se alteran, los niños tratan de entender su identidad y competir por la popularidad. El estatus social lo es todo. Nuestra hija se ha convertido en una hermosa joven, pero sus años en la escuela intermedia fueron como los de otras muchas niñas. No parecía una muñeca Barbie. Así que esperó y esperó a que algún muchacho la llamara y la invitara a ir al baile. Nadie la llamaba. De pronto, mi esposa y yo comenzamos a oír de otros padres de niñas de la escuela que intervenían para tomar el control de la situación. Llamaban a sus amigos y les pedían que sus hijos invitaran a sus niñitas al baile. Les sugerían dónde ir a comer y qué flores comprarles. Incluso se ofrecían a cubrir los gastos de la velada.

Consideramos esta opción. Seguramente hubiera terminado con el doloroso tiempo de espera y a lo mejor hubiera elevado la autoestima de Bethany. Estoy seguro de que ese era el motivo por el que los padres intervenían para tomar el control de la situación. Por otro lado, sabíamos que ese era el momento perfecto para que ella aprendiera a manejar una situación tan dolorosa. Tuvimos varias conversaciones con ella y entramos varias veces en el mundo de los recuerdos para traer a la memoria los bailes de nuestra época. Entonces le sugerimos que tal vez sería bueno que saliera con un grupo de amigos y que pagaran a medias. Finalmente se sintió satisfecha con esa solución. Su nivel de contentamiento volvió a la normalidad. Y, al final, un amigo la invitó a ir al baile… en el último minuto. (¡Uf…estos muchachos de la escuela intermedia!).

Este fue un periodo crucial para mi esposa y para mí. Somos parte de una generación que cree en eliminar el dolor de la vida de nuestros hijos. Tenemos una píldora para todo. Queremos que tengan una vida mejor que la que nosotros tuvimos. Sin embargo, nos enfrentamos a preguntas vitales: ¿Es mejor la vida aquella que es menos dolorosa, pero que no los prepara para enfrentar el dolor en la edad adulta? O, ¿es aquella que les enseña a atravesar el dolor durante un periodo relativamente seguro de sus vidas? Nosotros elegimos esta última.

Nuestro rechazo hacia el dolor

Esto requiere un esfuerzo intencional. Corregir este error no parece lógico. Como padres tenemos la inclinación natural de evitar el dolor. Edwin Bliss nos recuerda lo siguiente:

Vivimos en una cultura que rinde culto a la comodidad. Durante el siglo pasado, vimos el más grande ataque contra la incomodidad en la historia de la raza humana. Hemos aprendido a controlar nuestro ambiente con calefacción central y aire acondicionado; hemos reducido el trabajo pesado con el uso de máquinas y computadoras; hemos aprendido a controlar el dolor, la depresión y el estrés; incluso ofrecemos antídotos electrónicos contra el aburrimiento mediante televisores y videojuegos.

La mayor parte de esto es bueno, pero lamentablemente da la impresión de que el propósito de la vida es alcanzar un estado de felicidad nirvana, una total ausencia de problemas o dolor. El énfasis está en el consumo, no en la producción; en el hedonismo a corto plazo en lugar de la satisfacción a largo plazo. Buscamos la satisfacción inmediata de nuestros deseos sin ninguna pena.

La vida realmente no funciona de esa manera; al menos no para muchos y no por mucho tiempo. Uno de los dichos favoritos de Benjamín Franklin fue: "Aquello que duele, instruye". Y es tan cierto hoy como lo fue cuando apareció por primera vez en el Almanaque del pobre Richard que Franklin publicó. El gran objetivo de llegar a ser lo que uno es capaz de ser solo puede lograrse por quienes están dispuestos a pagar el precio, y el precio siempre implica sacrificio, incomodidad, desagrado y sí, incluso dolor.[1]

Las cuatro tácticas

Por lo general, estas son las cuatro tácticas que los padres usamos para evitar el dolor de nuestros hijos:

• *Medicamos*…y así ayudamos a nuestros hijos a evitar el dolor. Les administramos un analgésico externo para que no se sientan mal.

---

1. Edwin C. Bliss, *Doing It Now: A 12-Step Program for Curing Procrastination and Achieving Your Goals* (Nueva York: Scribner, 1983), 100.

- *Intervenimos*… y actuamos en nombre de ellos. Antes que tengan la oportunidad de resolver su problema, se lo solucionamos nosotros.

- *Aliviamos*…y hacemos algo que calme su malestar. Les ofrecemos una alternativa que disminuya cualquier dura realidad que enfrenten.

- *Intoxicamos*…y les ofrecemos una distracción artificial del dolor. Les damos medios artificiales, incluso perjudiciales, para distraerlos del dolor.

Lamentablemente, estas tácticas les pueden ayudar momentáneamente, pero, al final, les hace daño. Cuando les evitamos el dolor, los privamos de su capacidad de desarrollar resistencia. Nuestra capacidad humana para tratar el dolor funciona como un músculo. Úsalo o lo perderás. La capacidad de nuestros hijos de soportar dificultades se atrofia como un músculo enyesado. Cuando no ejercitamos ese músculo, se atrofia o se encoje debido a la falta de uso. Todavía está allí, pero se debilita, porque nunca se usa.

¿Cuál es la conclusión? Creo que los padres deben dejar de actuar como conserjes, asistentes personales y representantes de sus hijos.

EL PRINCIPIO
Cuando les evitamos el dolor, su capacidad
de soportar las adversidades se atrofia.

En 2010 informé en mi libro *Generation iY* que el 60% de los estudiantes universitarios seguía viviendo en casa de sus padres después de graduarse. Dos años después, el *Baltimore Sun* reveló la cifra para el 2012: el 80% de los estudiantes universitarios próximos a graduarse planeaba seguir viviendo en casa de sus padres cuando terminara la universidad. Un año más tarde, en 2013, *Monster.com* elevó el número a 85%. Reconozco que tenemos una economía difícil, pero no es para tanto. La realidad es que los empleos están listos, pero los graduados no. Alrededor del 53% de los adultos jóvenes menores de 25 años está desempleado o subempleado. Muchos están impedidos por su incapacidad de llevar a cabo un trabajo. Y alrededor de seis de cada diez personas entre las edades de 18 y 39 años, que no son estudiantes, continúan recibiendo ayuda financiera de sus padres.[2]

¿Cuál de las cuatro grandes tácticas anteriores eres más propenso a usar?

Evitar el dolor puede provocar adicciones

¿Has pensado alguna vez que nuestra preocupación por eliminar el dolor pudiera ser la razón principal de un comportamiento adictivo? Y no estoy hablando solo de píldoras, cigarrillos o alcohol. Nuestra cultura exige cada vez más que dependamos de fuentes externas para desenvolvernos en la vida. Esto es una señal de advertencia para mí:

Necesitamos medicinas para dormir de noche.

Necesitamos cafeína para mantenernos alerta durante el día.

Necesitamos música o ruido que nos mantenga ocupados mientras conducimos a nuestro lugar de trabajo.

Necesitamos entretenimiento para evitar el aburrimiento.

Necesitamos alcohol para relajarnos.

Necesitamos bebidas energéticas para tener un buen rendimiento.

Necesitamos terapeutas para prevenir la depresión.

Necesitamos analgésicos para eliminar cualquier dolor o malestar.

Necesitamos Facebook para evitar la soledad.

Necesitamos más y más gobierno para sobrevivir.

Y esto, para mí, es una clara señal de atención. Debe haber un equilibrio entre la independencia y la codependencia. No hay duda de que necesitamos los dones y las contribuciones de los demás, sea lo que sea que hagamos. De eso se trata el comercio y la comunidad. Pero déjame preguntarte: ¿Necesitas de estos aditivos externos para resistir cada día?

2. Sally Koslow, "Hey, Baby Boomer Parents, Back Off!", CNN, 10 de julio de 2012, www.cnn .com/2012/07/10/opinion/koslow-adultescents/.

Hace cuarenta años, una encuesta nacional informó que los estadounidenses sentían que necesitaban 50 pertenencias para vivir el estilo de vida al que están acostumbrados. Hoy día, los estadounidenses dicen que necesitan más de 350 artículos. De alguna manera, hemos perdido el rumbo. Los estudiantes de hoy están creciendo en una época en la que no aprenden a ser autosuficientes. Ellos dan por sentado que otra persona debe hacer las cosas por ellos. Y ¿de dónde sacaron esa idea? Los adultos les han dado el ejemplo y han hecho las cosas por ellos. A lo largo del camino, hemos adoptado la creencia de que debemos aliviar su dolor.

Un claro ejemplo. Hay medicamentos recetados por todas partes. La mayoría de nosotros —incluido yo— nos alegramos de que así sea. Muchos jóvenes los necesitan para desenvolverse en la vida. Pero hoy, me temo que hemos medicado en exceso a nuestros hijos, especialmente a nuestros varones. Estados Unidos representa el 5% de la población mundial, pero consume el 90% de los medicamentos recetados para el TDAH y la depresión. Si hoy estuviera entre nosotros, Charlie Brown estaría medicado con antidepresivos y Daniel el travieso con *Ritalin*, un medicamento aprobado para el TDAH.

Los varones están tomando treinta veces más drogas hoy que en 1987. ¿Están los varones realmente mucho peor? ¿Están mucho más necesitados? Por supuesto que un niño con TDAH puede beneficiarse de las drogas correspondientes; incluso los medicamentos pueden reducir la posibilidad de un comportamiento delictivo. Sin embargo, muchos niños siguen tomando estos medicamentos aun después que su cuerpo se ha desarrollado. Las drogas han impedido que los adultos jóvenes desarrollen sus habilidades de supervivencia. De hecho, es probable que sus habilidades de supervivencia hayan dejado de desarrollarse a la edad en que empezaron a tomar los medicamentos. Tenemos que encontrar la manera de equilibrar el uso de medicamentos recetados con una sana consejería para que los varones puedan autorregularse y entren a la edad adulta como jóvenes sanos. Creo que no hay atajos.[3]

Entonces, ¿podemos enseñar a nuestros hijos a vivir bien sin adicciones a los medicamentos? En muchos casos, creo que podemos. Pero esto requerirá un nuevo enfoque en la crianza, enseñanza y liderazgo. A menudo tendremos que vivir contra la cultura y rebatir gran parte de lo

3. Ver Leonard Sax, *Boys Adrift* (Nueva York: Basic Books, 2007).

que el mundo nos dice que necesitamos. Permíteme ilustrarlo. Con los años, uno de los debates acerca de los niños se ha centrado en la fuerza de voluntad. ¿Es la fuerza de voluntad innata? ¿Es un rasgo genético o se puede enseñar? La buena noticia es que investigadores como Roy Baumeister y Kelly McGonigal de Stanford confirman que, efectivamente, la fuerza de voluntad puede cultivarse y enseñarse tanto a niños como a adultos. Podemos superar el dolor y desarrollar voluntad para resistir. Así que si esto es verdad, ¿por qué no lo enseñamos? La respuesta es simple: nuestra cultura no quiere personas con fuerza de voluntad. Como Seth Godin escribe en *Stop Stealing Dreams*: "Los empresarios industriales no necesitan empleados con fuerza de voluntad y los vendedores detestan los consumidores que la tienen".[4]

Un cambio de mente y corazón

Acabamos de identificar cuatro tácticas específicas que los padres usan para eliminar el dolor y hemos documentado el hecho de que cuando los padres eliminan el dolor de la vida de sus hijos, reducen su capacidad de resistir la más mínima de las dificultades. Los músculos de supervivencia de los niños se atrofian por falta de uso. Recomiendo que cambiemos nuestro paradigma del manejo del dolor. Creo que hemos confundido algunas realidades y debilitado la capacidad de nuestros hijos de constituirse en adultos sanos. Permíteme aclarar parte de la confusión que he escuchado de parte de padres y maestros.

Confundimos doloroso con perjudicial.

Muchas veces, el dolor nos ayuda. De hecho, eliminar el dolor puede ser perjudicial. Tomemos un momento para asimilar esto. Cuando sufrimos, podemos aprender importantes verdades sobre nosotros mismos y sobre los demás, verdades que serán beneficiosas más adelante en nuestra vida. Pero dolor no es lo mismo que perjuicio. En realidad, el perjuicio nos daña más a largo plazo. Equivocadamente pensamos que, si nuestros hijos están sufriendo, están siendo perjudicados, y no necesariamente es así. De hecho, puede ser todo lo contrario.

Vuelve a pensar por un momento en el valor del dolor. En realidad,

4. Seth Godin, *Stop Stealing Dreams*, sethgodin.typepad.com/files/stop-stealing-dreams 6print.pdf.

el dolor es un maestro necesario. Por ejemplo, considera la relación positiva entre el dolor y tu cuerpo. Si no sientes dolor, podrías quemarte gravemente sin darte cuenta y no recibir la atención médica que necesitas. O podrías pisar un clavo y, para cuando te des cuenta, la infección ya podría haber causado un daño permanente. El dolor al sentir una quemadura o un pinchazo es un valioso mensaje de nuestro sistema nervioso. El dolor nos alerta a reaccionar. El dolor (sufrimiento) es un intruso, pero no es nuestro enemigo. El dolor puede ser malo por un momento, pero, en realidad, es nuestro mejor amigo en ese momento. El dolor es un don de Dios. Es útil; no perjudicial. Sin embargo, resulta ser perjudicial si no prestamos atención a lo que el dolor nos está diciendo que hagamos. Resulta ser perjudicial cuando no reaccionamos.

Confundimos molestia con daño.

No nos gusta que nos molesten. Nuestros días están tan ocupados, que a menudo oramos y esperamos no tener que enfrentar ninguna molestia inesperada que nos distraiga de nuestro objetivo. Sin embargo, la realidad es que, en el proceso de alcanzar nuestro objetivo, podemos caer en una rutina negativa. Las interrupciones nos fuerzan a salir de esa rutina. Las interrupciones no son perjudiciales en absoluto. Son precisamente las que nos evitan tener una perspectiva limitada. Necesitamos ser incomodados de vez en cuando. Las interrupciones son llamadas de alerta que nos despiertan de nuestra apatía o complacencia.

El dolor no es nuestro enemigo y las molestias no son un daño. Tratemos de imaginar por un momento que el suplicio de las molestias en realidad puede salvarnos de las cosas verdaderamente negativas o destructivas. Las molestias pueden ser heraldos con mensajes importantes; especialmente para los adolescentes, que insisten en cruzar los límites y probar cosas nuevas y absurdas. Una grave molestia puede ser el instrumento que vuelva a llevar a tu hijo por el buen camino.

Todo el tiempo me encuentro con estudiantes universitarios que han dejado de beber, porque tuvieron un encontronazo con la ley y casi van presos por conducir bajo la influencia del alcohol. Esa noche fatídica los condujo a tomar mejores decisiones en los días que siguieron. Esa molestia que les cambió la vida es de gran valor. Si sus padres los hubieran rescatado, probablemente no hubieran cambiado. Con frecuencia, no cambiamos hasta que nos duele tanto que *tenemos* que cambiar.

Suponemos que el estrés es una enfermedad. Estamos criando la generación más estresada de los últimos tiempos. Más niños están medicados para la depresión y la ansiedad que en cualquier otra generación de la historia moderna. Si manejamos mal el estrés, en realidad puede enfermarnos e incluso causarnos la muerte. Pero hay un estrés positivo y otro negativo. El estrés no es intrínsecamente malo. La mayoría de nosotros requiere de estrés para madurar, como un músculo que no se desarrolla sin levantar pesas. Como dijimos anteriormente, aquello que duele, instruye. Combatir el dolor o la dificultad es diferente a combatir una enfermedad. Si hemos criado hijos débiles que no saben cómo enfrentar los momentos difíciles, el estrés finalmente será un enemigo para ellos porque no tendrán ninguna resiliencia ni fuerza de voluntad. El estrés puede realmente ser algo bueno si lo manejamos bien.

Si usted es básicamente un individuo de bajo nivel de estrés, pero su vida está marcada por factores estresantes de corta duración (también conocidos como estrés agudo), una nueva investigación sugiere que estos mejoran el rendimiento del cerebro. Al parecer, el estrés agudo puede ser realmente saludable ya que ayuda a estimular la producción de nuevas neuronas. En particular, las neuronas podrían producirse en el hipocampo; la parte del cerebro responsable de la memoria y que es altamente sensible a los efectos tanto del estrés agudo como crónico...

Daniela Kaufer dijo... que el estrés no siempre es el culpable que tantas veces nos hacen creer que es: "Siempre se ha pensado en el estrés como algo muy malo, pero no lo es. Algunas cantidades de estrés son buenas simplemente para impulsar el nivel de lucidez mental óptima, el rendimiento conductual y el rendimiento cognitivo... El estrés puede ser algo que nos haga mejor, pero es una cuestión de qué cantidad, cuánto tiempo y cómo se interprete o perciba".[5]

5. Alice Walton, "Is a Little Stress a Good Thing for the Brain?" *Forbes*, 18 de abril de 2013, www.forbes.com/sites/alicegwalton/2013/04/18/is-a-little-stress-a-good-thing-for-the-brain/; citando a Elizabeth D. Kirby y otros, "Acute Stress Enhances Adult Rat Hippocampal Neurogenesis and Activation of Newborn Neurons via Secreted Astrocytic FGF2", Universidad de California, Berkeley, 16 de abril de 2013, elife.elifesciences.org/content/2/e00362.

En conclusión, el estrés puede hacernos fuertes. El dolor puede hacernos crecer.

Ahora es atípico tener sentido común

Permíteme ilustrar cuán sutil puede ser este error en nuestra vida adulta. En octubre de 2013 hubo una noticia sorprendente de Port Washington, Nueva York. La preocupación por lesiones en una escuela intermedia de Long Island derivó en una prohibición durante el recreo. Los niños ya no pueden jugar con pelotas de béisbol, con pelotas de fútbol o fútbol americano ni con ninguna otra cosa que pueda lastimar a alguien en los terrenos de la escuela. De hecho, también quedó prohibido jugar al escondite y hacer piruetas sin un entrenador.[6] Al principio, supuse que se trataba de una broma. Pero no lo era.

Los administradores de la escuela estaban preocupados por las lesiones entre los estudiantes y reemplazaron el equipamiento atlético por pelotas de material blando. Claro... tiene sentido. Estoy seguro de que a los adolescentes les encantará el reto de jugar con una pelota de esponja en el patio de recreo. Sí, claro.

Espero que puedas ver por qué esto es ridículo y a la vez perjudicial. Como padre, entiendo totalmente el deseo de proteger a los niños. Sin embargo, en nuestro esfuerzo por reducir las lesiones, estamos eliminando algunas cosas que durante mucho tiempo han sido una tradición para los niños de la comunidad escolar. No hace falta decir que la mayoría de los estudiantes no estaba tan entusiasmado con la noticia. Uno dijo: "Se metieron con el recreo… que es nuestro único tiempo libre para relajarnos y cargarnos de energía". Otro estudiante dijo: "Creo que necesitamos las pelotas de fútbol y todo lo demás para que podamos pasar un buen rato". Otro intervino y dijo: "Eso es lo que más queremos. Estamos en la escuela todo el día estudiando, sentados detrás de un escritorio".

Pero, por desgracia, los estudiantes ya no tendrán esa opción.

El superintendente escolar explicó que se había producido una serie de lesiones que justificaban dicha medida. Después de todo, los expertos dicen que sin cascos y rodilleras los niños pueden lastimarse. Los

6. Rebecca Klein, "Long Island Middle School Bans Balls to Protect from Injuries", *Huffington Post*, 8 de octubre de 2013, www.huffingtonpost.com/2013/10/08/long-island -ball-ban_n_4065353.html.

educadores simplemente están preocupados por los niños. (Y las demandas judiciales).

¿Por qué está mal esta medida?

Permíteme argumentar que esta medida podría impedir que los niños se lastimen, pero podría aumentar la posibilidad de que salgan perjudicados. Los educadores y los padres deben ser conscientes del efecto a largo plazo de este tipo de decisiones.

Considera lo siguiente. Cuando protegemos a los niños de lastimarse, a menudo no aprenden a enfrentar el riesgo a una edad temprana, en la cual los riesgos son relativamente bajos. No estoy sugiriendo que ponerles un casco o un par de rodilleras sea malo, solo que esa protección contra el dolor les impide percibir el mundo tal como es… y hacerle frente. Una de las razones por las que vemos a los adolescentes intentar hazañas ridículas es que a muchos de ellos se los ha protegido tanto en su niñez, que no tienen ni idea del daño que puede causar un comportamiento arriesgado. Muchos estudiantes que comienzan su primer año en la universidad nunca han fracasado, nunca se han lastimado, nunca han compartido una habitación con nadie y ahora no saben cómo enfrentarlo. Hicimos un gran trabajo en protegerlos del mundo real, pero no tan buen trabajo en prepararlos para que sepan enfrentarlo.

Cuando un niño de 11 años de edad comienza a tomar medicamentos para el TDAH, estos le ayudan a hacer frente a su condición. Él y toda su familia obtienen alivio. Sin embargo, no desarrolla destrezas de supervivencia como sus compañeros, porque los medicamentos lo han dificultado. A los 18 años, cuando deja de tomar los medicamentos, todavía tendrá la destreza de supervivencia de un niño de 11 años de edad. Esto hace que trabajar o comprometerse en una relación como el matrimonio sean realmente retos muy difíciles de enfrentar, y que vivir en la casa de los padres hasta los 30 años parezca realmente maravilloso.

Reconozco que algunos niños necesitan este tipo de medicación. Estoy con miles de ellos cada año. Sin embargo, te estoy haciendo ver las ventajas y las desventajas de este tipo de decisiones. Cada vez que intervenimos en la vida de nuestros hijos, tenemos que ofrecerles una manera de ejercitar esas destrezas necesarias para enfrentar la vida y que, de lo contrario, podrían atrofiarse.

El precio de nuestra intervención

Cuando los adultos intervenimos con este tipo de medidas, resolvemos problemas a corto plazo. No tengo duda alguna de que las lesiones disminuirán en el terreno de juego de la escuela intermedia de Long Island y en todas las otras escuelas que han implementado la medida que el distrito escolar ha puesto en marcha.

Tampoco tengo duda de que evitarles el dolor hoy, en muchos casos, sea en mayor perjuicio de su futuro. Cuando los niños crezcan y lleguen a ser adultos jóvenes, no estarán preparados para la vida adulta. Puedo prever dos consecuencias resultantes:

- Apenas se independicen intentarán terribles comportamientos arriesgados, porque nunca han calculado las consecuencias negativas de una conducta necia.

- Tendrán temor de enfrentar cualquier riesgo, porque todo es completamente nuevo para ellos. Nunca aprendieron a enfrentarlo en los parques infantiles cuando eran niños. Y se quedarán paralizados.

Estos dos resultados son mucho más perjudiciales para los niños que el dolor de un rasguño en la rodilla o un brazo roto. En nuestro esfuerzo por evitarles el dolor, hemos aumentado el daño, que empieza a surgir cuando llegan a la edad adulta. La mayoría de los estudiantes hoy día siguen viviendo en casa de sus padres después de la universidad, porque sienten que no están preparados para enfrentar la vida sin la ayuda de mamá o papá. Psicólogos en Europa dicen que algunos experimentan fobias, porque nunca enfrentaron riesgos cuando eran niños. Ya hemos visto que los jóvenes de 25 años de edad pueden experimentar una crisis del primer cuarto de siglo de vida.

Mi exhortación es simplemente esta: debemos dejar de formar a nuestros hijos con una visión a corto plazo y debemos ver las consecuencias de nuestras decisiones a largo plazo. El dolor es mucho mejor que el daño. Es de sentido común.

Aprendamos de las águilas

No debemos sorprendernos de que la naturaleza nos proporcione ilustraciones vívidas de una buena paternidad y un buen liderazgo. Varias especies de animales, instintiva y metódicamente, preparan a su cría para la vida. Y, en muchos casos, el proceso incluye la experiencia del dolor. Las águilas proporcionan una de las ilustraciones más vívidas de este proceso de crianza de los hijos. Durante siglos, el águila ha simbolizado un fuerte liderazgo, especialmente en los Estados Unidos, pero a menudo no sabemos cómo instruyen a su cría. Hace cuatro mil años, Moisés comparó el liderazgo de Dios con su pueblo con el liderazgo que ejerce el águila con sus aguiluchos bebés. Él dice que Dios es "como el águila que excita su nidada, revolotea sobre sus pollos, extiende sus alas, los toma, los lleva sobre sus plumas" (Dt. 32:11).

Desglosaremos este proceso mediante el cual el águila cuida, empuja, toma y lleva sobre sus plumas a su cría:

La etapa del cuidado: Da refugio. En esta primera etapa, el águila madre construye el nido para sus bebés. Con mucho cuidado, se despluma y reviste el nido con sus propias plumas. El mensaje que ella transmite a sus pequeños es que están seguros y que los ama profundamente.

La etapa de la incomodidad: Permite el dolor. Cuando los aguiluchos maduran un poco, el águila madre quita el revestimiento interno del nido. Ella sabe que debe volverse incómodo o se quedarían allí para siempre. El mensaje que ahora les envía es que llegó la hora de crecer, no solo de descansar en el nido.

La etapa de la motivación: Es persistente. En este momento, el águila madre agita sus alas para empujar a los aguiluchos fuera del nido. Aletea incesantemente para impulsarlos a volar. Su mensaje: Es tiempo de dejar el nido y hacer aquello para lo cual fueron diseñados.

La etapa de protección: Ofrece seguridad. Cuando los aguiluchos saltan del nido, al instante se dan cuenta de que todavía no pueden volar. La madre vuela debajo de los aguiluchos para atraparlos cuando caen. Ella hará esto hasta que aprendan. Su mensaje: Pueden hacerlo; volar está en su naturaleza.

La etapa del éxito: Infunde confianza. Después de varios intentos, los aguiluchos vuelan solos. La madre los ha cuidado y les ha permitido experimentar dolor para que puedan hacer aquello para lo cual fueron diseñados: volar muy alto y tener sus propios bebés.

Mi amigo Randy Hain es uno de los padres más resueltos que conozco. Tiene dos hijos. El mayor, Álex, tiene autismo. Esta necesidad especial ha hecho que la paternidad sea un poco más costosa para Randy y su esposa. Pero él sabe que su misión es preparar a sus hijos para el mundo que les espera como adultos. Recientemente, Randy llevó a sus hijos a la actividad anual de contribuyentes de *Growing Leaders*. Fue un banquete, y todos se sentaron a las mesas, comieron, conversaron y escucharon una presentación. Randy me presentó a Álex al comienzo de la velada. El joven me dio la mano y me saludó. Pude notar que Randy le había enseñado buenos modales y habilidades sociales. Más tarde, Randy me dijo algo que nunca olvidaré. "Sé que noches como esta pueden ser difíciles para Álex. El autismo hace que sea difícil para él quedarse quieto, que escuche y que no llame la atención. Pero quiero que esté preparado para lo que le espera, así que busco actividades como esta para que sean oportunidades de aprendizaje. Son dolorosas, pero aprender estas lecciones ahora es mucho menos doloroso que las consecuencias de no aprenderlas hasta más adelante". Gracias por decir eso, Randy. Has dado en el blanco.

Les hacemos todo

Como millones de otras personas, frecuento Starbucks cada semana. Me encanta beber un café con leche a la vainilla cuando hace frío o un café helado cuando hace calor. Es algo que espero ansioso cuando me reúno con amigos al caer la tarde.

Sin embargo, también te diré lo que no estoy ansioso por ver cuando visito un Starbucks. Generalmente, observo a los padres que beben café mientras les hacen la tarea escolar a sus hijos. Toda su tarea, desde la de matemáticas hasta la de ciencias sociales… todos los días.

Lo creas o no, esto sucede en Georgia, Michigan, Nueva York, Texas, California… y cualquier otro estado. Conozco a algunas de esas madres y esos padres. Son parte de una nueva generación de padres que aman a sus hijos y no quieren verlos sufrir por hacer las extenuantes tareas escolares que sus maestros les dejan cada día. Se imaginan que la mejor manera de relevar a sus hijos de la tediosa tarea escolar es hacérsela.

Dime, ¿qué hay de malo en esta situación?

Después del fin de semana de Pascua del año pasado, el *New York Post*, *Good Morning America*, *Fox News* y otras fuentes de noticias dieron a conocer historias de actividades para la búsqueda de los huevos de Pascua que salieron mal; no por la falta de disciplina de los niños, sino por la participación de los adultos.

Joe Allen, fundador de *Kids Yule Love*, fundación que organiza la búsqueda de huevos de Pascua de su comunidad, dijo que la mala conducta hizo que la actividad le produjera una responsabilidad legal porque "los padres causaron una situación en la que algunos niños salieron lastimados", informó el *Telegraph* de Macon, Georgia. Este dijo que una mujer salió herida y varios niños arrollados al participar de otras actividades anteriores cuando los padres arremetieron para tratar de encontrar más huevos para ellos o sus hijos.

Los organizadores dijeron que los padres fueron demasiado agresivos y dejaron a los niños con las manos vacías. "Cuando las personas salen lastimadas, quieren alguna clase de compensación", agregó Allen.[1] Lamentablemente, no es la primera búsqueda de huevos de Pascua cancelada por culpa de padres agresivos. También se tuvo que cancelar una actividad anual que se llevó a cabo en Colorado Springs, porque previamente los padres avasallaron a los demás para conseguir la mayor cantidad de huevos para sus hijos.

¿De veras? ¿En serio?

Esta es una ilustración en parte cómica y en parte triste de cómo los adultos están echando a perder a sus hijos hoy. Con razón, los jóvenes de veinte años parecen no haber podido madurar. Puede que nunca hayan podido ver a un adulto sano que les predicara con el ejemplo.

¿Puedo insistir en esto? Ya seas un padre, maestro, entrenador, pastor de jóvenes, administrador de escuela o empresario, tu mayor responsabilidad es preparar hoy a tus hijos para que el día de mañana puedan ser adultos y líderes responsables. Susan Peters dijo una vez: "Los niños tienen mayores posibilidades de madurar si sus padres han madurado primero".

¿Por qué lo hacemos?

Ahora bien, no me malinterpretes. Reconozco que la ilustración de los padres que hacen la tarea escolar de sus hijos o que arrebatan los huevos de Pascua para sus hijos parece exagerada. Pero este comportamiento es señal de un nuevo estilo de crianza, que muchos han llegado a adoptar: la sobreprotección. Los padres asumen tanta responsabilidad que no delegan en sus hijos responsabilidades adecuadas para ellos. Puede que tú y yo nunca arrollemos niños en una búsqueda de huevos de Pascua, pero a menudo hacemos otras cosas que dejan a nuestros hijos mal preparados para el futuro. A menudo son cosas pequeñas o sutiles, tales como…

- Guardar su ropa.

- Completar una solicitud para ellos cuando son plenamente capaces de hacerlo por sí solos.

- Guardar sus juguetes.

1. Liz Bibb, "No Easter Bunny at Macon's Central City Park This Year", *Telegraph*, 5 de abril de 2012, www.macon.com/2012/04/05/1976537/no-easter-bunny-at-macons-central.html.

- Llamar a sus maestros de la escuela secundaria o sus entrenadores para excusar su conducta.

- Reprogramar una de sus citas cuando se registraron en demasiados programas de actividades.

- Resolver los conflictos con sus amigos.

Soy entrenador de oficio. Mi organización, *Growing Leaders*, adiestra educadores y estudiantes a pensar y actuar como auténticos líderes. Después de tres décadas de trabajar con estudiantes, créeme, conozco la tentación de decir: "La verdad es que hacerlo yo mismo es más fácil que enseñárselo a hacer".

Sin embargo, también sé que nuestros niños son nuestro futuro. Si no los preparamos bien para el futuro por haber caído en esa tentación, les hemos hecho un gran daño. Llámalo como quieras, pero pienso que es una forma suave de maltrato infantil. Puede que hoy nos amen por hacer mucho por ellos, pero ¿nos amarán cuando tengan 30 años y todavía estén tratando de aprender a desenvolverse en la vida?

Anteriormente me referí a la cantidad cada vez mayor de jóvenes adultos que sigue viviendo en casa de sus padres después de terminar sus estudios. En 2012, el 36% de los jóvenes adultos de nuestra nación, entre los 18 y 31 años de edad, estaban viviendo en el hogar de sus padres, de acuerdo al análisis de los datos de la Oficina del Censo de los Estados Unidos realizado por el Centro de Investigaciones Pew. Este es el número más alto de al menos las últimas cuatro décadas y representa un incremento lento pero continuo desde antes de la Gran Recesión de 2008.

Según un sondeo, uno de cada cuatro padres dice que le parece bien que sus hijos adultos sigan viviendo con ellos, siempre y cuando ellos quieran.[2] Otra vez me pregunto, ¿tiene que ver esta opinión con nuestra necesidad o con la de ellos? ¿Quieren nuestros hijos realmente vivir con nosotros durante tanto tiempo o estamos haciendo que sea demasiado difícil para ellos irse a vivir solos? Amo a nuestros dos hijos adultos. Me pareció bien cuando nuestra hija Bethany vivió con nosotros varios meses después de terminar la universidad. Pero regresó con el plan de salir adelante y lo llevó a cabo. Hay una diferencia entre seguir viviendo

---

2. Amy Hoak, "How Long Is Too Long to Live with Your Parents?", *Market Watch*, 14 de agosto de 2013, www.marketwatch.com/story/how-long-is-too-long-to-live-at-home-2013-08-13.

en la casa de los padres con un plan o sin un plan. Aquellos que no tienen un plan necesitan un padre que les ayude a idear uno.

Al llevar a cabo grupos de enfoque para debatir sobre por qué muchos de nosotros hacemos cosas en lugar de nuestros hijos, he llegado a la conclusión de que se trata de un movimiento pendular conocido. Una gran población de padres de los *Baby Boomer* (los nacidos entre 1946 y 1964) y de la Generación X (los nacidos entre 1965 y 1983) creció en hogares disfuncionales. No estoy sugiriendo que todas nuestras madres y todos nuestros padres fueron disfuncionales, sino que muchos estaban consumidos por sus trabajos o sus propias necesidades. Muchos padres estuvieron emocional o físicamente ausentes para sus hijos.

No es de extrañarse que hoy día los padres estén comprometidos a hacer las cosas de manera diferente. No queremos estar emocionalmente ausentes o despreocupados de nuestros hijos, entonces empujamos el péndulo hacia el otro extremo. A menudo nos preocupamos excesivamente por ellos, hacemos tanto por nuestros hijos que les impedimos aprender importantes lecciones de vida. Es como si quisiéramos asegurarnos de que nuestros hijos adultos no necesiten ver a un consejero cuando tengan 30 años (porque mamá y papá estuvieron a su lado), entonces nos sobrepasamos en nuestra responsabilidad. Pero les estamos fallando. Cuando llegue el momento de marcharse de nuestro hogar, no estarán preparados.

El precio

Los padres que hacen demasiado por sus hijos abren la puerta a estos resultados:

No experimentamos la satisfacción de prepararlos para cuando sean adultos.

Pocas cosas son más gratificantes que enseñar a nuestros hijos a hacer una tarea de adultos, ya sea cortar el césped, cambiar el aceite del auto, pagar las cuentas o hacer una compra grande. Si piensas que hacer algo por tus hijos es bueno, en realidad espera hasta que los adiestres a hacer las cosas por sí mismos. Es emocionante.

Nuestros hijos se vuelven perezosos y se desmotivan.

Hacer demasiado por nuestros hijos en realidad fomenta una mentalidad de merecimiento. Los niños empiezan a creer que merecen tener en su vida alguien que siempre se ocupe de ellos. Al poco tiempo dan por sentado que alguien acudirá a su rescate, entonces nunca tienen el incentivo de trabajar o servir a otros. Son incapaces de motivarse a dar pasos para desarrollarse.

El mundo que los rodea no recibe lo que ellos tienen para ofrecer.
Piensa en esta consecuencia de hacer demasiado por tus hijos. Cuando no los preparamos para que se desenvuelvan solos en la vida, no podrán resolver problemas que sí podrían resolver si supieran poner en práctica sus talentos. Si no usan sus dones, cientos, si no miles de personas sufrirán las consecuencias.

Nuestros hijos se atrofian y no alcanzan su potencial.
Esta podría ser la peor de las consecuencias. Cuando hacemos cosas en lugar nuestros hijos, en realidad podemos atrofiarlos. Piensa en esto. Ellos no aprenderán a nadar en una piscina por leer un libro de natación o por ver cómo nadamos nosotros. Deben entrar al agua y nadar por sí mismos. Si no lo hacen, no serán nadadores. Así es con la vida.

El adiestramiento es la misión fundamental de todo padre. Dwight Moody dijo una vez: "Es mejor adiestrar a cien personas a hacer un trabajo que hacer el trabajo de cien personas. Pero… es más difícil".

--------------------- EL PRINCIPIO ---------------------
Cuando les hacemos todo a nuestros hijos, ellos
pueden volverse perezosos e incompetentes,
y no tener ningún motivo para madurar.

Cuando ayudar a nuestros hijos empieza a ser nocivo para ellos

Permíteme hacerte una pregunta. ¿Qué llegarías a hacer para ayudar a tus hijos a progresar en la escuela? Si eres un maestro, ¿cuánto harías para ayudarles a tener buenas notas en los exámenes?

Cada vez más adultos de todo el mundo están demostrando que están dispuestos a hacer cualquier cosa por ayudar a sus hijos, todo en nombre del amor.

Hace poco, una madre de 52 años ayudó a su hija adolescente a hacer trampa en un examen. No solo la ayudó, sino que hizo el examen en lugar de ella. Así es. Al parecer, se presentó vestida con pantalones de *jeans* de corte bajo, zapatillas *Converse* y mucho maquillaje para mezclarse entre los demás y hacer un examen decisivo en el centro de evaluaciones de París, Francia.

Según *Telegraph*, el centro de evaluaciones no estaba en la escuela de su hija de 19 años, y había estudiantes no convencionales (adultos) que también hacían el examen, de modo que nadie lo notó al principio. Finalmente, una maestra que conocía a la adolescente vio a la madre y llamaron a la policía para que la escoltara hasta la salida del edificio. Ahora se le ha impuesto una multa de $ 11.800 y tres años de cárcel. Su hija podría no volver a hacer ningún examen oficial del Estado durante cinco años.[3] Increíble.

¿Podría sugerir cuál es el peor delito?

Podemos sentirnos tentados a intervenir y hacer cualquier cosa para ayudar a nuestros hijos, pero al hacer eso estamos cambiando una ventaja por una desventaja… en el mejor de los casos. No hay dudas de que en el momento les estamos aliviando el estrés, pero, a la larga, los estamos llevando al fracaso. Nunca desarrollarán resiliencia. Un día, ya no estaremos junto a ellos para ayudarlos. ¿Qué habilidades tendrán entonces, habilidades para hacer trampa o para resolver problemas? Esta clase de "ayuda" no solo les transmite que está bien hacer trampa para obtener lo que quieren, sino que les impide desarrollar las habilidades necesarias para la vida cotidiana.

La paciencia y la perseverancia son inexistentes cuando los niños no aprenden a atravesar la adversidad para resolver los problemas. Como he dicho, cuando siempre les hacemos todo a nuestros hijos, ellos pueden volverse perezosos e incompetentes y no tener ningún motivo para madurar y aprender a desarrollar su independencia. El peor delito es que estamos defraudando a nuestros hijos, porque no les estamos ayudando a madurar y ser personas de éxito en el futuro. Las habilidades necesarias para la vida cotidiana se atrofian, porque esos músculos emocionales nunca se desarrollan. Lo sepamos o no, este tipo de ayuda les transmite a gritos este terrible mensaje: "Debo ayudarte porque tú no eres capaz".

---

3. Henry Samuel, "French Mother Caught Sitting Teenage Daughter's Exam", *Telegraph*, 20 de junio de 2013, www.telegraph.co.uk/news/worldnews/europe/france/10132957/French-mother-caught-sitting-teenage-daughters-exam.html.

Esto puede continuar incluso cuando nuestros hijos terminan la universidad. Según un estudio reciente, los padres que les ofrecen un apoyo total a sus hijos en la universidad podrían hacerles un daño así como un bien.

> El estudio publicado en... *American Sociological Review* sugiere que los estudiantes que tienen que trabajar para pagar parte de los gastos podrían tener que esforzarse más, y que los estudiantes con padres que corren con todos los gastos son libres para participar de más actividades sociales y extracurriculares. Eso podría ser divertido e incluso valedero, pero no sin un costo sobre el promedio general...
>
> Las conclusiones no sugieren que los padres deberían dejar de apoyar a sus hijos financieramente... Sino que deberían establecer normas y expectativas. Y aunque los padres puedan hacerse cargo de pagar todos los gastos educativos, vale la pena hacer que los hijos aporten parte de sus propios fondos o trabajen medio tiempo para que se sientan responsables.[4]

A menudo esto nos parece extraño. Muchos de nosotros nos sentimos mal por no pagar la educación universitaria de nuestros hijos. Pensamos que debemos pagar sus estudios aunque tengan más de veinte años. Esta clase de perspectiva parental se afianza cuando nuestros hijos están en la escuela primaria y secundaria, y simplemente necesitan ayuda con la tarea o los proyectos escolares. Sentimos que es nuestro deber. Cuando nos entrometemos y les hacemos las cosas, les estamos transmitiendo otra vez: "No lo harás bien sin mí".

¿Es esto lo que queremos comunicar? Debe haber una manera mejor de ayudarlos. De modo que empecemos a resistir esta urgencia de hacerles todo a través de estos simples pasos:

1. Aliéntalos.

La mejor ayuda que un padre puede ofrecer primero es alentar a sus hijos. Los niños necesitan escuchar que alguien que ellos respetan les dice: "Yo sé que tú puedes hacerlo. Eres capaz". El aliento es el oxígeno del alma.

---

4. Justin Pope, "Study: Parental Support Sends Down College GPA", Associated Press, 15 de enero de 2013, finance.yahoo.com/news/study-parental-support-sends-down-145802985.html.

2. Hazles preguntas.

Analiza los problemas con tus hijos. Hazles preguntas que les ayuden a desarrollar el pensamiento crítico que necesitan para resolverlos. Hacerles preguntas es casi siempre más beneficioso que darles las respuestas servidas. Esto les enseña a pensar.

3. Piensa un problema.

Muéstrales un problema similar y oriéntalos para que lo resuelvan. Esto les ayudará a desarrollar la capacidad de resolver los problemas que el maestro les haya dado. En otras palabras. En vez de limitarte a hablar de eso, ayúdales a desarrollar la capacidad que deben aprender.

4. Conéctalos con un compañero.

Así como los bueyes están juntos en el mismo yugo, conéctalos con otros estudiantes que entiendan la tarea. Los yugos permiten que dos bueyes, uno más débil y otro más fuerte, trabajen juntos. Construye un puente hacia una solución a través de un compañero en vez de hacerles la tarea.

¿Está tu hijo experimentando actualmente una situación en la que puedas poner en práctica estos pasos?

¡Es posible!

Mi amigo Andrés me dijo que a Guillermo, su hijo de diez años, le iba mal en su clase de matemáticas. Al final del semestre, cuando Andrés le preguntó a Guillermo cómo le estaba yendo, Guillermo estalló en llanto. No había pasado un examen, de modo que era el único niño que no pudo ir a la fiesta de la clase y celebrarlo con pizza. Andrés tomó la decisión de no ir a la escuela para tratar de buscar una solución. En cambio, decidió alentar a Guillermo, y le preguntó en qué necesitaba ayuda. Al final de su conversación, Guillermo le dijo a su padre que no quería volver a perderse otra fiesta con su clase. Determinado a lograrlo, se registró en clases de nivelación de matemáticas por Internet. Gracias a un buen padre, Guillermo está mejorando tanto en matemáticas como en las habilidades necesarias para la vida cotidiana. No está mal para un niño de diez años.

El libro de Lenore Skenazy, *Free Range Kids*, cuenta las historias de padres que no están preparando a sus hijos para el liderazgo.[5] Muchos padres en los Estados Unidos parecen estar convencidos de que los niños no son capaces de tomar sus propias decisiones ni de desenvolverse solos en el patio de juegos. Mientras recientemente el director de una escuela secundaria amenazó con suspender a un grupo de alumnos de último año por el acto peligroso de ir en bicicleta a la escuela, y un grupo de padres protestó porque sus hijos de 17 a 18 años tuvieron que volver solos a su casa en tren después que la escuela les pidiera que se retiraran por su mal comportamiento, en Europa los niños de 4 años van caminando solos a la escuela y los adolescentes incluso viajan solos por toda Europa y hacen operaciones con diversas monedas corrientes y en diferentes idiomas. ¡Es posible! Nuestros hijos pueden hacerlo; si tan solo se lo permitimos.

Lo cierto es que los niños pueden hacer más de lo que podemos imaginar. A menudo no lo vemos así, porque no los hemos instruido bien. La clave es aprovechar su imaginación y fuerza de voluntad. Recientemente conocí a la Dra. Elena Bodrova, coautora de *Tools of the Mind* [Herramientas de la mente]. Ella y su colega, Deborah Leong, hicieron una investigación en niños en edad preescolar y demostraron que son capaces de tener dominio propio y disciplina. En vez de presionar a los niños a hacer algo, están cultivando una mentalidad autónoma.

Permíteme ilustrarlo. En un conocido estudio, les pidieron a los niños que se quedaran quietos todo el tiempo que pudieran. Duraron dos minutos. Después, a niños de un segundo grupo les dijeron que simularan ser soldados en guardia y que tenían que quedarse quietos en su puesto. Duraron once minutos. Se trata de un cambio de conducta de dentro afuera. *Herramientas de la mente* reta a los niños a desarrollar el pensamiento abstracto mediante el uso de la imaginación. Terminaron por escribir mejor, socializar mejor e incluso quedarse quietos por más tiempo. El asunto es que son capaces de hacer lo que los adultos pensaban que no podían hacer. ¡Pero debemos adiestrarlos para que lo hagan![6]

5. Lenore Skenazy, *Free Range Kids* (Hoboken, NJ: Jossey-Bass, 2010).

6. Deborah Leong y Elena Bodrova, *Tools of the Mind: A Vygotskian Approach to Early Childhood Education* (Upper Saddle River, NJ: Prentice Hall, 1995); citado en Po Bronson y Ashley Merryman, *NurtureShock: New Thinking About Children* (Nueva York, Hachette Book Group, 2009), 155.

Realmente, ¿qué hace feliz a los niños?

Como he mencionado anteriormente, los padres sienten intuitivamente que colmar a los hijos de palabras de reconocimiento y atención desarrolla su autoestima. Por eso, millones de madres y padres felicitan a sus hijos por cada cosa mínima que hacen. Pero desde que el movimiento a favor de la autoestima se ha establecido en los Estados Unidos durante los últimos cuarenta años, hemos aprendido una importante verdad. El reconocimiento solo no cultiva la autoestima, cultiva el narcisismo.

La Dra. Jean Twenge ha hecho un estudio sobre los estudiantes universitarios a lo largo del tiempo que se remonta a la década de 1970. Ella afirma que el narcisismo sigue aumentando en la medida que los padres miman en exceso a sus hijos, validan cada una de las cosas que hacen y les dicen que son excepcionales. En la década de 1950, cuando preguntaron a los adolescentes "¿Te sientes muy importante?", menos del 10% dijo que sí. Cincuenta años después, más del 80% dijo que sí. Lamentablemente, siguen mostrando síntomas de depresión, angustia y una baja autoestima en lo que respecta a asumir riesgos y responsabilidades. Algo está mal.

Hemos descubierto que la fortaleza y la autoestima de los niños aumentan cuando los padres son sensibles así como exigentes. Los padres son sensibles cuando dan aliento a sus hijos y les muestran confianza, comprensión y apoyo. Son exigentes cuando establecen normas y reclaman a sus hijos que cumplan con ellas.

Lo creas o no, la auténtica autoestima se desarrolla a través de los logros, no solo a través del reconocimiento. Los niños necesitan sentir que pueden lograr algo con su propio conjunto de habilidades. Cuando los adultos hacen todo en lugar de sus hijos, con el tiempo el mensaje que les transmiten es: "Tú no eres capaz. Debo hacerlo yo". Finalmente, aun los niños que se desempeñan bien empezarán a tener un bajo concepto de sí mismos. Podrían esconderse detrás de una fachada de orgullo y seguridad en sí mismos, pero, por dentro, podrían estar experimentando lo que los psicólogos llaman "alta arrogancia, baja autoestima". A los diez años de edad, los niños deben sentirse orgullosos por sus logros ("Tuve un desempeño excelente en el área de mis dones) y por su esfuerzo ("Aunque no lo logré, sé que me esforcé al máximo"). Que cada mañana las camas de los niños estén hechas a la perfección no es tan importante como que los niños aprendan a hacer su propia cama.

Ronaldo y Melania son padres de una adolescente llamada Melisa. Me han admitido que han sido culpables de hacer demasiado por su hija. Cuando Melisa entró a la adolescencia, era una muchacha obesa y egoísta, y sentía que se merecía tener ropa bonita, teléfonos inteligentes, tabletas… todo lo que te puedas imaginar. No hace falta decir que ni la familia ni los amigos lo pasaban bien con ella.

Esto llevó a Melisa a tomar malas decisiones para poder conseguir a un muchacho como ella. Para ser breve, Melisa quedó embarazada. La situación fue un crisol para ella y toda su familia. Una vez que tuvo a su bebé, mamá y papá siguieron haciendo todo lo que le correspondía hacer a ella pero, al final, terminaron por agotarse. No podían seguir haciendo todo. Las cosas tenían que cambiar. Finalmente, Melisa tuvo que hacerse cargo de sus decisiones y madurar. Ronaldo y Melania le siguieron ofreciendo apoyo y confianza, pero dejaron de hacerle todas las cosas, y Melisa se convirtió en otra muchacha. Al asumir más responsabilidades, de repente fue más feliz. Aunque fuera contrario a las expectativas, cuanto menos hacían Ronaldo y Melania en lugar de su hija, más mejoraban las cosas. Melisa hacía las tareas con iniciativa, ayudaba en los quehaceres domésticos, perdió 25 kg y se sentía muy bien.

Bueno… no creo que esto sea una coincidencia. Los niños necesitan que los padres sean sensibles *y* exigentes *a la vez*. Y al final, son más felices con ellos mismos.

Antes y ahora

Imagina por un momento esta situación.

Los padres se están esforzando para tener el control de su hogar. El mundo en el que están criando a sus hijos es totalmente diferente al mundo que conocieron cuando eran niños. La tecnología está jugando un papel más importante que nunca. Los hijos están creciendo frente a una pantalla, durante muchas horas al día. Los programas y la música que estos niños consumen son muy diferentes a los de generaciones pasadas. Los hijos parecen estar fuera de control, sin respeto por la tradición y sin pensar en las consecuencias futuras de sus decisiones. ¿Qué deben hacer los padres?

¿Te resulta familiar?

En realidad, esta es una descripción de la sociedad en la que los *Baby Boomers* eran niños, poco después de la Segunda Guerra Mundial. La música era extraña, tal cual sienten los padres hoy. Los jóvenes tenían ideas extravagantes, tal cual creen los padres de hoy. Y las pantallas —que ahora aparecen en teléfonos inteligentes, tabletas y portátiles— eran antiguamente pantallas de televisión.

Los adultos nunca habían criado a sus hijos en ese nuevo mundo, por eso estaban perdidos y no sabían cómo ser padres, cómo educar a sus hijos o cómo guiarlos. En efecto, de muchas maneras, los adultos renunciaron a ejercer su liderazgo sobre ellos. El Dr. Benjamín Spock sugería que los niños eran "pequeños" que no debían recibir un castigo corporal, sino que se les debía permitir expresarse. Y sí que esos *Baby Boomers* se expresaban. Fue un tiempo extraño, porque no había una brújula que los guiara a través de ese territorio inexplorado.

Hoy día la historia se repite.

Antes, en la década de 1960, algunos padres eran recelosos de la televisión, sospechaban que era una mala influencia que llevaría a sus hijos a hacer cosas malas. (Incluso algunos tradicionalistas se referían a la TV como el "cajón del diablo"). En el otro extremo, algunos padres no sabían qué hacer con esta nueva tecnología que se infiltraba en los hogares y tenía influencia en los pensamientos y valores de los niños. Entonces bajaron los brazos y dejaron de tratar de controlarlos.

Perdieron la batalla. El artefacto se convirtió en la niñera tuerta, y prevaleció.

La respuesta, desde luego, era un punto medio. Finalmente, los padres reconocieron que la TV era neutral, ni buena ni mala. La programación era el verdadero problema. Las madres y los padres sabios empezaron a enseñar a sus hijos a tomar buenas decisiones con respecto a lo que podían ver. Una vez que sus hijos tuvieron una brújula moral que les marcaba las decisiones a tomar, la pantalla no tuvo control sobre ellos… ellos ya sabían cómo tener control sobre ella.

Esta es la lección que debemos aprender hoy.

Los padres y maestros estamos criando a una generación de niños inundados por una nueva ola de tecnología, muy similar a la generación de hace 50 años. Otra vez más, no hay reglas del juego para esta nueva tecnología.

Nuestro mantra antes era TGIF: Gracias a Dios hoy es viernes [por sus siglas en inglés]. El Dr. Leonard Sweet nos recuerda que nuestro mantra hoy también es TGIF: Twitter, Google, Instagram, y Facebook.

Un nuevo GPS

De la misma manera en que necesitamos instrucciones y un GPS cuando incursionamos en un nuevo territorio, necesitamos instrucciones que guíen a los niños y a los jóvenes en el terreno inexplorado de hoy. De hecho, debemos ofrecerles una brújula moral que los ayude a encontrar su verdadero norte. Entonces debemos ofrecerles una guía, como si fuera un GPS interpersonal.

En retrospectiva, me pregunto si los padres de los *Baby Boomers* dirían que estaban perdidos y que quizás no educaron bien a los niños de esa generación para que se hicieran adultos. El mantra de esa generación joven durante la década de 1960 fue "cuestionar la autoridad". Nosotros empezamos a usar el término *diferencia generacional*. Hubo una división entre los adultos y los jóvenes. El cantante Bob Dylan advirtió: "Nunca confíes en nadie mayor de 30 años". Parece que los padres no estaban haciendo suficiente por sus hijos.

Hoy nuestro reto es lo opuesto: hacemos demasiado. En este nuevo mundo, tenemos mucho temor de la incertidumbre de la vida y pensamos que es mejor hacer todo por nuestros hijos. Sinceramente, es probable que la respuesta sea otra vez un punto medio. Debemos hacer algo, pero no demasiado.

Hoy tenemos una ventaja. Al parecer, los estudiantes quieren seguir relacionados con sus padres y con adultos que cuiden de ellos. Tenemos la oportunidad de ofrecerles un GPS para este nuevo mundo. Dado que sabemos que la tecnología no va a desaparecer, debemos ayudar a los jóvenes a transitar por este mundo nuevo para que puedan sacar provecho de todo lo que este ofrece, pero sin perder las habilidades necesarias para la vida cotidiana que podrían atrofiarse en el proceso.

¿Podría sugerirte algunas medidas a tomar?

Procura estar al corriente de la última tecnología.

Procura estar al corriente y entender los dispositivos disponibles, especialmente aquellos que tus hijos disfrutan usándolos. Reconoce las ventajas y las desventajas de utilizarlos. ¿Qué nos ayudan a hacer más eficientemente? ¿Qué habilidades necesarias para enfrentar la vida cotidiana podrían disminuir al usarlos? Por ejemplo, a todos nos encanta Internet de alta velocidad, pero ¿no estamos siendo menos pacientes con las personas por ello?

Determina cuáles son las virtudes eternas y habilidades necesarias para la vida cotidiana.

Siéntate a hablar con tus hijos (o estudiantes) y enumera las habilidades necesarias para la vida cotidiana que piensas que son valiosas en una carrera laboral o una familia. Esto te ayudará a explicar cuáles son tus límites y qué cosas no estás dispuesto a sacrificar en nombre de la tecnología.

Establece límites que ayuden a tus hijos a constituirse en adultos bien equilibrados.

Esto significa enseñar a tus hijos a sacar provecho de la tecnología, pero tener control sobre ella en vez de dejarse controlar por ella. Por ejemplo, puede que tu hijo varón quiera romper con su novia a través de un mensaje de texto. Pero ¿es aconsejable o debería desarrollar la habilidad de resolver conflictos y hacerlo cara a cara? Aquí hay algunas preguntas que te ayudarán a sacar a colación el tema:

- ¿Es posible que comunicarme durante horas a través de Facebook disminuya mis habilidades sociales?

- Si todas mis conversaciones son a través de mensajes de texto, ¿puedo aun así aprender a leer el lenguaje corporal?

- Si una pantalla domina todo mi día, ¿puedo aun así desarrollar inteligencia emocional?

- Con todo ese estímulo externo, ¿cómo hago para cultivar mi motivación interna?

- Con la conveniencia de los cajeros automáticos, el horno microondas y los mensajes de texto instantáneos, ¿soy aun así capaz de postergar la gratificación?

Reconoce que todo crecimiento viene del ejercicio.

Los atletas desarrollan músculos a través de la fuerza y el ejercicio. Ellos tienen entrenadores que les ayudan a desarrollar su fuerza. Lo opuesto a ejercitarse es atrofiarse. Los músculos se achican cuando no se usan. El propósito de guiar a los hijos y regular la tecnología es simplemente impedir que se atrofien las habilidades necesarias para la vida cotidiana y las virtudes de vital importancia.

¿Puedes atravesar este proceso y ayudar a tus
hijos a desarrollar un GPS personal?

Ingenio y resiliencia

En 2005, Bradford Smart escribió un libro titulado *Topgrading*, que está lleno de ideas sobre cómo contratar, desarrollar y mantener jugadores de primer nivel en un equipo. Entre su mensaje, Smart sugiere que, en el mundo del futuro, el ingenio es el rey. Permíteme resumir y explicar este mensaje y luego aplicarlo a nuestros hijos.

Smart dice que el ingenio es la nueva metacompetencia de los empleados que entran a la fuerza laboral. Piensa en esto. La información está en todas partes, de modo que ya no necesitamos personas que sepan mucho. La información es de fácil acceso para todos. Tú puedes investigar y encontrar respuestas a casi todos los problemas si sabes dónde buscar. Por eso la virtud del ingenio ahora es la habilidad más importante para desarrollar y descubrir. Estoy hablando de personas que saben cómo encontrar respuestas, aquellos que pueden identificar y resolver problemas porque pueden encontrar soluciones más allá de la práctica habitual. Las personas ingeniosas pueden…

- comprender los problemas clave que estorban el progreso.
- buscar y encontrar ideas que puedan vincularse a esos problemas.
- desarrollar una serie de soluciones a los problemas.
- modificar e implementar las mejores soluciones.[7]

Esta es una profunda verdad que debes entender para poder educar y enseñar a tus hijos. Para poder dar a tus hijos una ventaja para que maduren y se hagan adultos, debemos enseñarles a ser ingeniosos, a no ser renuentes a profundizar ciertos asuntos y sacar conclusiones sobre estos, a saber cómo investigar y encontrar respuestas por sí mismos. En *Growing Leaders* contratamos empleados jóvenes que poseen esta capacidad. Son ingeniosos para asociar ideas, crear sistemas nuevos y adaptar

---

7. Bradford Smart, *Topgrading* (Nueva York: Penguin, 2005), s. p.

ideas que otros han usado en otro lado. Son de gran valor. En algún momento, alguien les ayudó a ser ingeniosos.

Asimismo hay un elemento valioso más que debemos cultivar intencionalmente en la vida de nuestros hijos: la resiliencia. La velocidad y la conveniencia que caracterizan nuestra cultura han disminuido la virtud de la resiliencia. En toda la nación, los maestros se dan cuenta de que los jóvenes hoy se rinden demasiado fácilmente. No les gustan los problemas que requieren mucho o demasiado esfuerzo para resolver. Creo que la resiliencia es la segunda competencia de incalculable valor después del ingenio. La Generación iY carece de ambas cosas.

Encuestamos a más de ocho mil estudiantes el año pasado y descubrimos que la resiliencia es un elemento poco frecuente entre los adolescentes. Y está en declive. La resiliencia es la capacidad de reponerse después de la adversidad. La tecnología ha hecho la vida rápida y fácil, de tal modo que los padres, entrenadores y maestros deben encontrar la manera de desarrollar la resiliencia en nuestros hijos.

Estos son los comentarios más habituales de los alumnos a sus maestros de escuela primaria y secundaria:

"Esto es demasiado difícil".

"Necesito ayuda".

"No puedo hacer esto".

¿Podría ser que no los hemos preparado para hacer cosas difíciles por sí mismos?

Es tan fácil como andar en bicicleta

Permíteme acabar con una analogía. Así como un niño no puede aprender a nadar por mirar cómo alguien nada, tampoco puede aprender a andar en bicicleta con tan solo observar. Estas son cosas que deben aprender a hacer por sí mismos.

¿Recuerdas cuando enseñaste a tus hijos a andar en bicicleta? Hace poco reflexionaba con un grupo de directores escolares sobre la enseñanza que esta experiencia nos deja para la educación de los niños y el desarrollo del liderazgo en los estudiantes.

Piensa en las fases de aprendizaje para andar en bicicleta. Al principio, eras demasiado pequeño para andar en bicicleta. Eras un niño que apenas caminabas, de modo que tu mamá o tu papá te acomodaban detrás de ellos o te ataban con una correa sobre su falda, *en la bicicleta*, y te llevaban a dar un paseo. Era emocionante sentir el viento sobre tu rostro y no tener ninguna preocupación en la vida. En ese entonces, para ti las bicicletas eran buenísimas y no podías esperar hasta poder andar por ti mismo.

Después, finalmente, te montaste en tu propia bicicleta. Era un triciclo, pero, aun así, era tuyo. Anduviste sobre esas ruedas en un pasillo de tu casa y te acostumbraste a andar solo. Desde luego, era como andar en bicicleta a una escala mínima, pero tuviste la experiencia de montar en ella, acelerar, conducir y frenar, completamente solo. Estuviste satisfecho por un tiempo, pero cuando creciste, finalmente sabías que tenías que tener una de esas bicicletas grandes.

Luego, finalmente, tuviste una. Era una bicicleta real con dos ruedas en vez de tres. Tal vez tenía un bonito manubrio o ruedas con rayos multicolor, y era exclusivamente tuya. Solo una advertencia. Te aterraba montarte en ella. Así que uno de tus padres te explicó que aprenderías a andar en bicicleta con dos rueditas adicionales.

Sin embargo, al final, ya eras un poco mayor para andar con dos rueditas adicionales y un día le pediste a papá que te las quitara. Te daba un poco de vergüenza andar con ellas; después de todo, ya tenías cinco o seis años. Papá fue contigo al garaje, sacó una llave inglesa de su caja de herramientas y sacó las rueditas adicionales.

De repente, sentiste miedo. Pero papá te aseguraba que te sostenía mientras pedaleabas aquella bicicleta sin las rueditas adicionales. Te llevó caerte varias veces y un par de raspones en la rodilla, pero finalmente la dominaste. Pero ¿te das cuenta todo lo que tuvieron que hacer tus padres para que llegaras a ese momento?

Fue una excelente combinación de sostenerte y soltarte.

Esta ilustración nos muestra lo que debemos experimentar en la educación de nuestros hijos. Al principio, lo hacemos todo. Ellos están andando en nuestra bicicleta y tienen una muestra de lo que significa ser un buen líder. Luego tienen su propio triciclo al asumir pequeñas responsabilidades. No corren grandes riesgos, pero es importante para ellos hacerlo solos. Después, tienen una bicicleta más grande. Adoptan un papel importante, pero les colocamos dos rueditas adicionales al darles nuestro apoyo y pedirles que nos rindan cuenta, con el fin de que no terminen por matarse o matar a otros al conducir. Finalmente, están listos para ser adultos —líderes— cuando les ofrecemos el suave equilibrio de sostenerlos y soltarlos. Demasiado de cualquiera de las dos cosas podría provocar un accidente. Al final, debemos sacar nuestras manos y dejar que anden solos.

Un último pensamiento. Una vez que empiezan a andar en la propia bicicleta de su liderazgo, puede que tomen un camino que nunca quisiste que tomaran. No estaba en tus planes. ¿Estás dispuesto a darles la libertad de ir por su propio camino? ¿Estás preparado quizás para dejar que se caigan mientras andan y aprendan cuál es el mejor camino para tomar sin forzarlos a seguir el tuyo?

Tal vez acompañes a tus hijos en esta aventura y te conviertas en un gran instructor de ciclismo.

Preparamos el camino para el niño en vez de preparar al niño para el camino

Recientemente, pronuncié un discurso de graduación en la Universidad de Carolina del Sur. Su presidente, que es un gran amigo mío, dijo que conocía a algunos padres que se negaban a aceptar que sus hijos no se graduaran con honores. Después de todo, sus hijos eran excepcionales y merecían recibir dicho reconocimiento. ¿Sabes qué hicieron esos padres? No lo vas a creer. Hicieron su propio conjunto de cordones y borlas de honor para que sus hijos vistieran en su graduación.

¡*Vaya*! Me pregunto si los graduados no se avergonzaron.

Mi colega Elise Fowler me acaba de comentar acerca de una reunión entre un padre y un maestro que tuvo lugar recientemente en la escuela intermedia de su localidad. Ella quedó espantada por las declaraciones:

- Ya no hay más "No aprobado" (o "Deficiente") en el sistema de calificaciones. Ahora lo llaman "I" (Insatisfactorio). Los estudiantes pueden entregar una tarea o proyecto escolar en cualquier momento del semestre sin que se les descuenten puntos.

- Si los estudiantes sacan una "I" en un examen, pueden repetir el examen tantas veces como lo necesiten hasta que lo aprueben. El único requisito es que tienen que asistir al menos a una clase de apoyo.

¿Cómo están preparando estos cambios a los estudiantes de cara al verdadero mundo, donde tendrán que lidiar con fracasos, plazos de entrega y oportunidades perdidas? Esta es una de las razones por las que nuestro trabajo en *Growing Leaders* es tan decisivo. Lamentablemente, en las escuelas no se está desarrollando el liderazgo en los niños a menos que padres, maestros y directores vehementes tomen la iniciativa de hacerlo. Detesto parecer anticuado, pero la verdad es que estamos viviendo en una era diferente en que muchos sistemas educativos ya no reprueban a los estudiantes. Pueden intentarlo hasta que aprueben, y nosotros los apoyamos a seguir adelante con el sistema. Temo que lentamente se estén reemplazando las normas de excelencia académica y la inteligencia emocional de los estudiantes por la satisfacción con la mediocridad. Que pasen de grado como sea.

En el otoño de 2013, se difundió de manera viral un informe sobre una liga de futbol de Ontario, Canadá. Los adultos decidieron que a fin de asegurarse de que cada niño gane, simplemente prescindirían de la pelota. Los niños tendrían que usar su imaginación, y los entrenadores simplemente dirían que al final el partido terminó empatado. Al día siguiente, se desmintió la noticia, pero el hecho de que el informe tuviera una difusión viral demuestra cuán lejos hemos llegado como sociedad. En realidad, todos creyeron la historia. Lo aprobaran o no, esa noticia captó la atención de la gente. Hace cincuenta años, nadie lo hubiera creído.[1]

El balance final

Confesaré que cuando mis hijos eran muy pequeños, me dediqué a preparar el camino para ellos. Lanzaba pelotas fáciles para que mi hijo pudiera batear, escondía los huevos de Pascua en lugares fáciles de encontrar, les daba ventajas en las carreras. En los primeros años de la niñez, esto les da confianza. Sin embargo, una vez que terminan la escuela primaria, esta estrategia finalmente producirá resultados negativos. Los niños cultivan expectativas irreales sobre la facilidad de la vida y su superioridad con respecto a otros niños. Si seguimos preparando el camino para ellos durante la niñez, no podrán desarrollar perspectiva y no estarán preparados para enfrentar el rigor de la vida real.

En conclusión, preparar el camino para el niño no es beneficioso. Cuando hacemos esto, en realidad estamos subestimando a nuestros

---

1. "To Ensure Every Child 'Wins', Ontario Athletic Association Removes Ball from Soccer", CBC Radio, 3 de septiembre de 2013, www.cbc.ca/thisisthat/blog/2013/09/03/to-ensure-every-child-wins-ontario-athletic-association-removes-ball-from-soccer/index.html.

hijos. No estamos sacando lo mejor de ellos, porque pensamos que debemos quitar todo estorbo del camino y facilitarles las cosas. Cuando hacemos esto, ellos sienten que la vida es buena por fuera (más fácil), pero no sienten que es buena por dentro (no se respetan a sí mismos). Cuando crecen, observan una enorme brecha entre su manera de vivir y el mundo real. En realidad, estamos haciendo que sea más difícil para ellos alcanzar su potencial.

En cambio, creo que nuestros jóvenes son capaces de mucho más de lo que nos están mostrando en el presente. Son capaces de lograr grandes cosas; solo que no contamos con eso. Nuestros hijos son capaces de ser y hacer más de lo que imaginamos; desde luego, más que perder horas en Facebook y Twitter. Lo cierto es que a menudo les simplificamos la vida.

Cuando cometemos este error, la niñez de nuestros hijos es maravillosa, pero su adultez parece poco prometedora. Es como correr un maratón sin prepararse, pero esperar un buen resultado. Demasiado a menudo preparamos a nuestros hijos para correr un *sprint* en la vida, no una carrera de fondo. La vida es un maratón, no un *sprint*. Cuanto más hagamos para entrenar a nuestros hijos para esta, mejor les irá. Y esto significa prepararlos a *ellos*, no el camino que tomarán.

— EL PRINCIPIO —

Preparar el camino para tus hijos no los
prepara a ellos para la vida.

Un sistema de medición parental tergiversado

Hay una razón que nos lleva a hacer esto. Muchos de los padres tenemos ahora un nuevo sistema de medición que usamos para evaluar el éxito:

Nos va bien si les damos facilidades y bienestar a nuestros hijos.

Tal vez hacemos esto porque es lo único que conocemos. Tal vez nuestros propios padres no fueron buenos ejemplos; no nos prepararon bien para la edad adulta. Si no nos dieron ejemplo de una buena formación, intuitivamente protegemos y mimamos a nuestros hijos. Nuestro sistema de medición está basado solo en suplir todas las necesidades de nuestros hijos.

Nos va bien si nuestros hijos nos aman y adoran.

Podría ser que anhelemos tanto el amor de nuestros hijos, que no nos atrevamos a molestarlos. Nos sentimos inseguros y necesitamos su aprobación. No queremos que ellos se vuelvan contra nosotros. Esto implica simplificarles la vida. Solo se trata de ganarnos su amor. Recuerda que si necesitas que tus hijos te amen, no serás un buen padre. Nuestra necesidad desvirtuará nuestra perspectiva.

Nos va bien si subsistimos cada día o cada semana.

Muchos de nosotros nos identificamos con esto. Al final de cada día, estamos totalmente agotados. Entramos a un estado de supervivencia, y adiestrar o preparar a nuestros hijos para hacer algo es lo último que se nos pasa por la cabeza. Y aunque lo pensemos, no sabríamos cómo hacerlo. No podemos ver más allá de hoy. Estamos felices con el solo hecho de subsistir otra semana.

Nos va bien si nuestros hijos sienten suficiente amor.

He mencionado esto antes. He conocido muchos padres que temen que sus hijos tengan que hacerse tratar por un terapeuta cuando sean adultos, porque nunca recibieron suficiente amor o protección. Esto nos ciega y no nos permite ver sus necesidades futuras. Reaccionamos constantemente a sus necesidades actuales, de modo que los protegemos más y los preparamos menos.

Pregunta: ¿Qué valores tiene tu sistema de medición? ¿Cómo mides el éxito?

El mundo está cambiando

Se repite tanto, que parece una frase hecha. El mundo está cambiando vertiginosamente y, en realidad, está afectando la manera de criar y enseñar a nuestros hijos. Ya no vivimos en la era industrial. Hace décadas que estamos viviendo en la era de la información, que está cediendo su paso a la versión 2.0. Ya lo he dicho antes: estamos criando a la primera generación de niños que no necesitan de adultos para obtener información. Hay información por todos lados. Debemos dejar de vernos como proveedores de contenido. Ellos no nos necesitan para obtener *información*, sino para la *interpretación*. Debemos ayudarles a interpretar lo que saben. Instruir a nuestros hijos es ofrecerles una sana visión del mundo, no solo pedirles que memoricen datos como lo hacíamos en la escuela. Ellos no nos necesitan para acceder a la información, sino para procesarla. Me encanta la manera en que lo explica el experto en cultura Seth Godin:

> Creo que memorizar el año en que se libró la batalla de Hastings es una trivialidad. Por otro lado, comprender el paso de la historia, poder visualizar los ciclos repetitivos de la conquista y el fracaso y tener un entendimiento innato de la economía básica del mundo son conocimientos esenciales para toda persona educada.[2]

Creo que todo maestro, padre, entrenador, pastor de jóvenes y empresario debería hacerse esta pregunta al trabajar con los jóvenes: ¿Ha sido esta clase/programa/tarea/norma creada para ayudar a los estudiantes a hacer lo mismo que antes y seguir siendo niños, o les estamos abriendo una nueva puerta para que hagan algo nuevo que les ayude a crecer?

No tenemos que seguir formando niños sumisos que memoricen información. Tenemos que edificar una generación de líderes creativos y motivados, que sean pioneros y nos abran camino hacia nuestro futuro. Para esto, debemos cultivar un conjunto de habilidades fundamentales dentro de ellos, que se caractericen tanto por soñar como por tener disciplina. Esto significa que debemos capacitarlos.

El mayor indicador de éxito en la vida

Puede que conozcas el famoso experimento con los malvaviscos realizado hace casi medio siglo en la Universidad de Stanford. (Puedes encontrar una divertida recreación de este experimento en YouTube).

En el experimento, el psicólogo Walter Mischel llevaba a niños (uno a la vez) a una habitación, colocaba un malvavisco sobre una mesa frente a ellos, y les decía que regresaría en quince minutos. Les decía que podían

---

2. Seth Godin, *Stop Stealing Dreams*, sethgodin.typepad.com/files/stop-stealing-dreams 6print.pdf.

comer el malvavisco cuando lo desearan, pero que si esperaban a que él regresara, les daría dos malvaviscos. Es divertido observar los resultados. Muchos de los niños no pudieron esperar. Otros lo miraban, lo olían, lo tocaban con sus labios..., pero esperaron para comerlo.

Años después, a principios de 1980, se descubrieron resultados fascinantes. Investigadores localizaron a esos mismos niños, ya jóvenes, y descubrieron que aquellos que, a los cuatro años de edad, pudieron esperar a recibir los dos malvaviscos tuvieron los mejores promedios y antecedentes académicos como adolescentes. Estos resultados revelan un nuevo descubrimiento sobre lo que ayuda a los niños a tener éxito en la escuela y en la vida, y no siempre se trata de tener un alto coeficiente intelectual; sino de tener habilidades cognitivas, tales como la capacidad de postergar la gratificación. De hecho, los investigadores ahora dicen que las habilidades de la "función ejecutiva", tales como el dominio propio, la perseverancia, la paciencia y el pensamiento flexible a largo plazo favorece el crecimiento en los niños.

¿Puedo referirme a los padres, maestros, entrenadores y líderes de jóvenes? Entiendo nuestro deseo de mejorar las calificaciones de exámenes estandarizados, pero tenemos una gran población de niños que sabe cómo hacer un examen, pero no cómo tener éxito en el trabajo o el matrimonio. Nuestros hijos no son tontos. Tienen suficiente picardía para especular lo que deben hacer para pasar una clase que consideran irrelevante.

Lo cierto es que nuestros hijos se gradúan sin haber adquirido las habilidades sociales que necesitan para conseguir trabajo. Según dos encuestas nacionales, los ejecutivos de recursos humanos dan cuenta de una carencia de habilidades en los graduados que entrevistaron. En su mayoría, los jóvenes candidatos fueron desestimados. La mitad de las vacantes de empleo permaneció vacía. En conclusión, los empleos están preparados, los jóvenes no.

No ignorante de este problema, el programa de TV *Sesame Street* puso manos a la obra. El año pasado, convencieron a un guionista que incluyera habilidades de funciones ejecutivas en el programa. Acertadamente, eligieron al Monstruo de las Galletas como el representante ejemplar para aprender a postergar la gratificación. Piensa por un momento. En el pasado, cuando el Monstruo de las Galletas quería una galleta, le daban una galleta. Ahora podemos ver que está aprendiendo a esperar y quizás reciba dos galletas. Está desarrollando las habilidades de función ejecutiva que todo buen títere debería tener. Me encanta.

Entonces, ¿qué podemos hacer para cultivar estas funciones ejecutivas en nuestros hijos?

Amplía el sistema de medición de tus hijos.

Además de buenas calificaciones, ¿por qué no recompensar actitudes y habilidades sociales, tales como la demora de la gratificación, las agallas o el esfuerzo? Permite que los jóvenes sepan que esto es fundamental para todo adulto, empleado o líder. Recuerda que lo que se recompensa se repite.

Procura hacer del proceso un juego.

Busca la manera de cambiar el desarrollo de esas habilidades sociales en un juego o una competencia. Esto se puede hacer con computadoras, puntos, premios y risa. Como decía Mary Poppins: "En toda tarea a realizar puedes encontrar un elemento para disfrutar".

Bríndales oportunidades de practicar habilidades sociales.

En nuestro hogar, nuestros hijos nos ayudaban a organizar fiestas para nuestros amigos adultos. Aprendieron a saludar a los adultos en la puerta, a encargarse de sus abrigos, a presentarlos a otros adultos, a servirles te frío y otras cosas. Fue una preparación para la vida.

Simula la rutina pesada de los adultos.

Busca la manera de simular situaciones de entrevistas de trabajo, resolución de conflictos o disciplina. Una semana les pedí a mis hijos que pensaran en dos cosas que detestaban hacer y les propuse el reto de hacer esas cosas diariamente por una semana. Los quehaceres o participar de proyectos de servicio pueden ser buenos hábitos.

Ofréceles un incentivo por esperar.

La paciencia es casi una virtud perdida, incluso en los adultos. Es como si todos camináramos de un lado al otro frente al horno microondas. De modo que cuando los jóvenes quieran algo, aventúrate un poco más y ofréceles una gran recompensa si esperan dos meses más. Recuerda el experimento con los malvaviscos.

Cuéntales muchas historias.

Sé que piensas que los niños se cansan de oírte hablar de los viejos tiempos. Pero he descubierto que, a la mayoría de los niños, les encanta escuchar historias de todo lo que nosotros tuvimos que pasar para aprender estas mismas habilidades necesarias para la vida cotidiana cuando éramos niños. Todo esto forma parte del proceso de crecimiento.

Acabo de recibir una llamada de un joven que había colaborado con nuestro equipo un verano mientras cursaba la universidad. Me dijo que simplemente quería disculparse por haber sido muy inmaduro durante ese verano y me dijo que valoraba mucho que nuestro equipo lo hubiera introducido al verdadero mundo. Aunque era muy inteligente, dijo que esa experiencia de verano fue equivalente a toda su carrera universitaria, y lo había ayudado a prosperar en su nuevo trabajo. Ahora era un muchacho agradecido de 23 años.

Necesitó más de una clase para llegar a ser un hombre de éxito.

La escuela Sudbury Valley fue fundada hace más de 40 años, durante la era de los *hippies* y el amor libre de los *Baby Boomer*. Aquí hay una parte del fundamento de su escuela:

> A nuestro modo de ver, responsabilidad significa que cada persona tiene que asumir su propio rol de protagonista. Tú, y solo tú, debes tomar tus decisiones y debes acostumbrarte a eso. Nadie debería pensar por ti, y nadie debería protegerte de las consecuencias de tus acciones. Sentimos que esto es fundamental si quieres ser independiente, actuar por propia iniciativa y ser el dueño de tu propio destino.[3]

La lucha entre nuestra mente y nuestro corazón

Mientras hacía investigaciones para este capítulo, pensaba que todo esto es coherente; pero es muy difícil ver luchar a nuestros hijos con el temor y la angustia. Sabemos que no debemos facilitarles las cosas pero, de alguna manera, suponemos que su autoestima se fortalecerá si les allanamos el camino. Sin embargo, al seguir profundizando en la investi-

---

3. *And Now for Something Completely Different: An Introduction to Sudbury Valley School* (Framingham, MA: Sudbury Valley School Press, 1995), 6.

gación, aun esta excusa se derrumbó. Considera el extracto de la obra de Edward Hallowell, autor de *The Childhood Roots of Adult Happiness:*

> Si realmente quieres fortalecer la autoestima de tus hijos, enfócate menos en elogiarlos y más en brindarles amplias oportunidades de aprender nuevas habilidades. La aptitud, no el aplauso, es el verdadero artífice de la autoestima, dice el Dr. Hallowell. Afortunadamente, en lo que respecta a los niños menores de cuatro años, casi todo lo que hacen es una oportunidad para desarrollar sus aptitudes, porque todo es nuevo para ellos: aprender a gatear, caminar, alimentarse y vestirse, usar el baño y andar en triciclo. Nuestro reto es dar un paso atrás y dejar que nuestros hijos hagan por sí mismos lo que son capaces de hacer. "El gran error que hacen los buenos padres es hacer demasiado por sus hijos", dice el Dr. Hallowell.
>
> Aunque puede ser difícil ver luchar a nuestros hijos, ellos nunca conocerán la emoción de la aptitud a menos que les permitamos correr riesgos. Pocas habilidades son perfectas en el primer intento. Es con la práctica que los niños logran desarrollar aptitudes. Y cuando tienen repetidas experiencias de su aptitud, desarrollan la actitud "yo puedo", que les permite enfrentar retos futuros con el entusiasmo y el optimismo que son fundamentales para una vida feliz.[4]

Tengo un presentimiento. Si preguntáramos a los padres por qué preparan el camino para sus hijos, probablemente responderían: "Quiero que sean felices hoy". Saben que eso no beneficiará a sus hijos a largo plazo, pero los están criando en el ahora.

> Parece contrario a lo lógico, pero lo mejor que puedes hacer por la felicidad de tus hijos a largo plazo podría ser dejar de intentar que sigan siendo felices a corto plazo.

---

4. Marguerite Lamb, "7 Tips to Raising a Happy Child", *American Baby*, mayo de 2008, www.parents.com/toddlers-preschoolers/development/fear/raising-happy-children/; citado de Edward M. Hallowell, *The Childhood Roots of Adult Happiness* (Nueva York: Ballantine Books, 2003).

"Si ponemos a nuestros hijos en una burbuja y les conce-
demos todos y cada uno de sus deseos y antojos, se acos-
tumbrarán a eso; pero el mundo real no funciona de esa
manera", dice la escritora Bonnie Harris, fundadora de
Core Parenting...

Para evitar mimarlos demasiado, reconoce que no eres
responsable de la felicidad de tus hijos, exhorta Harris. Los
padres que se sienten responsables de las emociones de sus
hijos tienen mucha dificultad con permitir que experimenten enojo, tristeza o frustración. Se precipitan inmediatamente a darles todo lo que piensan que les dibujará una
sonrisa o resolverá cualquier cosa que les esté causando
sufrimiento. Lamentablemente, Harris advierte que los
niños que nunca aprenden a tratar con las emociones negativas están en peligro de dejarse dominar por ellas cuando
sean adolescentes y adultos.[5]

Voy a ser sincero contigo. Al encontrarme con cientos de padres cada
año y hablar con miles de ellos, sigo observando una tendencia. Ya lo
mencioné anteriormente en otra parte del libro. Es nuestra predisposición a querer tener el control. Algunos padres son casos extremos; están
obsesionados por tener el control. Esto se puede ver en sus intentos de
manejar y manipular las amistades de sus hijos, sus actividades, la ropa
que visten, sus pasatiempos, quiénes serán sus maestros en la escuela,
sus compañeros, incluso sus sueños.

Lo sé; también se me ha cruzado por la mente un par de veces
hacer esto. Después de todo, estos niños son nuestra descendencia.
¿Por qué no vamos a querer controlar su vida? Nosotros sabemos más
que ellos. Esto no funciona, por su puesto, porque el control es un
mito. Aunque hayas engendrado a esos niños, crecieron con sus propios pensamientos, opiniones, sentimientos y metas. Querer controlar sus vidas es como querer controlar el viento. No podemos. Todo
lo que podemos hacer es aprovechar la manera de responder al viento,
como un buen marino en un barco. Y esto empieza al rendir el control de su felicidad.

---

5. Lamb, "7 Secrets to Raising a Happy Child", citado de Bonnie Harris, *When Your Kids
Push Your Buttons and What You Can Do About It* (Nueva York: Warner Books, 2003).

Una vez que aceptas que no puedes hacer que tus hijos sientan felicidad (o, de hecho, cualquier otra emoción), estarás menos inclinado a tratar de "determinar" sus sentimientos, y es más probable que recapacites y les permitas desarrollar la capacidad de enfrentar el dolor y la resiliencia que necesitarán para recuperarse de las adversidades inevitables de la vida.[6]

Lo cierto es que, para muchas situaciones de la vida, el control es un mito. Hay muy pocas cosas que podemos controlar. Cuanto antes reconozcamos esto, mejor educaremos a nuestros hijos. Como padre, siempre debo recordar que todo lo que les sucede a mis hijos cae en una de tres categorías:

- Situaciones que están bajo mi control: debo asumir la responsabilidad de estas.

- Situaciones que están fuera de mi control: debo confiar en otros y dejar de preocuparme.

- Situaciones que están bajo mi influencia: debo responder y actuar sabiamente.

En mi función de padre, encontraré algunas situaciones que están bajo mi control, tales como mi actitud hacia ellos, lo que comen en casa, el amor que les manifiesto, el hogar y los recursos que les brindo y el ejemplo que les doy. No debo culpar a otros por la manera en que esto funciona, y no debo esperar que otros asuman la responsabilidad de esto. En cambio, yo debo asumir la responsabilidad. Debo reconocer mi rol y estar determinado a cumplirlo.

Cuando encuentro situaciones que escapan a mi control, mi peor reacción es tomar cartas en el asunto y manipular la situación. Gran cantidad de estas circunstancias me tientan a intervenir y tratar de ejercer control: la forma en que otros niños tratan a mis hijos, la clase de maestros que les tocan a mis hijos, la actitud de mis hijos hacia mí, cuán felices, talentosos, inteligentes o bellos son mis hijos... cosas por el estilo. No me corresponde a mí tener control sobre estas cosas.

---

6. Ibíd.

Cuando encuentro situaciones que están bajo mi influencia, debo responder sabiamente, equilibrar la tentación de controlar la situación con la tentación de cruzarme de brazos y no hacer nada. Estas situaciones incluyen ayudar a mis hijos a desarrollar un punto de vista sano, permitir que mis hijos estén preparados para los retos, preparar a mis hijos para que se relacionen bien con otros y saber qué es lo correcto, adiestrar a mis hijos a esforzarse, etcétera. Espero que puedas ver la leve diferencia entre esta categoría y las cosas que están bajo tu control. Tú no puedes controlar la actitud de tus hijos, pero puedes influenciarla. No puedes tener una entrevista de trabajo en lugar de ellos, pero puedes prepararlos para la entrevista. Influencia no es control.

Pregunta: ¿Tratas de controlar la vida
y la felicidad de tus hijos?

Saquemos lo mejor de nuestros hijos

Entonces, ¿cómo influenciamos adecuadamente a nuestros hijos? ¿Cómo transformamos a nuestros hijos y nuestro hogar de tal manera que siempre haya paz? ¿Cómo renunciamos a nuestra ambición de controlar y permitimos que nuestros hijos atraviesen algunas adversidades para que puedan crecer? ¿Cómo hacemos para que haya menos de nosotros y más de ellos?

Permíteme recordarte que los cambios más positivos no suceden de la noche a la mañana. Es mejor empezar lentamente y en cosas pequeñas. Pasito a pasito, como se dice. Por ejemplo, si tus hijos manifiestan tener un sentido de merecimiento y poca capacidad de atención y paciencia, la respuesta no es volverse duro de repente y exigirles que crezcan. Puede que tengas que dejar de mimarlos o malcriarlos y mostrarles el verdadero mundo; pero pasar rápidamente de ser tierno a ser duro no funciona. El cambio repentino los alejará. Es como salir de un cine oscuro después de ver una película y ver la luz del día. Cerramos rápidamente los ojos y queremos volver adentro. La luz es demasiado fuerte. Debemos mostrarles con cuidado el camino a la madurez. Lentamente y en cosas pequeñas. A lo largo de los años, he notado el efecto causado por adultos que eran demasiado blandos o demasiado duros. Estos son algunos ejemplos:

Si conseguimos todo lo que quisimos y nos sentimos amados, nos volvimos consentidos.

Cuando yo era niño, mis padres se enorgullecían de dar a sus hijos todo lo que necesitaban. Hoy día muchos padres parecen enorgullecerse de dar a sus hijos todo lo que quieren. Al parecer pensamos que ese es el deber de todo buen padre. Este ha sido un cambio triste y negativo. Parte de la razón por la que algunos niños tienen un sentido de merecimiento es que los adultos han manifestado que los niños merecen recibir todo lo que quieren: lo más nuevo en iPad, teléfono inteligente, aplicaciones para ese teléfono, ropa de marca... lo que se te ocurra. Cuando expresamos nuestro amor de esta manera a nuestros hijos, los estamos llevando a actuar como niños consentidos. En consecuencia, muchas veces llegan a ser adultos que se creen con derechos. Se vuelven personas pretenciosas con las que nadie quiere estar.

Si conseguimos todo lo que quisimos, pero no nos sentimos amados, nos volvimos superficiales.

Veo otra situación en los hogares. En estas familias, los niños disfrutan todo lo nuevo disponible en las tiendas, pero aun así se preguntan si realmente son amados. A menudo estos son hogares con dos ingresos económicos. Mamá y papá están ocupados todo el tiempo, de modo que llegan a casa cansados y compensan su falta de tiempo y energía simplemente con lo último en ropa y tecnología. Este es el pensamiento clásico de los *Baby Boomer*: todo se soluciona con dinero. Es tentador, especialmente si tienes dinero. Los niños disfrutan de los dispositivos ultramodernos, pero a veces pasan por alto todas sus posesiones y se preguntan si mamá y papá los aman e incluso quieren pasar tiempo con ellos. Consideran que el tiempo es más valioso que el dinero, porque saben que siempre se puede conseguir más dinero, pero nunca más tiempo. La vida se ha convertido en poseer cosas, y tratan de salir ganando en eso, pero, a menudo, llegan a ser superficiales en sus relaciones. No saben cómo profundizar, así que son superficiales ya sea cuando se comunican a través de Internet o cuando hablan cara a cara.

Si no conseguimos todo lo que quisimos, pero aun así nos sentimos amados, nos volvimos seguros.

En la situación más positiva para los hijos, los padres encuentran la manera auténtica de comunicar su amor, pero no les dan todas las cosas que sus hijos quieren. Con el tiempo, esta maravillosa situación les transmite a los niños que mamá y papá los aman tanto que han establecido parámetros para fomentar el desarrollo de ellos. Como mencioné anteriormente, la seguridad es el resultado de un liderazgo y límites consecuentes en el hogar. En vez de resolver todo con dinero y bienes, los padres invierten tiempo, energía y sabiduría en conversaciones con ellos. Experiencias memorables reemplazan entretenimientos superficiales. Decir que "no", no quiere decir que los padres no los aman. En realidad, convence a los hijos del amor de sus padres. La gran mayoría de las veces, estos niños maduran y se constituyen en adultos sanos que establecen sus propios límites. La vida no tiene que ver con cosas, placeres y estímulos; sino con amor y confianza.

El equilibrio que debemos alcanzar

La realidad es que educar a los hijos es una cuestión de equilibrio. De hecho, todo buen liderazgo es una cuestión de equilibrio. Es mostrar las dos caras de una moneda, tanto la cara dura como la cara blanda de todo. Debemos ser fuertes y sensibles a la vez. La juventud necesita líderes que sean como ladrillos revestidos de terciopelo. Terciopelo por fuera: sensibles, amables y comprensivos. Sin embargo, ladrillos por dentro: establecer principios, límites definidos y hacer cumplir las normas. Este liderazgo es sensible y exigente a la vez. Es la mejor manera de preparar a los niños para que sean adultos sanos. Para implementar este estilo de liderazgo, es probable que necesitemos empezar lentamente y con cosas pequeñas y que no hagamos un cambio enorme de la noche a la mañana. Sin embargo, si somos consecuentes, creo que podemos llevar a cabo este cambio positivo.

Permíteme explicarte por qué esto es de suma importancia.

No reemplacemos lo auténtico por lo artificial

En 2012 sucedió algo insólito en Cooperstown, Nueva York. Cuando se abrió el sobre para anunciar a las nuevas personalidades seleccionadas para formar parte del Salón de la Fama del Béisbol Nacional, no había ningún nombre dentro. Nadie había sido seleccionado. Ninguno.

Esto ha sucedido solo ocho veces en la historia del béisbol profesional. La parte triste de esta historia es que los principales candidatos eran suficientemente buenos para merecerse estar allí. Pero los votantes sospechaban que esos jugadores habían usado drogas para mejorar su rendimiento: Mark McGuire, Roger Clemmons, Sammy Sosa, Barry Bonds y otros. Un año después fueron Ryan Braun, Alex Rodríguez y muchos otros. Esta es una ilustración de un fenómeno creciente en nuestra cultura. Lentamente, lo auténtico está siendo reemplazado por lo artificial: edulcorantes artificiales, césped artificial, corazones artificiales, flores artificiales, árboles de Navidad artificiales, inteligencia artificial, incluso inseminación artificial. ¿Y esos excepcionales jugadores de béisbol? Los votantes estaban preocupados por la posibilidad de que tuvieran un talento artificial.

Lo vemos por todos lados. En vez de motivación interna, muchos buscan motivación externa por medio del estímulo de la música o el video. No hay nada de malo en ello, pero ¿qué pasa cuando no tengo un recurso externo que me motive? Me desmotivo. Sería acertado decir que el estímulo externo es una motivación artificial. No es auténtica.

En 2012 publiqué un libro titulado *Artificial Maturity* [Madurez artificial]. Este aborda el fenómeno creciente de niños que parecen ser maduros, porque saben mucho, pero que en realidad han experimentado muy poco. Tienen contenido sin contexto. Creo que hemos fomentado esto al conformarnos con experiencias virtuales en vez de experiencias reales.

Ya he sugerido que la generación de los abuelos era muy diferente a la nuestra. Ellos trabajaban en una granja a los 14, tenían un empleo a los 15, conducían un ejército a los 17 y se casaban a los 19. Independientemente de si estaba bien o estaba mal, ellos demostraron que la juventud podía conseguir lo que se proponía. Eran capaces.

En la actualidad excusamos la conducta infantil en un joven de 20 años y decimos: "Es solo un niño".

Facebook, videojuegos, mensajes de texto, YouTube, Hulu… ocupaciones superficiales. Ensayos de música, entrenamientos deportivos y la mayoría de las tareas escolares son buenas disciplinas, pero incluso estas son virtuales; simples simuladores de la vida real. Somos maestros de lo artificial. A menudo permitimos que nuestros hijos desarrollen madurez artificial.

Seis ideas para empezar el proceso de cambio

Para cambiar esto, tenemos que ser más intencionales con respecto al desarrollo de nuestros hijos. Tengo esperanzas de que podemos hacerlo.

En vez de abrumar a nuestros adolescentes con decenas de imitaciones, qué tal si les ofrecemos…

- *Un trabajo relevante.* ¿Qué tal si los retamos a buscar un empleo que les permita trabajar, hacer dinero y usar sus dones principales?

- *Soledad y reflexión.* ¿Qué tal si les pagamos por leer buenos libros y luego hablamos de su contenido e interpretamos su significado con ellos?

- *Proyectos altruistas. ¿Qué tal si servimos junto a nuestros hijos en proyectos caritativos que beneficien a las personas que necesitan nuestra ayuda?*

- *Un entorno intergeneracional.* ¿Qué tal si planeamos reuniones con personas de varias generaciones donde se converse de temas mixtos y se desarrolle la madurez emocional de nuestros hijos?

- *Viajar.* ¿Qué tal si exponemos a nuestros hijos a culturas diferentes a la nuestra y hablamos de las diferencias y las similitudes?

- *Mentores.* ¿Qué tal si les presentamos a nuestra red de conocidos para que puedan encontrar mentores para la carrera profesional que esperan seguir?

¿Por qué no los vacunamos?

Durante más de 30 años he viajado por todo el mundo. Me encanta viajar, especialmente a lugares remotos y exóticos donde nunca he estado. De vez en cuando, viajo para el desarrollo de naciones que necesitan inmunizaciones. Antes de exponerme a ciertas enfermedades de otros países, una enfermera me vacuna introduciendo una pequeña dosis de la enfermedad en mi cuerpo. En pocas semanas, desarrollo suficientes anticuerpos para combatir la enfermedad cuando llegue a ese país lejano.

En cierto sentido, esta es una ilustración de lo que debemos hacer con nuestros hijos. Para que puedan enfrentar bien la adversidad, previamente debemos introducir pequeñas dosis de esta. Para que posean la disciplina necesaria para un arduo trabajo o empleo estresante, debemos exponerlos a retos en pequeñas cantidades, de modo que puedan estar listos para enfrentarse a enfermedades más grandes cuando llegue el momento. En cierto sentido, desarrollan anticuerpos. Desarrollan fortaleza interior y se preparan para lo que les espera más adelante. Este es el trabajo de un padre. Esto es lo que yo llamo preparar al niño para el camino.

Cambiemos de opinión con respecto a los niños

Este capítulo es el punto culminante del libro. Podría ser el capítulo más importante para ti. Está repleto de ideas. En los 12 capítulos anteriores, he sugerido constantemente que necesitamos cambiar nuestra manera de pensar con respecto a la crianza de los hijos. Si planeamos entregar al mundo a jóvenes adultos bien equilibrados, debemos hacer algunos ajustes y enfocarnos en prepararlos, no solo en protegerlos.

Recientemente, leí acerca de Paul Wallich, un padre que fabricó un helicóptero teledirigido o *drone* con una cámara de vídeo, para seguir a su hijo hasta la parada del autobús que lo lleva a la escuela. Él quiere estar seguro de que su hijo llegue sano y salvo a la parada del autobús. Sin duda alguna, el artefacto le brinda la maravillosa contribución de la imagen. Sin embargo, en mi opinión, Paul Wallich le da un nuevo significado al término del *padre helicóptero*.

Paul es el retrato de muchos padres de hoy.

Aplaudo el compromiso de los padres y los maestros de esta generación, pero debemos reconocer las consecuencias imprevistas de nuestro compromiso. Queremos lo mejor para nuestros hijos, pero investigaciones revelan que nuestro estilo sobreprotector y controlador los ha perjudicado. Permíteme resumir los errores que hemos cometido en la crianza de los niños de esta generación en cuatro categorías y explicar cómo podemos rectificar nuestros errores.

Permitimos demasiado poco riesgo

Vivimos en un mundo que nos advierte sobre el peligro a cada momento. Tóxico. Alto voltaje. Inflamable. Piso resbaladizo. Curva pronunciada más adelante. No cruzar. Peligroso. Esta preocupación por la máxima seguridad surgió hace más de 30 años a raíz del pánico causado por el analgésico *Tylenol* y la carita de niños que aparecían en los envases de la leche. Nos volvimos temerosos con nuestros hijos. Y empezamos a colocarles rodilleras, cinturones de seguridad y cascos… hasta para comer. Está bien, estoy bromeando; pero lo cierto es que hemos aislado a nuestros hijos del riesgo. Así lo explica el autor Gever Tulley:

> Si tienes más de 30 años, probablemente ibas a la escuela caminando, trepabas de las barras de los juegos infantiles y aprendiste a zambullirte en el agua desde un lugar alto en una piscina pública. Si eres más joven, es probable que no hayas hecho ninguna de estas cosas. Sin embargo, ¿acaso es que el mundo se ha vuelto mucho más peligroso? Estadísticamente, no. Pero nuestra sociedad ha creado temores generalizados al permitir que los niños sean independientes, y las consecuencias para nuestros hijos son graves.[1]

Lamentablemente, haber sobreprotegido a nuestros jóvenes ha tenido un efecto adverso sobre ellos.

"Los niños con padres reacios al riesgo tienen calificaciones escolares más bajas y son levemente menos proclives a asistir a la universidad que los hijos de padres con una actitud más tolerante hacia el riesgo —dice un equipo dirigido por Sarah Brown de la Universidad de Sheffield en Gran Bretaña—. La aversión hacia el riesgo podría impedir que los padres hagan inversiones inherentemente inciertas en el capital humano de sus hijos; también es posible que la predisposición al riesgo refleje una habilidad cognitiva, dicen los investigadores".[2] Lamentablemente, este informe del *Scottish Journal of Political Economy* no nos ayuda a menos que hagamos algo al respecto. Los adultos siguen votando para eliminar los juegos infantiles de los parques y así evitar que los niños sufran accidentes, para que los maestros dejen de usar tinta roja al corregir los exámenes e incluso para que no usen la palabra *no* en clase. Todo es demasiado negativo. Comprendo que lo hacen con la intención de pro-

---

1. Gever Tulley, *Beware Dangerism* (TED Books, 2011).
2. Sarah Brown y otros, "Parental Risk Attitudes and Children's Academic Test Scores: Evidence from the US Panel Study of Income Dynamics", *Scottish Journal of Political Economy* 59, n.º 1, febrero de 2012.

teger a los estudiantes; pero, desgraciadamente, no los estamos preparando para un mundo que no estará libre de riesgos.

Psicólogos de Europa están descubriendo los efectos adversos de esta
sobreprotección. Entrevistas revelan que los jóvenes que crecieron en
un medio ambiente libre de riesgos, ahora son temerosos frente a riesgos normales, porque nunca corrieron ningún riesgo cuando eran niños.
La realidad es que los niños necesitan caerse algunas veces para aprender que es normal; puede que incluso necesiten lastimarse las rodillas.
Quizás los adolescentes necesiten cortar una relación de noviazgo para
valorar la madurez emocional que requieren las relaciones duraderas.

Correr riesgos calculados es parte del proceso de crecimiento. De
hecho, juega un papel fundamental. En la niñez todo podría tratarse de
seguridad y autoestima, pero cuando los estudiantes maduran, necesitan
experimentar el riesgo y el logro para formar una identidad y desarrollar confianza. La mayoría de los niños lo anhela. Según un estudio del
University College de Londres, los comportamientos arriesgados alcanzan su punto álgido en la adolescencia. Los adolescentes son propensos
a correr más riesgos que cualquier otro grupo. Su cerebro está diseñado
para hacer eso. Deben probar los límites y valores y encontrar su identidad durante esos años. Ahí es cuando deben aprender por experiencia
las consecuencias de ciertos comportamientos. Nuestro error al haberlos aislado del riesgo podría explicar por qué tantos jóvenes adultos entre
22 y 35 años siguen viviendo en casa de sus padres, todavía no comenzaron su carrera laboral o no formaron una relación seria. Correr riesgos normales a los 14 o 15 años los hubiera preparado para las decisiones
que incluyen riesgos.

Acudimos a rescatarlos demasiado rápido

Esta generación de jóvenes no ha desarrollado algunas habilidades
para la vida cotidiana que los jóvenes desarrollaban hace 30 años, porque los adultos se han precipitado a resolver sus problemas. No queremos que tengan la necesidad de experimentar adversidades.

Empleados de cuatro universidades diferentes me dijeron recientemente que se encontraron con estudiantes que nunca habían llenado
un formulario o una solicitud. En el deseo de cuidar de sus hijos y de no
someterlos a inconvenientes, sus padres o maestros siempre lo habían
hecho en lugar de ellos.

Estudiantes de primer año universitario, que reciben una nota normal en un proyecto llaman inmediatamente a su madre, allí mismo, en medio de la clase. Esto sucede miles de veces al año. Después de interrumpir la exposición de la clase con una queja personal sobre una mala nota, de hecho, algunos estudiantes le entregan su teléfono celular al profesor y le dicen: "Mi mamá quiere hablar con usted". Sí, mamá intenta negociar la nota. Increíble.

El rol de un padre ha cambiado de muchas maneras. El supervisor de hace 40 años se ha transformado en el Superman de hoy. En otra época, supervisaban el trabajo de sus hijos a medida que crecían, pero ellos hacían el trabajo. Hoy día, pensamos que todo buen padre debería rescatar a sus hijos de las adversidades, sin reconocer que, de esa manera, están inutilizando a esos niños para que más adelante sepan enfrentar la vida. De hecho, creo que a algunos padres les encanta la satisfacción del ego que sienten cuando juegan al superhéroe.

Un consejero de admisiones de Harvard informó que un presunto estudiante lo miraba a los ojos y respondía cada pregunta que le formulaba. El consejero sintió que la madre del muchacho debe haberlo adiestrado a hacer contacto visual, porque tendía a bajar la vista después de cada respuesta. Posteriormente, el consejero se enteró de que la madre del muchacho le estaba enviando las respuestas por mensaje de texto cada vez que recibía una pregunta.

El presidente de una universidad dijo que la madre de uno de sus estudiantes lo llamó y le dijo que había visto que el clima refrescaría ese día y le preguntaba si podía asegurarse de que su hijo tuviera colocado el jersey cuando fuera a clase. Y no estaba bromeando.

Insisto en que esto podría parecer duro, pero rescatar y consentir a nuestros hijos es una forma insidiosa de maltrato infantil. Es criarlos para el corto plazo y, lamentablemente, es no comprender la idea central del liderazgo: capacitar a nuestros hijos para que oportunamente les vaya bien sin nuestra ayuda. Vuelvo a insistir en que sus músculos sociales, emocionales, espirituales e intelectuales pueden atrofiarse, porque no los ejercitan.

Yo aprendí a resolver los conflictos en un campo de béisbol, donde mis amigos y yo teníamos que actuar de árbitros de nuestros propios partidos. Aprendí disciplina cuando repartía diarios a domicilio a las 5:30 a.m. cada mañana. Aprendí paciencia sentado en el banco como jugador sustituto de baloncesto. Y cultivé ética laboral cuando me ocupaba de cerrar un restaurante de comida rápida a las 11:00 p.m. cada noche. Con demasiada frecuencia, hoy día los padres salvaguardan a sus hijos de muchas de estas experiencias.

La realidad es que los estudiantes disfrutan que los adultos acudan a rescatarlos. ¿Quién no? Saben cómo manipular y enfrentar a sus padres. Saben negociar con los profesores para pedirles más tiempo, reglas más clementes, mejores clasificaciones y puntos extra. Esto confirma que no son tontos. Conocen bien las reglas del juego. Tarde o temprano, saben que alguien acudirá a rescatarlos. Si ellos no actúan, un adulto solucionará las cosas y evitará que paguen las consecuencias de su mala conducta. Repito: esto no se asemeja ni remotamente a cómo funciona el mundo. En realidad, esto inutiliza a nuestros hijos.

Los felicitamos indiscriminadamente

Como mencioné anteriormente, el movimiento de la autoestima se ha iniciado cuando los *Baby Boomers* eran niños, pero echó raíces en nuestro sistema escolar en la década de 1980. Resolvimos que cada niño se sintiera especial, independientemente de lo que hiciera, motivo por el cual empezaron a escuchar comentarios como los siguientes:

> "¡Qué brillante es mi niño!".
>
> "¡Qué inteligente eres!".
>
> "¡Qué talentoso eres!".
>
> "¡Eres el mejor!".

Nuestras intenciones fueron buenas, pero investigaciones ahora están indicando que este método tiene consecuencias no esperadas. En el capítulo que lleva por título: "Elogiamos lo que no debemos elogiar", planteo la noción de que cuando hacemos comentarios positivos sobre nuestros hijos, debemos elogiar una variable que esté bajo su control. Aquí estoy sugiriendo que muchos de nosotros simplemente hemos exagerado con nuestros elogios… punto y aparte. En cuanto los padres notan que algo empieza a perder su valor, se aventuran un poco más y exageran sus comentarios o hablan más fuerte como si así convencieran a sus hijos de que creen en ellos. Con el tiempo, ocurre una de dos cosas. O bien los elogios pierden sentido y los niños dejan de creerlos, o se vuelven adictos a los elogios y no pueden funcionar sin ellos.

Ninguna de estas cosas es un buen resultado. Lo que es más, finalmente, los niños notan que mamá es la única que piensa que son brillantes. Nadie más se lo dice. Empiezan a dudar de la objetividad de sus padres. El elogio los hace sentir bien en el momento, pero no los conecta con la realidad.

El Dr. C. Robert Cloninger de la Universidad de Washington en St. Louis ha realizado una investigación sobre la corteza prefrontal del cerebro, que monitorea el centro de recompensas del cerebro. Él dice que el cerebro tiene que aprender que es posible resolver los episodios frustrantes. El centro de recompensas de nuestro cerebro aprende a decir: No te rindas. No dejes de intentarlo. "Una persona que crece acostumbrada a recibir recompensas constantes —dice Cloninger—, no tendrá persistencia, porque no perseverará cuando la recompensa desaparezca".[3]

Cuando los felicitamos indiscriminadamente, finalmente los niños aprenden a hacer trampa, exagerar, mentir y evitar las dificultades de la vida real. No están acostumbrados a enfrentarlas.

Los recompensamos demasiado

Asiste a una ceremonia de premios de la Liga Infantil de Béisbol y pronto te darás cuenta de que todos son ganadores. Todos reciben un trofeo. Todos reciben distinciones. Este patrón en el manejo de los deportes, el teatro, el arte, las danzas o los recitales predomina en nuestras comunidades. ¿Lo has notado? He hablado con madres y padres, que me han dicho que…

- Sus hijos recibieron una banda de distinción como quintos finalistas en una carrera.

- Sus hijos recibieron un trofeo al mejor vestido de uniforme.

- Todos los niños participantes recibieron medallas a la asistencia.

Como padres, premiamos con helado a nuestros hijos si se portan bien, con chocolate si se quedan quietos, con pequeñas estrellitas doradas

---

3. C. Robert Cloninger, *Feeling Good: The Science of Well-Being* (Nueva York: Oxford University Press, 2004), s. p.

si se comen las verduras y quizás incluso con dinero si obtienen buenas calificaciones en la escuela. Es muy normal, ¿verdad? ¿Acaso las investigaciones no confirman que los ratones de laboratorio que recibieron un premio por atravesar un laberinto han mejorado?

Sí, es cierto. Pero no estamos tomando en cuenta que, en realidad, no nos importa la autoestima de un roedor, nuestra relación con este, su sentido de autonomía o independencia, su interés en tratar de atravesar un laberinto más grande por su propia voluntad, etcétera, *después que dejamos de recompensarlos.* ¡No podemos comparar a nuestros hijos con ratones de laboratorio!

Contrario a la creencia popular, más estudios están revelando que cuando los niños esperan una recompensa, en realidad, su rendimiento empeora. Sí, leíste bien.

> Contrario al mito popular, hay muchos estudios que muestran que cuando los niños esperan o anticipan una recompensa, *tienen un rendimiento* más bajo. Un estudio reveló que el rendimiento de los estudiantes disminuía cuando se les ofrecía dinero para que mejoraran sus calificaciones. Una serie de estudios estadounidenses e israelíes muestra que el sistema de recompensas suprime la creatividad de un estudiante y generalmente disminuye la calidad de su trabajo. Las recompensas pueden matar su creatividad, porque los desmotivan a correr riesgos. Cuando los niños son adictos a recibir una recompensa, tienden a evitar cualquier reto, a "no arriesgarse". Prefieren hacer el mínimo esfuerzo requerido para recibir el premio…
>
> Cuando una compañía de comida rápida ofreció premiar a los niños con comida por cada libro que leyeran, los índices de lectura se dispararon. Sin duda, eso parecía alentador… a primera vista. Sin embargo, en un análisis más a fondo, quedó demostrado que los niños elegían libros más cortos y que las notas en sus exámenes de comprensión empeoraron. Estaban leyendo para conseguir la comida chatarra, en vez de leer por el placer intrínseco de la lectura. Mientras tanto, hubo una caída de la lectura fuera de la escuela (sin recompensa)… Las recompensas bien podrían incrementar la actividad, [pero] apagan el

entusiasmo y matan la pasión… Hubiera sido más sabio simplemente haberles ofrecido a los niños libros más interesantes, ya que hay abundante evidencia de que la actividad intrínsecamente placentera es el mejor motivador y potenciador del rendimiento.[4]

Estudios a lo largo de muchos años han descubierto que los programas de modificación de la conducta raras veces son exitosos en producir cambios duraderos en la actitud o incluso en el comportamiento. Cuando las recompensas cesan, por lo general, las personas regresan a la manera en que actuaban antes de comenzar el programa. Aún más preocupante, investigadores han descubierto recientemente que los niños, cuyos padres los recompensaban frecuentemente, tendían a ser menos generosos que sus compañeros… Motivadores extrínsecos no alteran el compromiso emocional o cognitivo que está detrás del comportamiento.[5]

El verdadero cambio sucede de dentro hacia fuera, no de fuera hacia adentro. Tuvimos buenas intenciones con cada uno de estos errores, pero es hora de corregirlos.

Pregunta: ¿Qué haces frente al riesgo? ¿Tiendes a rescatar a tus hijos, felicitarlos o recompensarlos?

Cambiemos nuestra opinión sobre los niños

Creo que necesitamos una nueva estrategia; un plan para criar, educar, enseñar y entrenar a nuestros hijos. Y debe implicar una formación para el día de mañana. Tenemos que preocuparnos menos por la felicidad de hoy y más por una preparación a largo plazo. Aquí hay una pregunta para ti: ¿Qué pasaría si los padres, maestros, entrenadores, líderes de jóvenes y empresarios colaboraran para capacitar a los niños para la vida? Con esta visión en mente, los resultados podrían ser asombrosos.

---

4. Robin Grille, "Rewards and Praise: The Poisoned Carrot," National Child Project, www.naturalchild.org/robin_grille/rewards_praise.html.

5. Alfie Kohn, "The Risk of Rewards," *ERIC Digest*, diciembre de 1994, www.alfiekohn.org/teaching/ror.htm.

Lamentablemente, esto es poco común. Tal vez ya has visto situaciones como estas.

Los maestros se esfuerzan por ser modernos en clase, dejan a los estudiantes contentos, pero confundidos. Puede que los profesores tengan unos 50 años, pero actúan como si fueran unos eternos jóvenes de 21 años. Todos, menos ellos, ven su incongruencia.

Los padres tratan de tener el control de sus hijos y llenan su horario con una estructura, reglas y metas a lograr. Esperan que si presionan suficiente a sus hijos, no los avergonzarán ni rendirán menos de lo que son capaces.

Los entrenadores tratan de dar sermones a sus jóvenes jugadores para llegar a su corazón. A menudo se frustran de que sus atletas estudiantes tengan lapsos de atención de apenas unos cuatro minutos. Son los clásicos líderes de la escuela de antes con un equipo del nuevo mundo.

Situaciones como estas son demasiado comunes. Encuentro adultos por todos lados que bajan los brazos y se rinden. No saben cómo guiar, educar, entrenar, pastorear o manejar a los niños de la Generación iY actual. A veces los adultos ni siquiera ejercen su liderazgo con ellos. Nuestro mundo hoy es muy diferente al mundo de cuando nosotros éramos niños; por lo general, los adultos no toman la iniciativa de entender y practicar un buen liderazgo con sus niños. Entonces, ¿qué debemos hacer? ¿Cómo deberíamos guiar a estos niños?

Tenemos que cambiar nuestra opinión sobre cómo guiar a nuestros hijos. De hecho, permíteme sugerirte diez cambios que debemos hacer en nuestra perspectiva para saber guiarlos:

1. No pienses en "tener control", sino en "desarrollar una relación".

Demasiadas veces, nuestra ambición como padres o maestros es ejercer control. Queremos gobernar cada acción y dirigir cada paso de los niños al jugar, trabajar o estudiar. Estudios revelan que los padres que llenan de programas el horario de sus hijos a menudo forman adolescentes rebeldes. ¿Por qué? Los niños nunca llegaron a ser verdaderos niños. Permíteme recordarte: el control es un mito. Ninguno de nosotros tiene realmente el control. Los buenos líderes procuran relacionarse con la generación siguiente, porque, una vez que se relacionan, construyen un puente de relación que puede soportar el peso de la dura realidad. Así nos ganamos nuestro derecho a ejercer una influencia genuina. La capacidad de mantener a los niños bajo control es un derivado de la relación.

2. No pienses en "informar", sino en "interpretar".

Como hemos visto, esta es la primera generación de niños que no necesita a los adultos para obtener información. Estos niños tienen acceso a la información las 24 horas del día mientras permanecen conectados a su teléfono celular y computadora portátil. Tienen mucha información. Lo que necesitan de nosotros es la interpretación. Su conocimiento no tiene contexto. Les falta la sabiduría que viene solo a través de años de experiencia. Los adultos deben ayudarles a encontrarle sentido a todo lo que saben. Debemos ayudarles a interpretar las experiencias, las relaciones, la política, el trabajo y la fe con una perspectiva sabia y equilibrada. Conversen sobre lo que hay detrás de la trama de las películas, los libros y la tecnología. Enséñales a pensar. Nuestro objetivo debe ser ofrecerles un punto de vista sano.

3. No pienses en "entretener", sino en "capacitar".

He visto padres que se obsesionan con la idea de entretener a sus hijos. Un sitio web de mi comunidad da a conocer lugares donde las madres pueden ir con sus hijos para que se entretengan y estén felices. Conozco maestras con la misma actitud hacia su clase. Aquí hay una perspectiva mejor: ¿Cómo podemos capacitar a nuestros niños para el futuro? Si les damos las herramientas relevantes para que les vaya bien y progresen, lograremos atraerlos. La felicidad es un derivado. Debemos dejar de mantenerlos ocupados para que sean felices y empezar a enriquecerlos para que se sientan realizados. La verdadera satisfacción viene con el crecimiento.

4. No pienses en "hacerlo en lugar de ellos", sino en "ayudarles a hacerlo".

Hace ya treinta años que los adultos están comprometidos a fortalecer la autoestima de sus hijos. Suponemos erróneamente que podemos hacerlo tan solo con decirles que son extraordinarios y brillantes. Según la Asociación de Psicología Americana, una autoestima saludable y fuerte en realidad proviene del logro, no solo de nuestras palabras de reconocimiento. En nuestro intento por darles todo lo que quieren, en realidad hemos creado una nueva categoría de niños en riesgo: niños de clase media y pudiente que están deprimidos porque nunca lograron nada. Debemos enseñar y educar a nuestros hijos con una perspectiva a largo plazo, no a corto plazo. No caben dudas de que hacerlo uno mismo es más rápido, pero transferir una habilidad es mucho mejor.

5. No pienses en "imponer", sino en "exponer".

Los niños han tenido opciones desde que van al preescolar. Han podido elegir qué comer, a qué jugar, dónde ir de vacaciones, qué deporte jugar... y muchas cosas más. Entonces, cuando los adultos tenemos miedo de que nuestros hijos se estén descarriando, tendemos a imponerles una regla o una conducta. La conducta obligatoria forma parte de la vida, pero conlleva una carga negativa. Cuando los estudiantes se sienten obligados a hacer algo, por lo general no se hacen cargo de eso. Es tu idea, no de ellos. Los resultados casi siempre son negativos. ¿Por qué no piensas en *exponer* en vez de *imponer*? Muéstrales algo nuevo. Dales una oportunidad que no puedan dejar pasar. Haz que sea atractivo, como si fueran a perderse algo magnífico si lo dejaran pasar. De esa manera, se convertirá en idea de ellos. Y así se sentirán motivados, no manipulados. Reconozco que los niños deben reunir ciertos requisitos, pero siempre que sea posible, exponer siempre logra más que imponer.

6. No pienses en "prescriptivo", sino en "descriptivo".

Actualmente, muchos padres determinan todo para sus hijos. Los recitales, las prácticas, los videojuegos, el tiempo en los parques infantiles, las lecciones, los juegos del celular... esta lista podría ser interminable. Como dije anteriormente, aun los juegos de armar *Lego* ahora incluyen diagramas de qué armar y cómo armarlo. Estamos eliminando la necesidad de que los niños usen su propia imaginación y creatividad. En vez de prescribir lo que deberían hacer después, intenta con describirlo. Describe un resultado o un objetivo y deja que piensen en la manera de lograrlo con su propio ingenio. Los niños necesitan que los adultos les fijen objetivos importantes, pero hacemos de más cuando les damos cada uno de los pasos para seguir. Así es como pueden empezar a desarrollar algo de su propia ambición y creatividad.

7. No pienses en "proteger", sino en "preparar".

Los secuestros de niños, los tiroteos en las escuelas, la propagación del terrorismo… amenazas como estas han hecho que los adultos estén paranoicos con la seguridad de los niños. Escuelas, iglesias y hogares toman precauciones para prevenir que algo malo ocurra. Usamos cascos, rodilleras, cinturones de seguridad, verificación de antecedentes y teléfonos celulares para proteger a los niños del peligro. Lamentablemente, en nuestra obsesión por la seguridad, nos hemos olvidado de preparar a los niños para la edad adulta. La mayoría de los estudiantes universitarios nunca se gradúa y, de los que se gradúan, un gran porcentaje sigue viviendo en casa de los padres. En vez de tener temor por ellos, es mejor recordar tu entrada a la edad adulta y hablar de lo que aprendiste y te ayudó a tener éxito. El mejor regalo que los padres pueden dar a sus hijos es la posibilidad de que tengan éxito sin ellos.

8. No pienses en "decirles", sino en "preguntarles".

Muchos niños crecieron con adultos que les decían qué hacer a cada hora del día. Su vida estaba detalladamente organizada, estructurada y programada por los adultos. Esto puede inutilizar a los niños. He conocido infinidad de estudiantes universitarios que nunca compartieron una habitación, nunca tuvieron un empleo ni mucho tiempo libre para usar a discreción. Para muchos ha sido su ruina. No están preparados para la libertad; no saben cómo autorregularse. Por eso los adultos deben empezar a preguntar más, en vez de decirles a medida que los niños maduran. Debemos guiarlos con preguntas. ¿Por qué? Porque deben empezar a tener sus propias respuestas, en vez de tomar prestadas las respuestas de una autoridad. Cuando siempre les decimos qué hacer, ellos no son responsables de los resultados. No ha sido decisión de ellos. Cuando los guiamos con preguntas, los obligamos a pensar, decidir y ser responsables.

9. No pienses en ser "moderno", sino "auténtico".

Muchos padres, maestros, directores, entrenadores y líderes de jóvenes se esfuerzan por estar "en la onda" y emular lo que hacen los jóvenes. Piensan que si pueden ser como estos muchachos, simpatizarán con ellos. En realidad, raras veces puede un adulto (especialmente de mediana edad) lograr esto. Muy a menudo el resultado es ridículo. No caben dudas de que queremos ser relevantes y estar actualizados con nuestro estilo y contenido, pero los estudiantes no pretenden que los adultos sean modernos. No conozco a ningún joven que valore a los adultos por su modernidad. Es bueno ser modernos, pero los jóvenes necesitan adultos que sean auténticos. Sé tú mismo cuando te relacionas con ellos, y aprende a reírte de ti mismo. Ten consciencia de ti mismo. Conoce tus rarezas y disparates. Escúchalos genuinamente. Habla con ellos de manera creíble y convencional. Si los jóvenes se atrevieran a ser sinceros contigo, te dirían que lo único peor a no ser moderno es no ser auténtico.

10. No pienses en un "sermón", sino en un "laboratorio".

Sin excepción, cuando nuestros hijos se equivocan, lo primero que queremos hacer es darles un sermón. Es la manera más rápida de transmitir una idea. Sin embargo, no es la mejor manera de transformar una vida. Como adultos, debemos empezar a crear un ambiente y experiencias de las cuales podamos sacar conclusiones y tratar verdades. Hay lecciones de vida por todos lados; por eso, viajen a lugares nuevos, reúnanse con personas influyentes y participen de proyectos de servicio. Hasta las películas y ciertas formas de entretenimiento pueden ser fuentes de descubrimiento y conversaciones que los preparen para su futuro. Piensa en este cambio de perspectiva como en una clase de ciencias. Los estudiantes no solo asisten a una clase, sino que también hacen experimentos en un laboratorio. Las experiencias en el laboratorio son las que los estudiantes procesan mejor. En el laboratorio es donde el conocimiento pasa de su cabeza a su corazón.

Cuando guiamos a los niños por este camino, ellos empiezan a experimentar su propio crecimiento. En vez de empujar la cuerda, la estamos jalando. El presidente Dwight Eisenhower a menudo usaba una cuerda para explicar cómo guiar mejor a los demás. Si hay una cuerda extendida sobre una mesa, empujarla hacia adelante no logrará moverla bien. Jalar la cuerda es la mejor manera de moverla.

Hace un año, le pregunté a mi hijo si me quería acompañar a hacer un viaje. De hecho, lo invito regularmente a viajar. Cuando preguntó cuál era el destino, descubrió que era un lugar que nunca le había atraído, de modo que se negó. Yo sabía que esos viajes serían buenas experiencias, pero no quería forzar las cosas, así que se quedó en casa. Cuando regresé, le conté con detalle todas las cosas magníficas que habían sucedido.

Después no volví a mencionar el tema, ni actué como si le estuviera diciendo "te lo dije".

Hace poco, mencioné que estaba por hacer otro viaje y que estaba llevando a algunos estudiantes conmigo. No invité a mi hijo. (No lo estaba manipulando; solo que era un viaje que pensé que él no disfrutaría). Sin embargo, dejó entrever que quería ir conmigo en un futuro viaje. Le dije que estaba abierto a esa idea. El mes pasado, mencioné que iba a viajar a una ciudad a la cual lo había invitado antes. Esta vez me preguntó claramente si podía ir; realmente quería acompañarme.

Fue idea de él, pero yo lo estaba guiando.

¿Qué eres: una lechuza o un avestruz?

Al viajar y conocer miles de maestros, entrenadores, padres y líderes de jóvenes cada año, veo que, generalmente, se dividen en dos categorías: las lechuzas y los avestruces.

Estas dos aves se han constituido en símbolos de dos perspectivas diferentes de la vida. Los avestruces representan la falta de buen juicio. Las Escrituras dicen que "le privó Dios de sabiduría, y no le dio inteligencia" (Job 39:17). A lo largo de los años, las personas han creído que los avestruces entierran la cabeza en la arena cuando tienen miedo o quieren esconderse. En realidad eso es un mito, pero hemos llegado a compararlo con una tendencia humana. Woodrow Wilson comparó la política exterior estadounidense con un ave: "Estados Unidos no puede ser un avestruz con su cabeza enterrada en la arena". H. G. Wells escribió: "Cada vez que Europa mira al otro lado del Atlántico para ver el águila norteamericana, observa la parte trasera de un avestruz".

Por otro lado, la lechuza simboliza una perspectiva de la vida completamente diferente. La lechuza está más alerta por la noche, cuando el peligro acecha. Puede girar su cabeza 360 grados para poder ver cualquier movimiento. Dado que siempre está vigilante, ha desarrollado una agudeza de oído y visión, aun en la oscuridad… tal vez, *especialmente*, en la oscuridad. Las lechuzas son conocidas por sus distintos llamados a otras aves y especies. En su mayoría, las lechuzas han llegado a ser símbolos de sabiduría y nobleza.

Con esto en mente, piensa en esta pregunta. ¿Qué eres tú: una lechuza o un avestruz?

¿Tienes la tendencia a esconderte de las malas noticias o de las tendencias peligrosas porque no quieres enfrentar la realidad? ¿Entierras tu cabeza en la arena como una manera de escapar de los cambios necesarios que debes hacer para preparar a tus hijos para el futuro? ¿Te escondes detrás del ruido y la confusión? ¿Estás perdido en la rutina con la esperanza de tan solo subsistir cada año escolar?

¿O das lo mejor de ti en medio de la oscuridad? ¿Estás alerta y atento a lo que está sucediendo en la cultura que te rodea y los estudiantes de hoy? ¿Tienes sabiduría para manejar los patrones peligrosos que observas en los niños y ayudarles a sobreponerse a cualquier comportamiento adictivo, aversión al riesgo, egocentrismo y sentido de merecimiento?

¿Estás *enfrentando* la realidad o *huyendo* de ella?

He conocido a líderes de todos los ámbitos de la vida y he descubierto que todos somos avestruces o lechuzas. Decidimos actuar a la defensiva o a la ofensiva en lo que respecta a preparar a nuestros hijos para el mundo que les espera. No soy pesimista, pero creo que nuestra cultura ha dañado a esta generación de hoy. Vivimos en tiempos de oscuridad en la cual los jóvenes terminan sus estudios sin estar preparados para alcanzar el éxito en su futuro.

Aunque pueda parecer algo trillado, debemos ser lechuzas y mantenernos vigilantes en nuestra cultura:

- Mantente alerta en la oscuridad y los tiempos peligrosos. Mantente actualizado de las estadísticas culturales.

- Observa los patrones y diagnostica la tendencia en el comportamiento de tus hijos.

- Responde sabiamente al tratar con los patrones negativos o las fallas de tus hijos.

- Advierte a tus colegas y comunícales lo que deben hacer.

Es de amplio conocimiento que las lechuzas tienen la mejor visión del reino animal. Que se pueda decir lo mismo de nosotros como padres que sabemos guiar bien a nuestros hijos hacia la madurez.

Los niños son producto del mundo que hemos creado

Déjame recordarte algo antes de finalizar este libro. Cuando viajo para dar conferencias en las universidades, divisiones deportivas, compañías o iglesias, siempre escucho que los adultos se quejan de los hijos de los demás. "Esos zánganos malcriados, pretenciosos y haraganes van a arruinar nuestro país".

Podría ser verdad.

Pero si lo es, no culpemos a los niños. Los niños son producto del mundo que los adultos hemos creado para ellos. Si los niños actúan irresponsablemente, ¿podría ser que sus padres no les hicieron pagar las consecuencias de sus malas decisiones? Si los estudiantes actúan pretenciosamente, ¿podría ser que sus padres o maestros los mimaron y no los empujaron a crecer? Si después de terminar sus estudios universitarios los hijos siguen viviendo en casa de sus padres sin estar preparados para el verdadero mundo, ¿quién falló en prepararlos?

Después de todo, los niños no han producido las películas del cine, no han escrito los libros ni hicieron los programas violentos de los videojuegos que están conformando su cultura. Tal vez deberíamos ampliar el uso de la palabra "delincuente" para incluir a los adultos que no cumplieron con la responsabilidad de preparar a los niños para el verdadero mundo.

Conclusión final

Nuestros hijos solo llegarán a ser adultos buenos y productivos si primero les mostramos el camino. Ellos son producto de lo que nosotros mismos hemos creado. Son el reflejo de nuestra vida. Debemos predicarles con el ejemplo, no solo hablarles de eso. "Los niños nunca fueron buenos para escuchar a sus mayores, pero nunca dejaron de imitarlos".

En vez de cometer los errores que he mencionado en este libro, ¿qué tal si los cambiamos por un liderazgo sano y un amor duradero? ¿Qué tal si cambias estos errores de la siguiente manera?

1. *Queremos evitar que fracasen. Corrección*: No les impidas intentarlo solos e incluso fallar, y luego ayúdales a ver el valor del fracaso. Permíteles desarrollar resiliencia.

2. *Proyectamos nuestra vida sobre ellos.* Corrección: No busques tu identidad en tus hijos, sino ten agrado en ver que se constituyen en los individuos que fueron diseñados.

3. *Priorizamos su felicidad.* Corrección: Conversa con tus hijos y hazles ver que la felicidad es un derivado de usar sus dones

en servir a otros. Ayúdales a encontrar el lugar donde pueden servir mejor.

4. *No somos consecuentes.* Corrección: Determina los valores que quieres transmitir y las ecuaciones que quieres implementar, y sé firme, seguro y claro en ceñirte a ellas.

5. *Los libramos de las consecuencias.* Corrección: Cuando tus hijos toman decisiones, permite que experimenten las consecuencias de esas decisiones: ya sean buenas o malas. Habla con ellos para que aprendan de esa experiencia.

6. *Les mentimos sobre su potencial y no analizamos su verdadero potencial.* Corrección: En vez de elogiar irreflexiva y constantemente a tus hijos, ayúdales a identificar sus fortalezas y luego recalca la necesidad de desarrollar sus principales dones.

7. *Queremos evitar que tengan que luchar o pelear.* Corrección: No acudas a rescatar a tus hijos para evitar que pasen por situaciones difíciles. En cambio, habla con ellos y ayúdales a madurar en medio de esa situación.

8. *Les damos lo que ellos deberían ganarse.* Corrección: Prepara ocasiones para que tus hijos trabajen, alcancen objetivos y ganen dinero, de tal modo que aprendan a postergar la gratificación.

9. *Elogiamos lo que no debemos elogiar.* Corrección: Reconoce las cualidades que están bajo el control de tus hijos, tales como la sinceridad o el esfuerzo, en vez de la inteligencia o la belleza.

10. *Queremos evitarles todo tipo de dolor.* Corrección: En vez de eliminar automáticamente el dolor, consuela a tus hijos (física y emocionalmente), pero ayúdales a ver que el dolor puede enriquecer su vida.

11. *Les hacemos todo.* Corrección: Cuando tus hijos tengan la oportunidad de trabajar o corregir un problema, sé un guía no un dios para ellos. Permite que tengan el privilegio de hacerlo por sí mismos.

12. *Preparamos el camino para el niño en vez de preparar al niño para el camino.* Corrección: Toma decisiones con una perspectiva a

largo plazo. Estás preparando a futuros adultos, que deberán ser autónomos la mayor parte de su vida.

El terreno de prueba

Hace algunos años, mi esposa y yo fuimos a dejar a nuestra hija Bethany en la universidad. Me armé de valor, pero fue lo más difícil que tuve que hacer como padre. Sabía que llegaría el día que tendría que ir a vivir a la universidad para comenzar sus estudios. Trabajo con estudiantes universitarios y durante décadas he visto cómo los padres dejan a sus hijos en la universidad. Lo que es más, Bethany se tomó un año sabático antes de comenzar la universidad, por lo cual tuvimos tiempo de prepararnos mentalmente para ese día. Aun así, ese día llegó sorpresivamente como un ladrón que nos arrebataba a nuestra niña.

El columnista Michael Gerson nos recuerda que nuestros antepasados en realidad pensaban que esta separación debería ocurrir antes. Muchas sociedades practicaban la "extrusión", en la cual se enviaba a los adolescentes a vivir con amistades o familiares apenas pasaban la pubertad. Se hacía con la intención de minimizar los horribles conflictos que surgían entre los adolescentes y sus padres al vivir juntos bajo el mismo techo. Algunos primates no humanos tienen una práctica similar en la que expulsan por la fuerza a los adolescentes de su grupo familiar.[6]

Sin embargo, en nuestro país, los hijos son una posesión preciada. Cuando los dejamos en la universidad, los vemos como algo que no son. Hemos visto esta transición durante años. Ellos experimentan la adaptación que viene con el nuevo comienzo, y nosotros empezamos la parte difícil de soltarlos. Dicho de otro modo, ellos tienen un futuro maravilloso en el cual nuestra participación naturalmente desaparece. Por lo tanto, aunque hice todo lo que pude para preparar a Bethany para la edad adulta, tuve que hacer esfuerzo por contener las lágrimas. Mi esposa ni siquiera se esforzó.

Gerson sugiere que la crianza de los hijos ofrece muchas lecciones de paciencia y sacrificio. Pero principalmente, es una lección de humildad. "Toda la etapa de la crianza de los hijos es breve en la historia de otros".

6. Michael Gerson, "Saying Goodbye to My Child, the Youngster", *Washington Post*, Opinions, 19 de agosto de 2013, www.washingtonpost.com/opinions/michael-gerson-saying-goodbye-to-my-child-the-youngster/2013/08/19/6337802e-08dd-11e3-8974-f97ab3b3c677_story.html.

Hasta ahora, hemos desempeñado un papel estelar en la historia de ellos. Ahora, a lo sumo, somos actores de reparto. Y es suficiente. La lección más importante que los padres pueden enseñar a sus hijos es cómo prosperar sin ellos.

El final de la niñez, desde luego, puede ser el comienzo de una relación adulta entre padres e hijos que, a su manera, es gratificante. Aunque sigo siendo su padre, ahora que mis hijos crecieron puedo fraternizar con ellos.

Acabo de recibir una llamada de mi hija. Está en el tercer año de su carrera y está viviendo lejos de casa; a más de 22 horas en auto. Después de pasar sus primeros dos meses con sus compañeros de veintitantos años, me llamó.

—Hola —dije.

—Hola, papá. ¿Cómo estás?

—¡Oh! Oye, Bethany. Qué bueno escuchar tu voz, preciosa. ¿Qué dices?

—Oh, no mucho. Solo llamaba para decirte "gracias".

—¡Vaya! Siempre es agradable escuchar eso…, pero ¿gracias por qué?

—Por todo —dijo ocurrentemente.

—¿Todo? —indagué, no seguro de a qué se refería.

Hizo una pausa por un minuto.

—Bueno, no estoy segura de cómo decirlo, pero… gracias por haberme preparado para la vida. Muchos de mis amigos son muy frágiles emocionalmente. Parece que no saben cómo enfrentar los días difíciles de trabajo. Creo que muchos de ellos no están realmente preparados para un empleo a tiempo completo. Esto me hizo pensar que mi mamá y mi papá me prepararon para esta etapa. Y solo quiero darte las gracias, papá.

Me volví a emocionar.

Esa llamada me alegró el día. En realidad, me alegró la vida.

Esta es la recompensa de un padre.

Agradecimientos

Como todos los proyectos importantes, este libro es el producto de muchas manos y muchas mentes. Quisiera agradecer a Holly Moore y nuestro equipo de *Growing Leaders* por su constante apoyo mientras este libro tomaba forma. Cada uno de ellos participó en la recopilación de investigaciones y en la búsqueda de estadísticas e historias de tal manera de poder integrarlas de manera lógica. Estoy agradecido a Andrea Pompili por reservarme días para que pudiera escribir. Muchas gracias al Dr. Greg Doss, que hizo averiguaciones fundamentales y que fue estelar en el proceso. Gracias Caleb Perkins, Ashley Priess y Chelsea Vilchis por las investigaciones y las notas al pie de página. Gracias Anne Alexander por corregir el manuscrito y dar ideas para que el libro fuera más sólido. Gracias Chris Harris por comunicarte con nuestra gente a través de las redes sociales. Finalmente, gracias a mi familia —mi esposa, Pam, y mis hijos, Bethany y Jonathan— que ha servido como una prueba de laboratorio de estas ideas toda la vida.

Los amo a todos.

EDITORIAL
PORTAVOZ

NUESTRA VISIÓN

Maximizar el efecto de recursos cristianos de calidad que transforman vidas.

NUESTRA MISIÓN

Desarrollar y distribuir productos de calidad —con integridad y excelencia—, desde una perspectiva bíblica y confiable, que animen a las personas a conocer y servir a Jesucristo.

NUESTROS VALORES

Nuestros valores se encuentran fundamentados en la Biblia, fuente de toda verdad para hoy y para siempre. Nosotros ponemos en práctica estas verdades bíblicas como fundamento para las decisiones, normas y productos de nuestra compañía.

Valoramos la excelencia y la calidad
Valoramos la integridad y la confianza
Valoramos el mérito y la dignidad de los individuos y las relaciones
Valoramos el servicio
Valoramos la administración de los recursos

Para más información acerca de nuestra editorial y los productos que publicamos visite nuestra página en la red: www.portavoz.com